37857
40
AF859458

PONTIFICIA UNIVERSITÀ S. TOMMASO D'AQUINO

Facoltà di Diritto Canonico

ATTUALI PROBLEMI DI INTERPRETAZIONE DEL CODICE DI DIRITTO CANONICO

Atti del Simposio Internazionale in occasione del I Centenario della Facoltà di Diritto Canonico (Roma, 24-26 ottobre 1996)

a cura di
P. Bruno Esposito, O.P.

Roma 1997

P. BRUNO ESPOSITO, O.P. (a cura)
ATTUALI PROBLEMI
DI INTERPRETAZIONE DEL
CODICE DI DIRITTO CANONICO
pp. 336; 17x24 CM.; ISBN 88-87117-00-4

Progetto grafico e realizzazione computerizzata: Gabriele Giulimondi
Email: giulim@flashnet.it

© 1997 - Millennium Romae
DISTRIBUZIONE: Largo Angelicum, 1
00184 - Roma
Tel. (06) 6702349
Email: milromae@mbox.vol.it

I diritti di traduzione, riproduzione e adattamento, totale o parziale, con qualsiasi mezzo (compresi i microfilm e le copie fotostatiche) sono riservati in tutti i paesi.

PRESENTAZIONE

Prof. P. Bruno Esposito, O.P.

Il Rettore Magnifico della Pontificia Università San Tommaso d'Aquino, Prof. P. Edward Kaczynski, O.P., nel suo discorso di saluto all'apertura del Simposio Internazionale in occasione del I Centenario della Facoltà di Diritto Canonico, ha affermato che detto atto accademico è stato voluto espressamente per *ringraziare e per non dimenticare*. È con questo spirito che si è deciso di pubblicare gli Atti: *ringraziare* Dio e quanti, professori e studenti, hanno permesso questo secolo di vita della Facoltà; *non dimenticare* il servizio che siamo chiamati a svolgere nella santa Chiesa.

Credo che già la scelta del tema del Simposio manifesti la prospettiva di ricerca e di trasmissione del diritto canonico che ha sempre animato la Facoltà di Diritto Canonico dell'Angelicum. Un diritto studiato ed insegnato come aiuto fattivo in vista della salvezza delle anime, più precisamente, di ogni singola anima. La normativa codiciale vista mai come "assoluto", ma in primo luogo come traduzione, a vari livelli, dell'eterna e misericordiosa volontà di Dio. Cicerone amava affermare: "*...omnium quae in hominum doctorum disputatione versantur, nihil est profecto praestabilius, quam plane intellegi, nos ad iustitiam esse natos, neque opinione sed natura constitutum esse ius*" (*De Legibus*, I, X).

Questa verità, intuita da sempre dai veri saggi, dovrebbe sempre essere presente a coloro che dedicano la loro vita allo studio ed alla applicazione del diritto. Per questa ragione si è colta l'occasione del Centenario per stimolare la riflessione dei cultori del diritto, e di quanti hanno a cuore il bene della Chiesa, sui problemi di interpretazione del Codice, in ordine ad una sua puntuale applicazione che sempre sia di aiuto al raggiungimento del fine a cui è ordinato. I vari contributi scientifici che compongono questi Atti, hanno realizzato il proposito. La varia provenienza nazionale dei Relatori, la diversità degli uffici da loro svolti hanno contribuito non poco ad ottenere una panoramica a 360 gradi dell'impatto del diritto canonico con le diverse culture e situazioni. Ora attraverso la presente pubblicazione la loro esperienza, la loro ricerca, in ogni caso il loro lavoro *nella* e *per* la Chiesa diventano occasione di riflessione e stimolo per ulteriori approfondimenti.

Questo vale in modo particolare per questa Facoltà, che inizia il suo secondo secolo di vita e si avvicina all'inizio del terzo millennio, chiamata ad essere centro di ricerca scientifica sempre più qualificata e fucina di esperti del diritto che servono in quello che è loro specifico, l'uomo che, come scriveva S.S. Giovanni Paolo II nella Sua prima Enciclica, è *"la via della Chiesa"* (*Redemptor hominis* 14).

L'ordine, con cui le singole Relazioni e Comunicazioni sono riportate nei presenti Atti, è quello con cui sono state presentate durante lo svolgimento dei lavori del Simposio, come si può vedere dal programma dello stesso riportato più avanti. Alla fine è aggiunto un Contributo del Prof. P. José M. Tinoko, Decano della Facoltà di Diritto Canonico dell'Università San Tommaso di Manila.

Vista la diversa provenienza geografica degli autori e la conseguente diversa metodologia da loro adottata, ho pensato essere più opportuno il rispettarla che uniformarla, evitando così di operare discutibili interventi.

Infine, vorrei cogliere l'opportunità per ringraziare sinceramente i Presidenti delle Sessioni, i Relatori e i Professori della nostra Facoltà di Diritto Canonico per la loro disponibilità e comprensione nell'organizzazione del Simposio e per la pubblicazione degli Atti. Un grazie particolare sento di rivolgere agli studenti di Diritto Canonico dell'anno accademico 1996-1997 anno del Centenario: senza la loro fattiva collaborazione tutto sarebbe stato più difficile e soprattutto privo di quell'entusiasmo che solo i giovani hanno il dono di trasmettere quando lavorano in ciò in cui credono.

Roma, 7 gennaio 1997
Festa di San Raimondo da Peñafort, O.P.
Patrono della Facoltà e di tutti i Canonisti

Centenario della Facoltà di Diritto Canonico della Pontificia Università S.Tommaso d'Aquino *"Angelicum"* (1896-1996)

Roma, 24-26 ottobre 1996, SIMPOSIO SUL TEMA:

ATTUALI PROBLEMI DI INTERPRETAZIONE DEL CODICE DI DIRITTO CANONICO

PROGRAMMA

24 ottobre

h. 09/00 - Sessione inaugurale alla presenza del Presidente della Repubblica Italiana, **On. OSCAR LUIGI SCALFARO.**

- Saluto del Rev.mo Rettore Magnifico della P.U.S.T., **Prof. P. EDWARD KACZYNSKI, O.P.**

- Intervento del Decano della Facoltà di Diritto Canonico, **Prof. P. ANGELO URRU, O.P.**

- Introduzione al tema del Congresso di S. Ecc. Rev.ma **Mons. JULIAN HERRANZ,** Presidente del Pontificio Consiglio per l'Interpretazione dei testi legislativi (P.C.I.T.L.), Presidente della sessione mattutina.

h. 10/00 - Intervallo.

h. 10/30 - 1ª Relazione: *Problemi di interpretazione del diritto canonico.* **Prof. ALBERTO DE LA HERA**, Docente all'Università Complutense di Madrid, Consultore del P.C.I.T.L., Direttore Generale per le questioni religiose del Governo Spagnolo.

h. 11/15 - Discussione

h. 11/40 - Comunicazione: *Il Codice di Diritto Canonico e le Corporazioni americane legate alla Chiesa: tempo per un nuovo dialogo.*

Sr. MELANIE DI PIETRO S.C., J.C.L. J.D., Partner Buchanam Ingersoll Law Firm (USA).

h. 12/00 - Sospensione dei lavori.

h. 16/00 Presidente: S. Ecc. Rev.ma **Mons. ALBERTO BOVONE,**

Pro-Prefetto della Congregazione delle Cause dei Santi.
- 2ª Relazione: *Il ruolo del fine intrinseco della legge nella interpretazione dottrinale.*
Prof. P. BENITO GANGOITI O.P., già Decano della Facoltà di Diritto Canonico della P.U.S.T.

h. 16/50 - Intervallo.

h. 17/20 - Discussione.

h. 18/30 - Comunicazione: *L'autorità di imporre le tasse da parte del Vescovo diocesano secondo quanto previsto dal can. 1263.*
Prof. NICHOLAS CAFARDI, J.D, J.C.L., Decano della Facoltà di Legge della Duquesne University (USA).

h. 19/00 - Sospensione dei lavori.

25 ottobre

h. 09/00 Presidente: S. Ecc. Rev.ma **Mons. JOSÉ SARAIVA MARTINS**, Segretario della Congregazione per l'Educazione Cattolica.
- 3ª Relazione: *Il diritto canonico nei tribunali statali austriaci.*
Prof. Mons. HUGO SCHWENDENWEIN, Docente di Diritto Canonico all'Università di Graz.

h. 09/50 - Intervallo.

h. 10/20 - Discussione.

h. 11/30 - Comunicazione: *L'uso del diritto canonico nei tribunali amministrativi dello Stato in Francia.*
Prof. P. JEAN PAUL DURAND, O.P., Decano della Facoltà di Diritto Canonico dell'Institut Catholique de Paris.

h. 12/00 - Sospensione dei lavori.

h. 16/00 - Presidente: **Prof. FRANCESCO CASAVOLA,** già Presidente della Corte Costituzionale, attuale Presidente dell'ufficio del Garante per la Radiodiffusione e l'Editoria.
- 4ª Relazione: *Decisioni dei tribunali ecclesiastici e interpretazione del diritto matrimoniale.*
Prof. Mons. JOSÉ MARIA SERRANO, Vice-Decano della Rota Romana e Docente di Diritto Canonico presso la P.U.S.T.

h. 16/50 - Intervallo.

h. 17/20 - Discussione.

h. 18/30 - Comunicazione: *Per una interpretazione più adeguata del-*

l'esclusione della prole d'accordo con il criterio personalistico del matrimonio.
Dott. Don LUC J.G. DE MAERE, Giudice del Tribunale diocesano di Namur.

h. 19/00 - Sospensione dei lavori.

26 ottobre

h. 09/00 Presidente: Rev.mo **Prof. P. EDWARD KACZYNSKI, O.P.**, Rettore Magnifico della PUST.
- 5ª Relazione: *Lo Statuto delle Conferenze Episcopali - una 'quaestio vexata'.*
Dott. P. ROLAND BERNHARD TRAUFFER, O.P., Segretario della Conferenza Episcopale della Confederazione Svizzera.

h. 09/45 - Comunicazione: *Principi di interpretazione del «Codex Canonum Ecclesiarum Orientalium».*
Prof. Don DIMITRIOS SALACHAS, Consultore del P.C.I.T.L., Professore presso la P.U.S.T.

h. 10/00 - Discussione e Conclusione dei lavori.

SESSIONE INAUGURALE

ALCUNE IMMAGINI
DELLA SESSIONE INAUGURALE DEL SIMPOSIO
ALLA PRESENZA DEL PRESIDENTE
DELLA REPUBBLICA ITALIANA
On. OSCAR LUIGI SCALFARO

ANGELICVM

TELEGRAMMA DI AUGURIO DEL SANTO PADRE

Rev.mo P. Edward Kaczynski, O.P.
Rettore Magnifico
Pontificia Università San Tommaso D'Aquino
Largo Angelicum, 1
00184 Roma

Città del Vaticano, 21 ottobre 1996

Occasione Simposio Internazionale che Codesta Pontificia Università ha promosso su tema: "*Attuali problemi di interpretazione del Codice di Diritto Canonico*" per celebrare Centenario istituzione Facoltà di Diritto Canonico, Sommo Pontefice rivolge Suo beneaugurante saluto at Lei et partecipanti con speciale pensiero per Sua Eccellenza Onorevole Oscar Luigi Scalfaro, Presidente della Repubblica Italiana et nell'auspicare che riflessione svolta da studiosi convenuti valga favorire progresso scienza canonica at maggior bene spirituale fedeli, imparte di cuore implorata Benedizione Apostolica propiziatrice celesti favori.

Cardinale Angelo Sodano, Segretario di Stato di Sua Santità.

RISPOSTA AL TELEGRAMMA DEL SANTO PADRE

A Sua Santità Giovanni Paolo II
Palazzo Apostolico
00120 Città del Vaticano

Roma, 24 ottobre 1996

Presidenza prima Sessione Simposio Internazionale occasione Centenario Facoltà di Diritto Canonico Pontificia Università San Tommaso D'Aquino "*Angelicum*", ringrazia voti augurali Vostra Santità, particolarmente graditi da Sua Eccellenza Presidente della Repubblica Italiana qui presente.

Occasione propizia offre umile ma forte disponibilità seguire fedelmente espressioni Vostro Magistero come norma interpretativa Leggi della Chiesa nell'insegnamento e nella applicazione Diritto Canonico.

S.E. Mons. Julian Herranz - Presidente Sessione
P. Edward Kaczynski, O.P. - Rettore Magnifico
P. Angelo Urru, O.P. - Decano della Facoltà di Diritto Canonico.

SALUTO INIZIALE DEL RETTORE MAGNIFICO

Prof. P. Edward Kaczynski, O.P.

All' inizio del Simposio, celebrativo del I Centenario della nostra Facoltà di Diritto Canonico, in qualità di Rettore di questa Pontificia Università, mi è gradito rivolgere un mio deferente e sentito saluto ai presenti. Innanzi tutto a Lei Signor Presidente della Repubblica Italiana, che nonostante i Suoi innumerevoli impegni, ha voluto essere oggi in mezzo a noi, a testimonianza di un rapporto di reciproca stima e fiducia che ormai dura nel tempo.È ancora vivo in questa aula il ricordo della Sua illuminante conferenza su *Etica e Politica* data quando Lei era Presidente della Camera dei Deputati, e delle altre Sue precedenti visite alla nostra comunità universitaria da Ministro degli Interni. Rapporto di stima e di fiducia reso ancora più evidente dal fatto che Sua figlia Marianna ha frequentato queste aule seguendo come alunna, per quattro anni, i corsi del nostro Istituto Superiore di Scienze Religiose "*Mater Ecclesiae*". Ma la Sua presenza ci onora soprattutto per essere Lei uomo di Diritto, al cui studio ed applicazione ha dedicato tutta la Sua vita e che oggi, in qualità di Presidente della Repubblica, si trova ad esserne il primo Magistrato ed il garante ultimo.

Saluto tutte le altre Autorità civili e religiose presenti. Il Vice Presidente della Camera dei Deputati, on. Lorenzo Acquarone. I Giudici della Corte Costituzionale, le LL.EE. Riccardo Chieppa e Cesare Mirabelli. Il Rappresentante del Governo italiano, on. Fabrizio Abbate, Sottosegretario al Ministero degli Interni.

S. Em.za il Card. Alfonso M. Stickler, S.D.B., insigne canonista e Bibliotecario ed Archivista emerito di S.R.C. Gli Eccellentissimi Arcivescovi e Vescovi: Mons. Julian Herranz, Presidente del Pontificio Consiglio per l'interpretazione dei Testi Legislativi e Presidente di questa Sessione del Simposio, Mons. Francesco Colasuonno, Nunzio Apostolico presso la Repubblica Italiana, Mons. Francesco Marchisano, Presidente della Pontificia Commissione per i Beni Culturali della Chiesa, Mons. José Saraiva Martins, C.M.F., Segretario della Congregazione per l'Educazione Cattolica, Mons. Zenon Grocholewski, Segretario del Supremo Tribunale della Segnatura Apostolica, Mons. Gabriel Montalvo, Presidente della Pontificia Accademia Ecclesiastica, Mons. Domenico Pecile, Vescovo di Latina-Terracina, S. E. P. Georges Cottier, O.P., Teologo della Casa Pontificia.

Gli Eccellentissimi Signori Ambasciatori e membri del Corpo diplomatico accreditato presso la Santa Sede ed in modo particolare S.E. il Sig. Bruno Bottai, Ambasciatore d'Italia presso la Santa Sede. Il Governatore della Banca d'Italia, Dott. Antonio Fazio; i Rettori Magnifici delle Università Pontificie e i Rettori dei Collegi romani; il P. Decano della Facoltà di Diritto Canonico, Prof. Angelo Urru, O.P., i chiarissimi relatori del Simposio, i Magistrati, i Professori di Diritto delle Facoltà ecclesiastiche e civili provenienti da differenti parti del mondo, gli Studenti, gli amici tutti, presenti per questa Sessione inaugurale del Simposio.

Perché festeggiare il centenario della Facoltà? Gli uomini festeggiano il compleanno ogni anno, le istituzioni ogni cinquanta o almeno ogni cento anni. Si festeggia per ringraziare e per non dimenticare. Ringraziare per quello che si è potuto fare e non dimenticare che la vita, intesa come servizio, continua e che bisogna impegnarsi a dare sempre di più e sempre meglio memori delle parole dell'Apostolo: *a ciascuno è data una manifestazione particolare dello Spirito per il vantaggio di tutti* (*I Cor* 12, 7).

Proprio per questi motivi la Facoltà ha deciso di celebrare in modo significativo il suo I Centenario di attività con un Simposio sul tema: *Attuali problemi di interpretazione del Codice di Diritto Canonico*. Per non dimenticare quello che, con l'aiuto di Dio è stato fatto, e quello che ancora i cultori del Diritto sono chiamati a fare: rendere la norma sempre a servizio della persona umana, immagine di Dio. A questo imperativo non si sottrae nessuna legge, canonica e civile che sia, sempre tesa a promuovere il bene della persona: fedele e cittadino ad un tempo, come è stato più volte ricordato in occasione dell'Accordo di revisione del Concordato Lateranense del 1984.

La Chiesa Universale ha dal 1983 un Codice di Diritto Canonico che ha recepito in pieno la teologia del Concilio Vaticano II sulla Chiesa. Mi auguro che la Facoltà, tra l'altro, voglia anche riflettere a che punto siamo con l'interpretazione su questo punto così essenziale e progettare la sua ricerca per il futuro.

Tenendo conto delle urgenze ecclesiali e socio-culturali contemporanee e di alcuni aspetti della nostra eredità tomista filosofico-teologica, penso che un tale contesto possa avere riflessi positivi per un'esatta interpretazioni dei canoni.

Il carisma dei Frati Predicatori, quale dono di Dio dato alla Chiesa e, tramite essa, al mondo, nella prospettiva dello scambio dei doni, può diventare proposta-offerta *di* e *per* tutte le componenti della multiforme famiglia che si richiama, a diversi titoli, alla figura di S. Domenico. A sua volta la famiglia domenicana - con la sua secolare *tradizione* e ricca *eredità* filosofica, teologica, giuridica, spirituale, mistica, pastorale e artistica - deve dare il proprio contributo non solo ai suoi membri attuali e futuri, ma anche alla Chiesa e alla società civile.

Prima di concludere, voglio cogliere l'occasione per ringraziare sentitamente quanti hanno permesso la realizzazione di questo Simposio. Al P. Decano della Facoltà di Diritto Canonico, Prof. Angelo Urru, O.P., e a tutti i Docenti di questo ormai secolare ramo dell'Università il sincero ringraziamento per aver voluto ricordare in modo tanto degno il primo Centenario.

A tutti i Relatori, che hanno accettato di prendere parte attiva al Simposio, il mio riconoscente grazie, nella consapevolezza che più di uno di loro ha dovuto lasciare importanti impegni per onorare la propria "Alma Mater".

Un particolare ringraziamento va al nostro Segretario Generale, Prof. P. Bruno Esposito, O.P., da quest'anno Docente nella Facoltà di Diritto Canonico, che, nonostante i molteplici impegni, ha accettato di organizzare il Simposio.

Ugualmente il mio grazie a quanti, in un modo o in un altro, hanno contribuito alla buona riuscita di questo atto accademico.

Concludo questo mio saluto augurando buoni risultati ai lavori del Simposio e altri cento anni, almeno, di attività della Facoltà per il bene della Chiesa e della società. A tutti i presenti auguro buon lavoro in spirito di comunione e di dialogo interpersonale, e auspico che dai nostri lavori possano maturare frutti abbondanti per la Chiesa tutta intera, per la famiglia domenicana e per la nostra Università.

Che il Signore ci illumini e ci aiuti a riflettere sull'interpretazione con lo spirito di amore e di dialogo, di verità nella libertà per dare il nostro modesto contributo alla formazione di una sempre migliore comunità ecclesiale e civile.

ORIGINE E SVILUPPO DELLA FACOLTÀ DI DIRITTO CANONICO DELLA P.U.S.T.

Prof. P. Angelo G. Urru, O.P.

Dovendo tratteggiare il secolo di vita della Facoltà di Diritto Canonico dell'*Angelicum*, si deve tener presente che la sua nascita s'inseriva in tutto un movimento di rinnovamento degli studi ecclesiastici in corso nell'Ordine Domenicano e nella Chiesa, nella seconda metà del secolo XIX.

Ripensando a quelle vicende, un grande domenicano[1], diversi anni fa scriveva della sorte toccata ai professori e agli studenti del vetusto e glorioso Collegio S. Tommaso in Roma, dopo la loro espulsione (a. 1873) dal convento della Minerva[2]:

> "L'energia con la quale i minervitani difesero quel loro secolare patrimonio intellettuale ha dell'eroico, si batterono fino a rasentare la prigione, ma dovettero arrendersi e lasciare la loro casa [...]. Dispersi e raminghi ebbero fraterno asilo prima nel Seminario francese, succesivamente presso il marchese Berardi in via del Gesù, all'Accademia Ecclesiastica (allora detta *dei nobili ecclesiastici*), presso la loro chiesa di via Pie' di Marmo, al palazzo Sinibaldi in via di Torre Argentina "[3].

---

1 I.TAURISANO, *Note storiche sul "Collegium Divi Thomae de Urbe" e gli studi Domenicani in Roma*, in *ASOP* 33/25, 166-177.

2 Cfr. A. ESZER, *La Pontificia Università di San Tommaso d'Aquino nell'Urbe*, in *AOP* 47/83, 103.

3 I. TAURISANO, *art. cit.*, 176.

Ho voluto riportare questo testo per evidenziare in quale contesto e a prezzo di quali sacrifici la Facoltà fece i suoi primi passi. In quelle burrascose contingenze il Collegio S. Tommaso, tradizionalmente dedito allo studio e all'insegnamento della Teologia, fu arricchito di questa nuova facoltà. Col decreto *Ordinis Praedicatorum* dell'11 luglio 1896, per privilegio apostolico, le fu conferito il diritto di conferire i gradi accademici di diritto canonico e di godere degli altri diritti e prerogative di cui godono gli Istiuti approvati dalla Sede Apostolica[4].

1. *Origine della Facoltà*

La fondazione della nostra Facoltà, come abbiamo detto, s'inseriva in un movimento di rinnovamento degli studi in corso nell'Ordine Domenicano e nella Chiesa, che incontrò enormi difficoltà, soprattutto esterne. Da diversi anni si era fatta sentire l'esigenza di "erigere a Roma una Università generale dell'Ordine"[5]. Questa era stata la richiesta formale del Capitolo Generale di Gand[6], questa fu anche la richiesta del Capitolo Generale di Avila del 1895[7] e dei Capitoli seguenti. Il progetto troverà la piena adesione del Papa S. Pio X[8] e verrà attuato soltanto dal Maestro dell'Ordine il B. Giacinto M. Cormier nel 1909[9].

---

4 "Itaque quum iam rectae Facultatis institutioni per Statuta, decreto huius S. Studiorum Congregationis nuperrime adprobata, satis provisum fuisse nobis constet, utendo facultatibus a Sanctissimo Domino Nostro Leone PP. XIII tributis, eam canonice erigimus atque decernimus, ut privilegio conferendi gradus academicos, aliisque iuribus atque praerogativis, quibus Instituta gaudent a S. Sede rite adprobata, uti ac frui valeat..." (*ASOP* 2/896, 729). Cfr. anche G.M. GARRASTACHU, *Historica Synopsis Instituti Pontificii Internationalis Angelici*, in *ASOP* 37/29, 81-86 e 147-157.

5 A. WALZ, *Il Pontificio Ateneo Angelicum*, Roma 1950, 8.

6 Cfr. *Acta Capituli Generalis O.P., Gandavensis 1871*, ordinazione per gli studi, n. 4.

7 Cfr. *Acta Capituli Generalis O.P., Abulae 1895,* commissione XI sugli studi.

8 Cfr. *ASOP* 14/1907, n. 94.

9 Cfr. *ASOP* 16/1909, 317; cfr. A. WALZ, *op. cit.*, 11.

La richiesta di istituire la Facoltà di Diritto Canonico nel Collegio S. Tommaso fu rivolta con una certa urgenza dal Capitolo Generale di Avila del 1895 nello stesso numero degli Atti nel quale si chiedeva al Maestro l'istituzione di uno speciale *Studium Generale* per l'Ordine[10]. La petizione del Capitolo ebbe una risposta puntuale e sollecita da parte del Maestro dell'Ordine il P. Andreas Frühwirth, in modo tale che il Capitolo successivo, celebrato a Vienna nel 1898, potè comunicare all'Ordine la lieta notizia dell'avvenuta erezione[11]. Negli stessi atti capitolari venivano pubblicati di seguito i seguenti documenti:
a) Decreto di approvazione degli Statuti, del 10 luglio 1896, da parte del Card. C. Mazzella, Prefetto della S. Congregazione degli Studi; b) testo degli Statuti della nuova Facoltà Pontificia; c) decreto dell'erezione della Facoltà, emanato dallo stesso Dicastero l'11 luglio, in forza delle speciali facoltà ricevute dal Sommo Pontefice[12]; d) una lettera del Cardinal Prefetto, indirizzata al Maestro dell'Ordine, con cui si ribadiva la proibizione di seguire contemporaneamente i corsi nella Facoltà di Teologia ed in quella di Diritto Canonico, pena l'invalidità dei titoli ricevuti.

Non c'è dubbio che la configurazione era particolare. La facoltà veniva eretta in seno al Collegio S. Tommaso, non in una vera e propria Università[13].

---

10 "Rogamus Magistrum Generalem, ut instituat pro toto Ordine Universitatem seu Studium Generale, ad quod ex qualibet Provincia Fratres mitti possint *procuretque ut quamprimum Collegio Sancti Thomae de Urbe adiungatur facultas Iuris Canonici, in qua Fratres nostri et Saeculares lauream Doctoratus in iure canonico consequi valeant*" (*Acta Capituli Generalis O.P., Abulae 1895*, Commendatio XI de studiis; *ASOP* 3/1895, 229).

11 "Denuntiamus Facultatem Iuris Canonici in Collegio Sancti Thomae Aquinatis de Urbe, sub immediata iurisdictione Magistri Ordinis, ab Apostolica Sede erectam fuisse, cum propriis statutis approbatis et iure gradus conferendi, ut constat ex variis documentis huiusce tenoris" (*Acta Capituli Generalis O.P.*, *Viennae 1898*, Denuntiatio XIV, p. 38; *ASOP* 6/1898, 686).

12 "*...utendo facultatibus a Sanctissimo Domino Nostro Leone PP. XIII tributis*".

13 "*Penes Collegium sancti Thomae Aquinatis Romae sub Patrum Ordinis Praedicatorum regimine, auctoritate Pontificia erigitur et canonice instituitur Facultas Iuris Canonici, cum privilegio apostolico gradus omnes accademicos conferendi clericis sive propriis sive externis, qui eius scholas rite celebraverint*" (*Statuta*, n. 1).

Nei diplomi, che si rilasciavano per il conferimento dei tre gradi accademici di Baccalaurato, Licenza e Dottorato, andava fatta esplicita menzione che essi venivano conferiti per privilegio apostolico[14]. Il Preside della Facoltà era il Maestro dell'Ordine Domenicano, al quale perciò era affidata tutta la responsabilità e la gestione della vita accademica[15]. Il Reggente degli studi del Collegio San Tommaso fungeva da semplice Vice-Preside.

Soltanto nel 1929 fu stabilito che ogni facoltà elegesse il rispettivo decano. Per la nostra Facoltà fu eletto il prof. J. Noval[16], il quale il 15 maggio 1931 fu insignito anche del titolo di Maestro in Teologia[17], venendo così riconosciuti i suoi meriti anche nel campo degli studi teologici. Dopo di lui gli altri decani furono i padri A. Darmanin (1931-32), E. Suarez (1932-41), L. Bender (1941-49), S. Alvarez (1949-67), M. Said (1967-71 e 1983-88), J. Castaño (1971-77), B. Gangoiti (1977-83 e 1991-94), A. Gauthier (1988-91).

La *Ratio studiorum* e l'ordinamento delle lezioni e degli esami erano diverse da quelle attuali. Tuttavia, come oggi, il *curriculum* comprendeva tre anni. Erano indicati fin d'allora anche i patroni della Facoltà: San Tommaso e San Raimondo[18].

---

14 Cfr. *Statuta*, n. 29.

15 "*Cuius curis tota facultas committitur*" (*Statuta*, n. 2).

16 Cfr. *ASOP* 37/29, 377.

17 Di lui il Maestro dell'Ordine in detta occasione ebbe a dire: "*Consacrò tutta la sua vita all'insegnamento della verità [...] lavorò e lavora da ben quarant'anni, spiegando la verità fin dal principio della sua carriera sacerdotale nel grande e rinomato Collegio San Giovanni Laterano a Manila; poi nel Collegio San Tommaso di Roma; nell'Università di Manila, di cui lei fu Rettore Magnifico; e qui nel Collegio Angelico. Ha lavorato e lavora pure per far risplendere la verità nelle Sacre Congregazioni Romane della Propaganda fide, dei Seminari e delle Università degli Studi, di cui è solerte consultore, avendo fatto parte della Commissione per la Codificazione del Diritto Canonico fin da principio [...] Lei insegnò e insegna (anche con gli scritti) fin dalla sua giovinezza con competenza a tutti palese, su diversi soggetti...*" (*ASOP* 39/31, 182-183).

18 "*Facultas in tutelam fidemque sese recipit Sancti Thomae Aquinatis, quem omnium studiorum Patronum Summus Pontifex Leo XIII scholis praeposuit, nec non*

2. *I Professori*

Tra i primi professori vanno ricordati i Padri Josè Noval, spagnolo della Provincia del SS. Rosario (1861-1938)[19] e Tommaso Esser della Provincia Imperii (1850-1926)[20]. I primi tempi sembra fossero sufficienti due professori.

Sancti Raimundi de Pennafort, cuius praeclara in scientia iuris canonici merita nedum Patrum Praedicatorum Ordo, sed et omnes iam a saeculis per Orbem praedicant iuris magistri. In utriusque patroni festivis diebus, solemniis aderunt omnes alumni et professores in ecclesia Facultatis peragendis: et scholae vacabunt" (*Statuta*, n. 5).

[19] Nacque a Lamuño nelle Asturie il 4 novembre 1861, fece professione il 15 gennaio 1878 a Ocaña. Da suddiacono partì per Manila, dove, una volta ordinato sacerdote, prese ad insegnare nel Collegio S. Giovanni Laterano. Il 26 marzo 1890 conseguì la Laurea in Filosofia nell'Università "Santo Tomas" della stessa città, subito ne divenne professore e, nel 1910, Rettore Magnifico. Ma la sua fama doveva eccellere nel campo del Diritto Canonico. A Manila aveva conseguito la Licenza in Diritto Canonico e fin dal 1894 lo aveva insegnato. Considerando le sue doti in questo campo, i Superiori lo annoverarono tra i primi professori della nuova Facoltà del Collegio San Tommaso in Roma. Il Cardinal Gasparri lo volle tra i Consultori per la redazione del primo Codice di Diritto Canonico. Fu poi Consultore delle Congregazioni di Propaganda fide e dei Seminari e Università degli studi. Cessato l'insegnamento, si ritirò ad Ocaña, ma morì a Madrid, durante il grande turbine della rivoluzione spagnola, il 29 gennaio 1938. Lasciò scritto il *Commentarium I.C. Lib. IV De Processibus* (Cfr. *Acta Capituli Provinciae SS. Rosarii Phlippinarum O.P., Manilae 1939*, pp. 145-146).

[20] Il P. Tommaso (al secolo Hermann Joseph) Esser, nacque ad Aquisgrana il 7 aprile 1850 da Peter e Margaretha Mönch. Il padre gestiva un'impresa che, mediante il mulino ad acqua, preparava i legni per la tintoria di stoffe e più tardi mise su per conto suo un mulino a vapore a Burtscheid, vicino ad Aquisgrana. Hermann studiò Teologia a Bonn e a Würzburg. Nell'autunno del 1871 entrò nel grande Seminario di Colonia e, il 7 giugno 1873, ricevette l'ordinazione sacerdotale. Nel settembre dello stesso anno fu nominato vice-parroco di S. Martino in Euskirchen. A causa della sua resistenza contro le "Leggi di maggio" (1873-1875), per ben cinque volte fu condannato, messo in carcere e privato di tutti i suoi averi. Non essendo più possibile per lui esercitare il ministero sacerdotale in Germania, nell'autunno del 1874, si recò a Roma e trovò alloggio a Santa Maria dell'Anima. Studiò Teologia e Diritto Canonico presso il Collegio San Tommaso, dove conseguì il dottorato in ambedue i rami, trovando, allo stesso tempo, amicizia e sostegno nel noto tomista Mons. Costantino, barone von Schäzler. I Domenicani avrebbero voluto che egli entrasse nel loro Ordine, ma, essendo questo soppresso nell'impero germanico, egli in un primo tempo non volle fare questo

Infatti nell'*Ordo Praelectionum* del 1909-10 si parla solo di due Lectores[21]. Ma nell'anno accademico 1914-15 abbiamo il seguente corpo professorale: P. Alberto Blat[22] dà il I e III libro delle Decretali; il P. Josè Noval dà il libro II; il P. Caledonio Blanco dà *Istituzioni di Diritto Canonico* (nella Facoltà di Teologia), *Le fonti del Diritto Canonico, Questioni speciali sui principali istituti del*

---

passo. Prese invece la decisione di entrare per la Provincia *Imperii* durante un incontro con l'allora Priore di Vienna, il P. Andrea Frühwirth, presso la tomba di San Antonino in Firenze. Ricevette l'abito il 17 gennaio 1878 a Graz, dove fece il noviziato. L'anno seguente emise la professione solenne e iniziò subito la sua attività di docente di esegesi biblica e di diritto canonico nello *Studium Generale* di Vienna. Ma presto fu trasferito al Maynooth College in Irlanda e poi, nel 1891, fu nominato professore a Friburgo in Svizzera. Nel 1894, il P. Frühwirth, ormai Maestro dell'Ordine, lo chiamò a Roma con l'incarico di rielaborare l'Indice dei libri proibiti e di insegnare diritto canonico nel Collegio San Tommaso, come primo docente delle Decretali nell'appena fondata Facoltà. Il 22 gennaio 1897 fu nominato Segretario della S. Congregazione dell'Indice, quando era già Consultore della S. Congregazione dei Vescovi e Regolari. Dopo il 1900, divenne Consultore della Commissione Biblica, della Commissione per la preparazione del Codice di Diritto Canonico e di quella per l'interpretazione del Codice ormai promulgato. Dopo la soppressione della S. Congregazione dell'Indice il Papa Benedetto XV, per permettergli di restare a Roma, nonostante la guerra in corso, il 18 giugno 1917 lo nominò vescovo titolare di Sinide. Ricordando il mestiere del padre, scelse il motto: *Secus decursus aquarum.* Visse nel convento di Via Condotti, dove morì il 26 marzo 1926. Ai suoi funerali, che vennero celebrati dal Vicario dell'Ordine il P. Serapio Tamayo, erano presenti i Cardinali Frühwirth e Boggiani, l'ambasciatore tedesco presso la S. Sede, dott. Diego von Bergen, il Ministro Bavarese barone Otto Ritter von Groenesteyn. Lasciò numerosi scritti e curò molte edizioni (cfr. A. ESZER, *Bischof Thomas Esser O.P.*, in *Heimatkalender Kreis Euskirchen* 1963, pp. 36-39; *ASOP* 30/22, 230; A. WALZ, *Compendium Historiae Ordinis Praedicatorum*, Romae 1948, p. 652; *Enciclopedia Cattolica*, voce *Esser*).

21 "*In Facultate iuris canonici, praehabito examine circa institutiones, a duobus lectoribus per duos annos explicatur textus canonicus*". Il primo lettore spiegava in 5 lezioni settimanali il libro V delle Decretali; il secondo spiegava, con lo stesso numero di ore, i libri III e IV (cfr. *ASOP* 17/1909, 256).

22 Il P. Alberto Blat nacque il 3 febbraio 1870 a Valencia e morì a Madrid il 2 maggio 1943. Figlio della Provincia del SS. Rosario. Nel 1895 fu inviato a Roma, dove conseguì la Laurea in Diritto Canonico presso la nostra Facoltà e vi iniziò subito la lunga carriera di professore (cfr. *ASOP* 31/23, 35; 55/47, 115-116).

Diritto Romano; il P. Josè Gonzalez[23] dà *Ius Pubblicum, Philosophia Iuris, De iure regularium.*

Nell'anno accademico 1920-21 abbiamo i seguenti professori: A. Blat, J. Noval, C. Blanco, Timoteo Horten. Il P. J. Gonzalez era stato nel frattempo trasferito a Friburgo. Nel 1923 si aggiunse come docente il maltese P. Agostino Darmanin[24].

Nel 1924 conseguirono il dottorato tre giovani studenti, che in seguito sarebbero diventati illustri docenti della Facoltà, erano i Padri Ludovico Bender della Provincia d'Olanda, Emmanuele Suarez della Provincia di Spagna, Cristoforo Berutti della Provincia di San Pietro Martire[25]. Quest'ultimo venne

---

[23] Il P. Josè Gonzalez nacque il 10 ottobre 1877 a Jomezana in Asturias e morì il 1° luglio 1956 a Madrid. Figlio della Provincia del SS. Rosario, si laureò in Diritto Canonico all'Angelicum nel 1903. Fu professore all'Angelicum dal 1909 al 1919, dal 1925 al 1929, dal 1932 al 1940. Stando a Roma, gli furono affidate varie altre incombenze: giudice pro-sinodale del Vicariato di Roma, giudice aggiunto di vari processi apostolici, avvocato nella Curia Generalizia, Consultore delle Congregazioni del Concilio e per la Chiesa Orientale, nonchè della Pontificia Commissione per l'interpretazione del Codice di Diritto Canonico (cfr. *ASOP* 32/65, 433-435).

[24] Cfr. *ASOP* 31/1923, 118. Il P. A. Darmanin nasce a Malta il 2 novembre 1892. Il 30 aprile 1911 riceve l'abito domenicano. Dopo gli studi filosofico-teologici compiuti nella stessa isola, il 22 settembre 1917 viene ordinato presbitero. Viene inviato a proseguire gli studi all'Angelicum di Roma dove, dopo due anni, consegue il Lettorato in Sacra Teologia (luglio 1919) e, due anni più tardi (luglio 1921), il Dottorato in Diritto Canonico. Subito fu assunto come insegnante di Istituzioni di Diritto Canonico nella Facoltà di Teologia e di discipline giuridiche nella Facoltà di Diritto Canonico. Nel 1924 fu trasferito con le stesse funzioni a Friburgo, ma, per ragioni di salute, l'anno seguente ritornò all'Angelicum, dove insegnò fino al termine della vita, avvenuta il 18 marzo 1939. La sua attività accademica fu intensissima (nei suoi manoscritti ha lasciato un intero commento del Codice), così pure la sua attività presso i Dicasteri della Santa Sede: S. Congregazioni del Concilio e dei Sacramenti, la Sacra Rota, la Commissione Pontificia per l'interpretazione del Codice. Fu anche Promotore di Giustizia presso la Curia dell'Ordine Domenicano. Il 15 novembre 1934 fu nominato Maestro in Teologia. Il 18 marzo 1939 morì improvvisamente, ma serenamente, nel Convento dei Ss. Domenico e Sisto (Dall'elogio funebre tenuto dal Priore Provinciale di Malta, P. Serafino Zarb, nel trigesimo della morte: *ASOP* 47/39, 167-168).

[25] Cfr. *ASOP* 32/24, 491.

assunto come professore nell'autunno dello stesso anno, insieme al P. J. Gonzalez che rientrava da Friburgo[26]. Nel 1925 il P. A. Darmanin ritornò a Roma da Friburgo, dove venne sostituito dal P. C. Berutti[27]. Nel 1926 al P. E. Suarez fu affidato l'insegnamento delle *Istituzioni di Diritto Canonico*[28]. Questo ritardo nell'essere assunto come professore dipendeva dal fatto che intanto egli aveva dovuto attendere allo studio del Diritto Romano, in cui conseguì la laurea appunto il 2 luglio 1927 all'Apollinare[29]. Il 21 gennaio 1929 lasciò l'insegnamento il P. J. Gonzalez, eletto priore di Ocaña, e fu sostituito dal canadese P. Agostino Leduc[30]. Così nell'anno accademico 1936-37 il corpo professorale era costituito dai Professori E. Suarez (Decano), L. Bender, A. Blat, A. Darmanin, J. Gonzalez rientrato a Roma, una volta terminato il mandato di Priore in Spagna, Leduc, Paolo Shean[31]. A metà dell'anno 1939 fu chiamato (egli raccontava, con telegramma!) da Manila in qualità di professore il P. Severino Alvarez Menendez[32]. Per cui nell'anno 1938-40 si avevano i seguenti professori straor-

---

[26] Cfr. *ASOP* 32/24, 593.

[27] Cfr. *ASOP* 34/26, 529; 531.

[28] Cfr. *ASOP* 34/26, 802.

[29] Cfr. *ASOP* 35/27, 190.

[30] Cfr. *ASOP* 37/29, 54; 377.

[31] Cfr. *ASOP* 45/37, 84.

[32] Nacque a Roces (Asturie) il 10 luglio 1909 e morì ad Avila il 15 ottobre 1979. Negli anni 1925-29 studiò all'Angelicum e vi conseguì il Lettorato e la Licenza in Teologia. Dopo la sua ordinazione sacerdotale, sempre a Roma conseguì la Laurea in Teologia e la Licenza in Diritto Canonico. La sua prima assegnazione fu lo Studio Generale di Hong Kong, appena inaugurato, per insegnare Diritto Canonico. L'anno seguente passò a Manila, dove conseguì il Dottorato nella stessa disciplina. Per due anni (1937-39) insegnò Diritto Canonico e funse da Difensore del Vincolo nel Tribunale dell'Archidiocesi di Manila. A metà dell'anno 1939 fu chiamato a Roma, dove per 40 anni consecutivi insegnò nella Facoltà di Diritto Canonico. Fu Decano per molti anni e disimpegnò molti compiti, dimostrando quanto la sua scienza giuridica fosse anche pratica: giudice pro-sinodale al Vicariato di Roma, Consultore della Congregazione dei Sacramenti, Votante della Segnatura Apostolica, Difensore del Vincolo alla Rota Romana, Membro della Commissione Pontificia per la revisione del Codice, consigliere

dinari: Severino Alvarez, Bonaventura Cagnasso, Umberto Durand[33]. Il 3 luglio 1943 il Prof. C. Berutti, dopo lunghi anni di fruttuoso insegnamento a Friburgo, ritornò a Roma[34]. Al termine dell'anno accademico 1945-46 conseguirono il dottorato due futuri professori, i Padri Stefano Gomez e Crisostomo Vijverberg. Nel 1946 iniziò ad insegnare il laico prof. Giovanni Torre. Nel 1948-49 conseguirono la laurea i futuri professori Antonino Abate della Provincia Romana ed Emmanuele Canzoneri della Provincia di Sicilia, i quali iniziarono l'insegnamento l'anno seguente, insieme al prof. Andrea Petrù della Provincia di Boemia. Nel 1952 fu annoverato tra i docenti il prof. Marco Said della Provincia di Malta. Per cui nell'anno 1952-53 il corpo professorale era costituito dai seguenti docenti: A. Abate, S. Alvarez, L. Bender, C. Berutti, E. Canzoneri, M. Castellano, S. Gomez[35], J. Ortea, A. Petrù, M. Said, G. Torre. Negli anni

---

di vari vescovi italiani, spagnoli, americani, durante il Concilio Ecumenico Vaticano II, Procuratore di varie diocesi. Molti suoi scritti sono rimasti inediti. Il prof. Alvarez considerò sempre il suo ministero dottrinale come servizio agli altri e alla Chiesa e lo esercitò con scrupolosa diligenza per oltre quaranta anni. Fu insigne canonista, caritatevole consigliere, amico fedele e disponibile, sempre al servizio di coloro che numerosi ricorrevano a lui. Uomo di pietà e di carità, possedeva un profondo senso di Dio e di rispetto verso gli uomini, tutte qualità che la sua gioviale semplicità faceva risaltare con peculiare splendore (Cfr. *Actas del Capitulo de la Provincia del SS. Rosario de la Orden de Predicadores, celebrado in Avila 1-12 sept. 1981*, Madrid 1981, pp. 133-134).

[33] Cfr. *Status Personalis* dell'Angelicum.

[34] Cfr. *ASOP* 51/43, 178. A Friburgo il prof. Berutti aveva insegnato per 17 anni ed era stato anche Decano della Facoltà di Teologia e Rettore dell'Università. Tornato a Roma, oltre ad avere ripreso l'insegnamento all'Angelicum, assunse vari incarichi, tra l'altro quelli di Postulatore Generale per le Cause di Canonizzazione dell'Ordine Domenicano, Assistente del Maestro dell'Ordine per l'Italia, Consultore di vari dicasteri della Curia Romana. Morì il 1° febbraio 1981 (cfr. *AOP* 90/82, 204).

[35] Il P. S. Gomez nacque a Terradillos (Palencia) il 2 febbraio 1910, fece gli studi filosofico-teologici a San Esteban di Salamanca (1931-36) fu ordinato sacerdote. Scoppiata la guerra civile in Spagna, dovette inserirsi nell'esercito in veste di cappellano militare. Nel 1939 fu inviato a Roma a compiere gli studi di Diritto Canonico. Si laureò nel 1942 e iniziò subito l'insegnamento, che dovette interrompere nel 1945, ma lo riprese nel 1949 portandolo avanti fino al 1981. E' stato Assistente del Maestro dell'Ordine dal 1950 al 1974 (cfr. AA.VV., *Questioni canoniche*, Miscellanea in onore

seguenti figurarono come professori invitati anche i proff. Agapio Salvador, Thomas Tascon, C. Vijverberg, Reginaldo Arbus, Vincenzo Monserrat, David M. Hynous. Nel 1958 conseguirono il dottorato i Padri José Manuel Castaño e Benito Gangoiti della Provincia di Spagna, dei quali il primo inizierà l'insegnamento nell'anno accademico immediatamente successivo, il secondo nel 1960. Nel 1963 conseguirono il dottorato i futuri professori Angelo Urru della Provincia di San Marco e Sardegna e Francisco Ramos della Provincia del Messico; due anni dopo il futuro prof. Albert Gauthier, della Provincia del Canada[36].

Quando, il 7 marzo 1963, S. Santità Giovanni XXIII elevò l'Angelicum al rango di Università Pontificia, la Facoltà di Diritto Canonico aveva un eccellente numero di studenti e di professori stabili.

3. *Attività e altri compiti dei professori*

Oltre il lavoro accademico, i professori della facoltà, sia individualmente sia come collegio, esercitarono funzioni e compiti molto importanti nella Chiesa e nell'Ordine Domenicano. Come abbiamo accennato sopra, uno dei primi professori e promotori dell'istituzione della Facoltà, il P. Thomas Esser, nel 1900 fu nominato Segretario della Congregazione dell'Indice e, al termine del suo mandato, fu nominato vescovo titolare[37].

1) *Come gruppo*

Il 1° marzo 1919 il Maestro dell'Ordine il P. Ludovico Theissling, che a qual tempo era l'immediato responsabile della Facoltà, ai professori Blat, Noval, Blanco, affidò il compito di preparare i *Commentaria* dei Decreti della S.Sede emanati di recente o che sarebbero stati emanati in seguito e di pubbli-

---

del prof. P. Esteban Gomez, Collana "Studia Universitatis S. Thomae", Milano 1984, p.11).

36 Per tutte queste notizie vedi lo *Status Personalis Athenaei Angelicum* nei rispettivi anni.

37 Cfr. *ASOP* 30/22, 230.

carli sull'organo ufficiale dell'Ordine*Analecta Sacri Ordinis Praedicatorum*[38].

Appena promulgato il Codice di Diritto Canonico nel 1917, il P. Blat iniziò subito a preparare un Commentario, che, con la collaborazione di altri docenti della Facoltà, costituirà, nello spazio di non molti anni, il primo lavoro del genere assunto in corpo da una facoltà di diritto canonico[39]. Detto professore infatti pubblicò i seguenti volumi: *L. II. De Personis* (1919); *L. I. Normae generales* (1921); *L. III. De Rebus* (1922); *L. V. De delictis et poenis* (1924). Il P. Noval pubblicò il *L. IV De Processibus* (1921)[40]. Nel 1922, ad opera del prof. G. Noval, venne introdotto nella Facoltà un corso di *Lectiones Praticae de Processibus canonicis*[41].

Durante il Concilio Vaticano II vari professori furono chiamati a collaborare in qualità di esperti. Tra i Consultori della Pontificia Commissione per la revisione del Codice di Diritto Canonico furono annoverati quattro docenti della nostra Facoltà, i quali portarono il loro valido contributo nei gruppi di studio su: *Norme generali, Istituti di perfezione, Magistero, Processi, Diritto penale*[42].

Al Congresso Internazionale di Diritto Canonico, il primo dopo il Concilio Vaticano II, nel 1968 parteciparono attivamente ben nove professori della nostra Facoltà[43].

Nel 1973 fu pubblicato il I volume della serie giuridica, *Hodiernae canonicae quaestiones,* nella collana "*Studia Universitatis S. Thomae*". Nella stessa collana furono pubblicati: il n.7 nel 1976, *Quaestiones de Motu Proprio "Causas matrimoniales"*; il n. 22 nel 1984, *Miscellanea in onore del prof. Esteban Gomez*; il n. 23 nello stesso anno 1984, *Miscellanea in onore del prof. Severino Alvarez Menendez.*

---

[38] Cfr. *ASOP* 27/19, 7-8.

[39] Cfr. *ASOP* 29/21, 57.

[40] Cfr. *ASOP* 32/24, 547.

[41] Cfr. *ASOP* 30/22, 232-233.

[42] Cfr. *Communicationes* I/1969, 15ss e 29ss.

[43] Cfr. *AOP* 76/68, 599.

Con una tempestività che sorprese i più, nel 1983 (dal 14 aprile al 14 maggio), con lezioni la mattina e il pomeriggio, la facoltà offrì un corso aperto a tutti, nel quale presentò tutta la materia del nuovo Codice, con grande e qualificata partecipazione di uditori. Tra gli altri, erano presenti operatori di Curie diocesane e religiose, Vicari giudiziali, e perfino due vescovi e due arcivescovi provenienti da diversi continenti.

2) *A titolo personale*

Per quanto riguarda le attività dei singoli professori, indichiamo soltanto quegli impegni che hanno assunto in forma ufficiale. Il P. Thomas Esser fu Segretario della Congregazione dell'Indice, Consultore della Congregazione dei Vescovi e Regolari, della Pontificia Commissione Biblica, della Pontificia Commissione per la preparazione del Codice di Diritto Canonico e, dal 9 novembre 1922, membro della Pontificia Commissione per l'interpretazione del Codice[44]. Il P. Blat, che era stato Consultore per la preparazione del Codice, il 13 febbraio 1923 fu istituito Socio del Maestro dell'Ordine, continuando l'attività di docente[45]; nello stesso anno, con il P. L. Nolan, fu nominato Maestro in S. Teologia[46].

L'8 ottobre 1929 furono nominati Consultori per la Congregazione per la Chiesa Orientale i proff. Leduc e Suarez[47]. Il 30 aprile 1936 il prof. E. Suarez fu nominato Consultore della Pontificia Commissione per l'Interpretazione del Codice[48].

Il 28 giugno del 1941 il decano prof. E. Suarez fu istituito Rettore Magnifico dell'Angelicum, eletto Priore dell'Angelicum l'anno seguente e il 21 settembre 1946 venne eletto Maestro dell'Ordine[49]. Morì tragicamente nel 1954

---

44 Cfr. *ASOP* 30/22, 230.

45 Cfr. *ASOP* 31/23, 35.

46 Cfr. *ibid.*, 72.

47 Cfr. *ASOP* 37/29, 377.

48 Cfr. *ASOP* 44/36, 461.

49 Il prof. E. Suarez esplicò una intensissima attività sia di carattere accademico che di governo. Vari Dicasteri della S. Sede hanno usufruito dei suoi consigli. Fu

durante un viaggio nelle sue visite all'Ordine.

Il prof. M. Castellano, docente di Diritto Concordatario, che era Segretario del Commissario del S. Officio, il 26 marzo 1953 fu nominato canonista della Penitenzieria Apostolica[50] e, il 24 agosto 1954, vescovo di Volterra[51], trasferito più tardi a Siena.

Il prof. Josè Manuel Castaño fu professore di Diritto internazionale presso la Pontificia Accademia Ecclesiastica (1976-1985), Consultore della Congregazione per i Vescovi (1985), membro della Pontificia Commissione per la revisione del Codice delle Chiese Orientali (1982-1990), membro del Pontificio Consiglio per l'interpretazione dei testi legislativi (1985), Giudice del tribunale ecclesiastico della Città del Vaticano[52].

---

consultore delle SS. Congregazioni del Concilio e per la Chiesa Orientale; membro della commissione delle cause matrimoniali presso la stessa Congregazione per la Chiesa Orientale; consultore della S. Congregazione dei sacramenti e membro della commissione per la trattazione delle cause matrimoniali e della Commissione di Vigilanza dei Tribunali presso la medesima Congregazione; Consultore della Commissione Pontificia per l'interpretazione autentica del Codice. Fu anche Promotore di giustizia nella Curia generalizia del suo Ordine; giudice pro-sinodale del Tribunale del Vicariato di Roma; pro-difensore del Vincolo presso la Rota Romana; esaminatore del clero; Visitatore Apostolico (cfr. *ASOP* 54/46, 205-207). A tutto ciò va aggiunta l'intensa attività esplicata come Rettore e Priore dell'Angelicum e soprattutto durante gli otto anni di governo dell'Ordine, in un periodo così difficile come quello del dopoguerra, quando c'era da ricostruire sia i conventi che la vita dei religiosi. Di lui scrisse il Vicario dell'Ordine, comunicando a tutto l'Ordine la notizia della sua tragica morte: "*eximiam in iure canonico ostendit sollertiam, idem Ius revocando ad rationes theologiae [...]. Eius consilia et dilucidationes magni habebantur, quae ab eodem efflagitabant Apostolicae Sedis ministeria, quorum plerumque Consultor erat. Eius sententiae profunditate simul et breviloquentia praestabant. Plures in animarum angustiis consilium et auxilium a Reverendissimo Magistro requirebant, exitum suarum vexationum invenientes*" (*ASOP* 62/54, 295ss).

50 Cfr. *AOP* 61/54, 99.

51 Cfr. *AOP* 62/54, 397.

52 Il prof. José M. Castaño nacque a Sama De Langreo (Asturie) nel 1926, dopo gli studi di Teologia svolti a Salamanca (1950-1955), all'Angelicum conseguì il

Il prof. Benito Gangoiti, che è stato varie volte Decano e ancora insegna nella Facoltà, è giudice del Vicariato di Roma, Consultore delle Congregazioni per le Cause dei Santi, per la Vita Consacrata e le Società di Vita Apostolica, per il Culto divino e la Disciplina dei Sacramenti; è stato Avvocato e Promotore di giustizia "ad casum" nella Sectio Altera della Segnatura Apostolica, e Postulatore di varie Cause di canonizzazione.

Il prof. Mark Said è stato giudice del Vicariato di Roma; consultore della Congregazione Concistoriale e della Congregazione per il Culto divino e la Disciplina dei Sacramenti; Votante della Segnatura Apostolica; Consultore del Pontificio Consiglio per l'interpretazione dei testi legislativi; Relatore della Commissione sulla Vita Consacrata nella Revisione del Codice di Diritto canonico.

Il prof. Emmanuele Canzoneri è stato per tanti anni giudice al Tribunale del Vicariato di Roma; Difensore del Vincolo alla Rota Romana; Consultore della Congregazione dei Sacramenti per i casi di Matrimonio "rato et non consummato"[53].

4. *Gli studenti*

Agli inizi certamente gli studenti della Facoltà erano pochi e in prevalenza dell'Ordine Domenicano. La maggior parte dei professori in seguito

---

Dottorato in Diritto Canonico (1958), il Diploma in Teologia Spirituale (1957), e nel convento di S. Sabina, sempre in Roma, il Diploma alla scuola per Maestri dei novizi e degli studenti dell'Ordine Domenicano. Contemporaneamente all'inizio della sua attività di professore all'Angelicum, esplicò anche l'ufficio di Maestro degli studenti domenicani nella stessa sede (1958-1964). Nei quasi 40 anni di insegnamento tenne i seguenti corsi: *Diritto matrimoniale, Vita consacrata, Diritto internazionale, Diritto costituzionale della Chiesa.* Fu professore anche presso l'Università Lateranense (dal 1976) e l'Istituto di studi sulla famiglia "Giovanni Paolo II" (dal 1981). Fu inoltre Decano della Facoltà di Diritto (1971-1977), Preside dell'Istituto Superiore di Scienze Religiose "Mater Ecclesiae" (1977-1985), Vice Rettore della PUST (1982-1985) e Rettore Magnifico (1985-1993). Lasciò l'insegnamento per raggiunti limiti di età nel 1996, con grande rimpianto degli studenti sia dell'Angelicum che del Laterano.

[53] Il prof. Emmanuele Canzoneri è deceduto a Torino il 27 settembre 1996, dopo una lunga malattia ai polmoni, sopportata con grande serenità e spirito religioso.

sarà assunta dalla stessa Facoltà. Nell'anno accademico 1911-12 gli iscritti erano 23 e conseguirono la Licenza 6 studenti, il Dottorato 3; subito dopo la promulgazione del Codice di Diritto Canonico, nell'anno accademico 1919-20 conseguirono il grado di Dottorato 5 studenti; di Licenza 16, di Baccellierato 10[54]. Quando fu inaugurato il primo anno accademico nella nuova sede dell'Angelicum, 1932-33, avevano appena conseguito la Licenza 11 studenti e il Dottorato 16, mentre gli iscritti per il nuovo anno accademico furono 27. Nel 1946-47 si ebbero soltanto 8 studenti[55]. É stato questo forse l'anno più scarso della storia della Facoltà, scarsità dovuta comprensibilmente alle conseguenze del conflitto mondiale, dal quale a fatica si usciva in quel momento. Nell'anno accademico 1954/55 sono iscritti 182 studenti[56].

Un'altra flessione rilevante nel numero degli studenti della Facoltà si ebbe negli anni del post-Concilio e della contestazione giovanile, con il numero di soli 22 iscritti nell'anno 1976-77. In quest'ultimo periodo il calo era dovuto anche al vuoto legislativo che si era venuto creando in attesa della promulgazione del nuovo Codice di Diritto Canonico. Ma bisogna riconoscere che la Facoltà, nonostante i tempi infausti, potè tenere sempre un discreto numero di alunni e un alto livello d'insegnamento. Così la flessione nel numero di alunni, iniziata nel 1968 con 62 iscritti, raggiungendo il numero minimo di 22 nel 1976, presto riprese la risalita con 39 alunni nel 1978, 57 nel 1979, 63 nel 1980.

Nel celebrare il centenario, sotto quest'aspetto, la situazione è ottima. Nell'anno accademico 1995-96 abbiamo raggiunto il numero complessivo di 170 alunni.

---

54 Cfr. *ASOP* 28/20, 242.

55 Cfr. *ASOP* 55/47, 30.

56 Cfr. *Status Personalis Athaenei Angelicum*, 1955.

5. *Conclusione*

Oggi la Facoltà continua con i suoi docenti o con i suoi ex-alunni una presenza significativa presso le Chiese locali e nel governo centrale della Chiesa. Possiamo dire che, con i docenti o con gli ex-alunni, essa è presente in quasi tutti i Dicasteri della S. Sede.

Ma essa si trova di fronte a una nuova fase, con il sempre maggiore interesse che suscita il Diritto Canonico da parte di una fascia particolare di studiosi e di operatori dello stesso. Voglio riferirmi all'interesse dei laici, uomini e donne, e delle religiose, in sintonia con i ruoli sempre più incisivi che essi vanno acquisendo nella vita della Chiesa. Vari nostri ex-alunni provenienti da queste fascie del popolo di Dio occupano ormai importanti uffici nelle Chiese locali. La Facoltà intende rendersi sempre più sensibile alle esigenze della Chiesa universale e delle Chiese particolari, esplicare in essa un servizio sempre più docile, non solo per *sentire cum Ecclesia,* ma anche per camminare con la Chiesa viva e vivificante, tenendo sempre fisso lo sguardo, come a stella direzionale, sull'antico ma sempre attuale e pressante aforisma, secondo il quale *salus animarum suprema lex esto*.

INTRODUZIONE AL TEMA DEL SIMPOSIO

S.E.R. Mons. Julián Herranz

Eccellentissimo Signor Presidente della Repubblica Italiana, Eminenza, Eccellenze, Illustrissimo Rettore, carissimi Professori, alunni, amici tutti.

Nel ringraziare, per il gentile invito rivoltomi, le Autorità di questa cara Università, dove anch'io sono stato pazientemente introdotto quaranta anni fa nella scienza del Diritto Canonico, vorrei precisare *in limine tractationis* i modesti limiti scientifici di questo mio intervento.

Non sarebbe, infatti, proprio di una semplice introduzione a questo Simposio sui problemi di interpretazione del Codice di Diritto Canonico prolungare il discorso fermandoci a ricordare la teoria generale dell'*interpretatio* o «aperta significatio legis»[1], i cui tratti essenziali si trovano già nei glossatori[2], e furono successivamente sviluppati dal Suarez[3] e altri, nonché nel nostro secolo dai commentatori del CIC 1917 e del CIC 1983[4] e da ponderosi studi monografici come quelli di Emilio Betti, Orio Giacchi o, più recentemente, Vittorio

---

1 ROGERIUS, glossa alla parola «*interpretatio*» del Dig., 1, I, tit. II *De origine iuris*, lex 1, *facturus*.

2 Cfr. per esempio MARTINUS, glossa a *Cod. Just.* 1, I, tit. XIV, *Lex I Inter aequitatem*, Bibl. nat. ms. lat 4523, fol. 15, V°.

3 Cfr. F. SUAREZ, *De legibus*, Lib. VI: *De interpretatione, mutatione et cessatione legis*, in *Opera omnia*, voll. V-VI, Paris 1856.

4 Per una essenziale bibliografia in merito, cfr. gli *Atti del XXVII Congresso dell'Associazione Canonistica Italiana*, Napoli - Pozzuoli 11-14 settembre 1995: *Il Diritto della Chiesa. Interpretazione e prassi*, Città del Vaticano 1996.

Frosini[5]. Di tutto ciò probabilmente ci parleranno con la loro riconosciuta competenza il Prof. Alberto de la Hera e gli altri illustri Relatori del Simposio.

Mi sembrerebbe invece opportuno commentare - rimanendo così nel clima familiare del nostro incontro - alcune considerazioni che a proposito dell'interpretazione della legge hanno fatto altri due ex alunni di questa nostra Università: lo stesso Legislatore del nuovo *Corpus Iuris Canonici* il Santo Padre Giovanni Paolo II, in un atto del suo ordinario Magistero, ed il Prof. Pedro Lombardía, già Presidente della «Consociatio Internationalis Studio Iuris Canonici Promovendo», in un suo ben noto lavoro scientifico.

Diceva Giovanni Paolo II al Tribunale Apostolico della Rota, nel primo discorso dopo l'entrata in vigore del nuovo Codice di Diritto Canonico: «In senso stretto la vera interpretazione autentica che dichiara il senso generale della legge per tutta la comunità è riservata al Legislatore, secondo il noto principio: «unde ius prodiit interpretatio quoque procedat»[6]. Ciò nondimeno al giudice spetta una partecipazione rilevante nel fissare il senso della legge. Anzitutto la sentenza rappresenta per le parti un'autentica interpretazione della legge[7]. Applicandola a quel caso particolare, il giudice fa un'interpretazione, che, sebbene non abbia valore generale, vincola le parti con la stessa forza della legge»[8].

Se si tiene conto che questa autorevole applicazione della legge al caso particolare avviene non solo nella sentenza giudiziale ma anche nell'atto amministrativo «in re peculiare»[9], ecco fatta dallo stesso Legislatore in sede magisteriale una magnifica sintesi dei due aspetti essenziali dell'interpretazione autentica della legge, e cioè: 1°) precisare quale sia stata la «mens» e la «voluntas Legislatoris», vale a dire lo spirito e il cuore della norma che pulsa sotto la superficie visibile delle parole del testo legislativo; e 2°) facilitare così

---

5 Cfr. E. BETTI, *Teoria generale dell'interpretazione*, 2 voll., Milano 1995; *Interpretazione della legge e degli atti giuridici*, Milano 1971; O. GIACCHI, *Formazione e sviluppo della dottrina dell'interpretazione autentica in Diritto Canonico*, Milano 1935; V. FROSINI, *Lezioni di teoria dell'interpretazione giuridica*, Milano 1989.

6 INNOCENTIUS III, X, V, 39, 31.

7 CIC, can. 16, § 3.

8 Discorso alla Rota, 26 gennaio 1984: AAS 76 (1984) 647.

9 CIC, can. 16, § 3.

l'adeguata incarnazione della norma generale nella particolare realtà sociale e personale, dove il diritto astratto diventa concreto atto di giustizia, mediante l'intervento della competente autorità con il quale «ius suum cuique tribuitur»[10].

L'oggetto del diritto, ha insegnato infatti San Tommaso d'Aquino, è primariamente la «res iusta»[11] la cosa giusta, e non la norma, la legge, anche se ovviamente corrisponde alla norma la funzione insostituibile di rilevare, accogliere e regolare adeguatamente la dimensione di giustizia insita in ogni realtà sociale. Perciò, è logico che la dottrina giuridica metta spesso in evidenza la funzione di mediazione tra *legge*, *realtà sociale* e *persona* che svolge l'interpretazione del diritto[12].

Anzi, forse si potrebbe affermare che questa importante funzione di mediazione sia stata la «ratio legis» della stessa normativa canonica tradizionale sulle regole o criteri della interpretazione. Detta normativa, infatti, accanto alla regola primaria dell'*interpretazione grammaticale*, cioè della «verborum significatio in textu et contextu considerata», ha posto anche la cosiddetta *interpretazione logica* che rimanda non soltanto agli eventuali «luoghi paralleli», ma soprattutto: alla «finalità» specifica della legge - ciò che fa riferimento alla realtà sociale destinataria della norma -, alle «circostanze» della legge - cioè circostanze di tempo e di luogo, storiche e sociali -, nonché alla «mens legislatoris», la quale si può dedurre sia dai predetti criteri e dall'*iter* di elaborazione della stessa legge che soprattutto dalle eventuali dichiarazioni posteriori del Legislatore, talvolta fatte in forma di veri atti magisteriali, come è avvenuto, per esempio, nel caso dei discorsi del Papa alla Rota Romana sul can. 1095 del nuovo Codice circa l'*incapacitas matrimonii contrahendi*[13].

Tutta questa ricca problematica sulla interpretazione fu in parte succintamente affrontata da Pedro Lombardía in quelli che egli ha chiamato

---

10 Cfr. ULPIANUS, Lib. I *Regularum in Digesto*. lib. I, 10, 1; GIUSTINIANUS: «Iustitia est costans et perpetua voluntas ius suum cuique tribuendi» (*Institutiones*, Lib. I, tit. I, 1).

11 *Summa Theologica*, II-II, q. 57, a. 1.

12 Cfr., tra gli altri, G. LO CASTRO, *Conoscenza e interpretazione del Diritto*, in *Il Diritto della Chiesa. Interpretazione e prassi*, cit., pp. 11-36.

13 Cfr. GIOVANNI PAOLO II, Discorsi al Tribunale della Rota, del 5 febbraio 1987: AAS 79 (1987) 1453-1459 e del 25 gennaio 1988: AAS 80 (1988) 1178-1185.

«principi basilari per l'interpretazione del diritto» e che riassumeva così: «In conclusione, l'interpretazione del Diritto deve essere fatta con *realismo, senso della storicità* e *criterio teleologico*»[14] .

Per Lombardía, infatti, una interpretazione *realista* delle legge deve tener conto, insieme ovviamente al significato tecnico e usuale delle parole del testo giuridico, anche della realtà sociale o situazioni di fatto «le cui esigenze di ordine e di giustizia la legge intende servire». A questo primo principio generale si riallaccia direttamente il secondo, la *storicità* del Diritto: non solo perché la propria realtà sociale - immersa nella storia - acquista nuovi connotati e sfumature con il divenire del tempo, ma anche perché le strutture giuridiche hanno un «sottofondo di idee» e di «mentalità» la cui maggiore o minore attualità l'interprete deve pure prudentemente ponderare. Il terzo principio basilare dell'interpretazione sarebbe per Lombardía «il *senso o finalità* del Diritto» inteso in senso ampio. «Una struttura giuridica determinata - diceva - una norma, un diritto, un dovere, ecc., non si esauriscono in quella finalità immediata che appare nel loro enunciato. Essi sono aspetti, fattori o parti di un ordine più ampio e completo, in funzione del quale devono essere interpretati»[15]. Cioè ogni norma, in quanto parte di una struttura giuridica, ha un *senso* più ampio di quello che potrebbe apparire dalla sua isolata considerazione.

Non tocca a me fare un'analisi dettagliata di questi tre principi basilari dell'interpretazione del Diritto, che nell'intenzioni di Lombardía e di Hervada andrebbero applicati ad ogni diritto, sia ecclesiastico che civile, e non soltanto nell'interpretazione della norma scritta ma anche di quella consuetudinaria. Tuttavia, essendo stati enunciati questi principi per la prima volta nel 1970[16] vorrei aggiungere per concludere qualche breve considerazione personale, che mi sembrerebbe richiesta da quella connotazione di «attualità» a cui fa riferimento il titolo di questo Simposio:

1°) Per quanto riguarda *il realismo* dell'interpretazione, cioè la relazione tra norma giuridica e realtà sociale, mi sembra che oggi sia particolarmente

---

[14] Cfr. J. HERVADA - P. LOMBARDÍA, *Introducción al Derecho Canónico*, in *Comentario Exegético al Código de Derecho Canónico*, I, Pamplona 1996, pp. 90-91.

[15] *Ivi*, p. 91.

[16] Cfr. J. HERVADA - P. LOMBARDÍA, *El Derecho del Pueblo de Dios*, I, Indrodución, Pamplona 1970, pp. 187-189.

necessario tener conto che ogni parziale realtà sociale regolata dal Diritto canonico si inquadra in quella superiore e peculiare realtà - al tempo stesso «communio spiritualis» e «compago visibilis» - che è la Chiesa di Cristo[17]. Essa ha, per volontà del suo divino Fondatore, strutture costituzionali ed operative che la rendono una società «sui generis», cui non possono essere applicate nei processi di elaborazione o di interpretazione legislativa principi ideologici e organizzativi propri delle società politiche - democratiche o meno -, i quali sarebbero non soltanto equivoci dottrinalmente ma anche incongruenti con l'identità e la giuridicità proprie della legge ecclesiastica. Perciò, ha ricordato il Legislatore canonico: «Poiché la struttura sociale della Chiesa è al servizio di un più profondo mistero di grazia e di comunione, il Diritto canonico - proprio in quanto legge della Chiesa, *ius Ecclesiae* - deve essere visto come unico nei propri mezzi e nei propri fini»[18].

2°) Riguardo al secondo principio interpretativo circa la *storicità del diritto*, e senza intendere minimamente entrare nella nota controversia circa la cosiddetta *interpretazione evolutiva*[19], vorrei soltanto ricordare in merito il valore decisivo del Magistero ecclesiastico. Infatti, proprio perché - come dice Lombardía - le strutture giuridiche «hanno un sottofondo di idee»[20], l'interprete della norma canonica deve avere la necessaria formazione teologica per capire bene, nei singoli casi, quale sia la concreta dottrina ecclesiologica che il Legislatore ha tradotto «in sermonem *canonisticum*»[21]. E', infatti, ben noto che il «grande processo di rinnovamento avviato dal Concilio Vaticano II ha portato ad una nuova autocomprensione della scienza canonica grazie soprattutto agli

---

[17] Cfr. *Lumen gentium*, 8.

[18] Discorso alla «Canon Law Society of Great Britain and Ireland», 22 maggio 1992, in *Communicationes* XXIV (1992) 10.

[19] Per una sintesi dottrinale e bibliografica in merito, cfr. R. J. CASTILLO LARA, *De iuris Canonici Authentica Interpretatione in actuositate Pontificiae Commissionis adimplenda*, in *Communicationes* XX (1988) 281-284.

[20] Cfr. J. HERVADA - P. LOMBARDÍA, *Introducción al...*, p. 91.

[21] IOANNES PAULUS PP. II, Cost. Ap. *Sacrae Disciplinae Leges*, 25 gennaio 1983: AAS 75 (1983), Pars II, p. X.

arricchimenti dottrinali di carattere ecclesiologico che hanno inciso profondamente - lo dimostra tutta la storia della nuova Codificazione canonica - sulla completa riforma legislativa portata a termine da Giovanni Paolo II»[22]. Anzi l'interprete dovrà anche tener conto, nell'interpretare ogni norma concreta, degli eventuali sviluppi dottrinali del Magistero ecclesiastico in materia. Si pensi, per esempio, agli insegnamenti della Santa Sede - allocuzioni del Romano Pontefice, Istruzioni della Congregazione per la Dottrina della Fede - sulla "communio" nella Chiesa, ecc. sui rapporti Chiesa universale, Chiese particolari; oppure sulla natura dell'embrione umano, con i relativi corollari morali e giuridici, ecc.

3°) Infine, per quanto concerne il *criterio teleologico*, il senso cioè e finalità della legge da interpretare, mi sembra di dover fare almeno una considerazione, e cioè: la necessaria *fedeltà dell'interprete al carattere intrinsecamente pastorale della norma canonica*, cosciente che tutto l'ordinamento giuridico del Popolo di Dio ha come fondamento - e in parte anche come contenuto - lo *ius divinum* e, perciò, tutte le sue norme anche quelle in apparenza puramente tecniche, hanno una funzione strumentale al servizio dell'azione salvifica della Chiesa. A tutte, infatti, si applica il noto tradizionale principio «salus animarum suprema lex»[23]. Ciò significa, che così come nell'insegnamento del Diritto canonico non è sufficiente il solo metodo esegetico dei canoni, ma ci vuole anche la costruzione sistematica e scientifica che enuclea i principi e relaziona ed ordina le conoscenze acquisite, così pure sarebbe insufficiente - e spesso equivoca ed ingannevole - un'ermeneutica puramente esegetica dell'interpretazione dei testi legislativi. Voglio dire che l'esatta determinazione del significato tecnico-giuridico dei termini è certamente necessaria, ma questa precisazione deve essere fatta all'interno della più vasta comprensione del contesto normativo e della sua finalità pastorale. Per esempio, il dovere di *residenza* di un Vescovo diocesano non si può comprendere e valutare nel suo senso pieno, se non è in ordine al completo e responsabile svolgimento del grave *munus*

---

[22] J. HERRANZ, *Crisi e rinnovamento del Diritto nella Chiesa*, in *Ius in vita et in missione Ecclesiae*, Atti del Simposio Internazionale organizzato in Vaticano, nell'aprile 1993, dal Pontificio Consiglio per l'Interpretazione dei Testi Legislativi, Città del Vaticano 1994, pp. 38-39.

[23] Cfr. CIC, can. 1752 e le relative fonti, tra gli altri, di Ivo Carnutensis, S. Raymondo de Peñafort e S. Tommaso d'Aquino.

pastorale che egli ha ricevuto e che richiede una approfondita conoscenza - personale diretta e sollecita - delle circostanze e problemi dottrinali e disciplinari della sua diocesi. Oppure, l'espressione «atto formale» che ricorre in più canoni del CIC non può essere interpretata mettendo l'accento unicamente sui soli requisiti di *formalità* degli atti giuridici, ma deve essere intesa e valutata anche alla luce della concreta finalità ecclesiale e dell'eventuale significato teologico dell'*atto in questione*: perché è ovvio che non si possono richiedere le stesse formalità per un contratto di compravendita che per l'atto di abbandono della Chiesa.

Reverendissimi confratelli, carissimi Professori e cultori tutti del Diritto canonico: sono molti gli assiomi resi celebri dalla dottrina classica per una retta elaborazione e comprensione delle leggi. Io vorrei ora ricordarne soltanto uno, che piaceva particolarmente al carissimo P. Severino Alvarez, O.P., mio indimenticabile Professore «De normis generalibus» in questa benemerita e illustre Facoltà: «Scire leges - egli ripeteva con Celso - non est verba earum tenere, sed vim ac potestatem»[24].

---

24 CELS. 219; D. 1. 3. 17.

RELAZIONI E COMUNICAZIONI

PROBLEMAS DE INTERPRETACIÓN DEL DERECHO CANÓNICO

Prof. Alberto de la Hera

SUMARIO

I. INTRODUCCIÓN
II. "STATUS QUAESTIONIS"
a) Definición y concepto
b) Significado y sentido de la norma jurídico-canónica
c) El carácter intelectual de la interpretación
d) El carácter instrumental de las normas interpretativas
e) La finalidad de la norma
III. LOS PROBLEMAS DE LA INTERPRETACIÓN
a) La relación de las dificultades
b) Conocimiento de la norma e "ignorantia iuris"
c) Actividad de proposición y actividad interpretativa de la norma
a') La recepción del Derecho divino
b') La ordenación de la norma al fin social
d) Norma promulgada y norma interpretada: una relación dialéctica
e) El carácter personalista del ordenamiento canónico
a') El personalismo en el Derecho de la Iglesia
b') La norma singular y el principio de igualdad ante la ley
c') Interpretación de la norma y "salus animarum"
IV. EL SUJETO DE LA INTERPRETACIÓN
a) La interpretación auténtica
b) "Optima legum interpres"
c) La "mens legislatoris": una pregunta sin respuesta

I. INTRODUCCIÓN

En un reciente estudio sobre la teoría general de la interpretación jurídica, afirma Lo Castro que "el problema del conocimiento y la interpretación del derecho se presenta como uno de los más graves, si no el más grave y complejo, entre los problemas con los que la ciencia jurídica contemporánea y el mismo hombre, el hombre concreto no cualificado por un particular saber técnico, deben confrontarse"[1].

Pese a la realidad de tal afirmación, la más moderna bibliografía no ha solido prestar al tema de la interpretación de las normas canónicas una atención prevalente[2]; significativo puede resultar, al respecto, que en un Congreso Internacional de Derecho Canónico dedicado íntegramente al tema de la Norma, como el que la *Consociatio Internationalis Studio Iuris Canonici Promovendo* celebró en Pamplona en 1976[3], la interpretación no mereciera un apartado propio -siendo muy numerosos y casi exhaustivos los apartados en que la temática normativa aparece contemplada en las Actas- sino que simplemente se la mencione muy pocas veces y de forma ocasional[4].

No es distinta la actitud de la más reciente manualística, o de los autores de comentarios y análisis exegéticos del Código vigente. Y otro tanto puede decirse, con la natural prudencia con que debe hacerse toda afirmación

---

1 G. LO CASTRO, *Conocimiento e interpretación del Derecho*, en *Ius Canonicum* 70 (1995) 382.

2 La revista *Ius Canonicum* ha dedicado su núm. 70, de 1995, al tema de la interpretación en el Derecho canónico; en los diversos estudios que lo componen se puede encontrar citada la mejor y más reciente bibliografía sobre la materia.

3 *La Norma en el Derecho Canónico. Actas del III Congreso Internacional de Derecho Canónico. Pamplona, 10-15 de octubre de 1976*, Ediciones Universidad de Navarra, Pamplona 1979.

4 Dos únicos trabajos, ambos Comunicaciones y no Ponencias, aparecen dedicados específicamente a un tema sobre la interpretación: A. CASIRAGHI, *Interpretazione della Legge canonica e "Populus fidelium"*, en *La Norma en el Derecho Canónico*, cit., pp. 691-709, y G. DELGADO DEL RÍO, *La interpretación evolutiva de la norma*, id., pp. 1085-1103.

excesivamente general, para el período que media entre el Código actual[5] y su antecesor de 1917[6]. No es el momento de demostrar con ejemplos este último hecho, por lo demás suficientemente conocido y que a nadie puede sorprender si se recuerda el método científico y docente que la Sagrada Congregación de Seminarios y Universidades impuso a los estudiosos y profesores a raíz de la promulgación del *Codex* pío-benedictino[7], pretendiendo asegurar una fidelidad literal al texto codificado[8], sin tener en cuenta que el propio Código reclamaba su relación con el pasado legislativo y con la doctrina anterior, es decir, con la tradición jurídica de la Iglesia[9], al par que suponía un momento de por sí lleno de posibilidades y vigor creativos en la secular historia canonística[10], que se hubiera podido aprovechar mejor para dar a la ciencia canónica un fuerte

---

[5] No deja de llamar la atención que un canonista tan específicamente interesado por los temas relativos a la nomología canónica, y en general al lib. I del *Codex*, como PEDRO LOMBARDÍA, haya tratado tan superficialmente el tema de la interpretación en sus *Lecciones de Derecho Canónico* (Editorial Tecnos, Madrid 1984), libro por otro lado notable tanto por su densidad como por su calidad científica.

[6] Es excelente, entre la bibliografía española, el tratamiento que da al tema de la interpretación de la ley M. CABREROS DE ANTA, en M. CABREROS, A. A. LOBO, S. A. MORÁN, *Comentarios al Código de Derecho Canónico*, I, Biblioteca de Autores Cristianos, Madrid 1963, pp. 147-160.

[7] Vid. M. CABREROS DE ANTA, *Comentarios al Código...*, cit., p. 48.

[8] Vid. A. DE LA HERA, *Introducción a la Ciencia del Derecho Canónico*, Editorial Tecnos, 2ª reimpresión, Madrid 1978, pp. 104-105.

[9] "Le *Codex Iuris Canonici*, plutôt que d'innover, se proposait de mettre de l'ordre dans le droit existant" (J. GAUDEMET, *Église et Cité. Histoire du droit canonique*, Cerf/Montchrestien, París 1994, p. 644).

[10] "Mit dem Erlass des Codex I.C. könnte eine kirchliche Rechtsgeschichte abschliessen: Der Kodex und was ihm bisher an Rechtsetzung gefolgt ist, gehören dem Recht der Gegenwart an und sind im System und der Dogmatik des geltenden Rechts eingehend zu behandeln. Gerade hier zeigt sich, dass der Kodex im Kirchenrecht wahrhaft Epoche gemacht hat" (H. E. FEINE, *Kirchliche Rechtsgeschichte. Die Katholische Kirche*, Böhlau Verlag, Köln 1964, p. 720).

impulso. Como Lombardía recuerda[11], la incidencia del radical sistema exegético, establecido para el análisis y exposición de aquel Código, limitó de modo notable la elaboración de doctrina y de teoría general canónicas en torno a la legislación eclesiástica, al par que redujo notoriamente las funciones de la jurisprudencia[12].

Por supuesto, las limitaciones antedichas empezaron pronto -por la propia fuerza de la lógica- a dulcificarse, primero en la práctica[13] y luego mediante intervenciones al propósito de la propia Santa Sede[14]. Nada similar, ninguna limitación semejante, reapareció al promulgarse el Código de 1983, cuyos comentaristas han gozado de la más amplia libertad doctrinal y metodológica. Pero tampoco en la nueva literatura postcodicial son frecuentes las elaboraciones doctrinales sobre la interpretación[15], analizada en cambio y por lo común con ocasión del comentario de los correspondientes cánones y con criterios eminentemente prácticos.

---

11 J. HERVADA, P. LOMBARDÍA, *El Derecho del Pueblo de Dios*, Ediciones Universidad de Navarra, Pamplona 1970, pp. 212-213.

12 Lombardía habla, en efecto, de "la escasa función que en estos años de aplicación del *Codex* ha cumplido la jurisprudencia, fuera del campo del Derecho matrimonial" (*El Derecho del Pueblo de Dios,* cit., p. 213).

13 "Las consecuencias de la orientación metodológica que los Decretos de 1917 y 1918 imponen son capitales para la ciencia canónica, que se ha visto seriamente comprometida en su posterior desenvolvimiento por el pesado lastre de aquellas disposiciones, no llegando a remontar la larga etapa de decadencia hasta que, pasados ya más de diez años desde la promulgación del Código, determinados maestros de escuela eclesiástica llegaron a descubrir más fecundos caminos" (A. DE LA HERA, *Introducción a la Ciencia...*, cit., p. 106).

14 "Aún cuando estas normas se flexibilizaron bien pronto en su aplicación y la propia Santa Sede dio paso a criterios más abiertos en la Const. Apost. *Deus scientiarum* y en las *ordinationes* para su aplicación del dicasterio competente de la Curia Romana (1931)..." (P. LOMBARDÍA, *El Derecho del Pueblo de Dios*, cit., p. 213).

15 Señala algunos títulos interesantes la bibliografía que ofrece S. BERLINGÒ en su *Diritto Canonico*, G. Giappichelli Editore, Torino 1995, pp. 198-200.

II. "STATUS QUAESTIONIS"

A efectos de conocer el *status quaestionis* sobre nuestro tema, será pues oportuno señalar, a la vista de su tratamiento doctrinal y exegético, sus principales puntos merecedores de atención, aquéllos que nos pondrán en contacto con los problemas que la interpretación supone dentro del ordenamiento canónico. Y, en primer lugar, lógicamente, su definición y concepto.

a) Definición y concepto

"La interpretación de la ley es una delicada operación intelectual -escribe Lombardía- dirigida a precisar su sentido, en orden a su adecuada aplicación"[16]. Es la misma idea que desarrolla Bernárdez, cuando afirma que "en un sentido muy genérico la interpretación equivale al conocimiento de la ley o, en un sentido dinámico, el proceso mental encaminado a desentrañar el significado íntimo de ésta"[17].

Podríamos simplificar la idea de interpretación indicando que se trataría de traducir el lenguaje abstracto de la disposición normativa en un lenguaje común accesible a todos, en orden a hacer posible la aplicación o ejecución: "per poter trascorrere dal momento della *possizione* (*legislatio*) a quello della *attuazione* (*executio*) del diritto, la norma deve passare per una dimensione ulteriore e mediana, deve cioè essere *interpretata* o 'detta' (*iuris dictio*); ovvero deve essere 'tradotta' dal linguaggio astratto delle disposizioni (della legge o della consuetudine) in un linguaggio il più comunemente accessibile, per adattarsi a fare da regola al caso pratico di cui è questione"[18].

Se nos evidencian así, de modo más o menos explícito, tres datos: a) que la ley posee un sentido, o un significado, que es necesario precisar; b) que

---

16 Lombardía, en su comentario al c. 16, en *Código de Derecho Canónico*, Edición anotada a cargo de P. LOMBARDÍA Y J. I. ARRIETA, Ediciones Universidad de Navarra, Pamplona 1983, p. 78.

17 A. BERNÁDEZ CANTÓN, *Parte General de Derecho Canónico*, Editorial Centro de Estudios Ramón Areces, Madrid 1990, p. 123.

18 S. BERLINGÒ, *Diritto Canonico*, cit., p. 140.

tal precisión o determinación ha de efectuarse mediante un análisis intelectual del texto; c) y que tal necesidad de interpretación o de conocimiento procede del destino práctico que toda ley posee: su aplicación a la regulación de conductas humanas.

Ya en el análisis de tales tres datos se entra en contacto con los primeros problemas que la interpretación del Derecho de la Iglesia ofrece al canonista; dado que -como ha escrito Gaudemet- "Dire le droit' implique une double tâche, légiférer pour fixer les normes et juger pour en garantir le respect"[19], sólo en el estudio de esa doble función -dictar la norma y aplicarla- podemos encontrar la realidad de la vida jurídica de la Iglesia, superando mediante el análisis de la problemática interpretativa del ordenamiento el carácter abstracto de la ley en cuanto que mera ordenación de la razón.

b) Significado y sentido de la norma jurídico-canónica

Así pues, nos fijamos en primer lugar en que la ley posee un sentido, un significado, que debe evidenciarse a través de las palabras elegidas por el legislador. Éste, en principio, ha dicho lo que deseaba decir y lo ha dicho del modo más claro posible. Cabe el error humano, pero la regla general no podría ser la del error frente al acierto[20]. Y, sin embargo, la interpretación es una praxis habitual en toda acción de gobierno, y el propio ordenamiento la prevé y dicta normas para llevarla a efecto; normas, por su parte, que no tratan tan sólo de prevenir las lagunas legales y establecer el modo de cubrirlas, sino también de regular los criterios y formas interpretativos de aquellas leyes que no dejan lugar a lagunas ni imprevisiones: "la interpretación -insiste la doctrina- es la

---

[19] J. GAUDEMET, *Église et Cité*, cit., p. 178.

[20] "No siempre el sentido verdadero coincide con la significación precisa de los textos, porque tal vez el legislador ha empleado para expresar su pensamiento palabras imprecisas, poco propias o acaso ambiguas que admiten sentidos diversos, unos más amplios, otros más restringidos. En este caso el intérprete tiene que decidirse por uno de los sentidos que la ley expresa. Excepcionalmente, las palabras pueden ser tan inadecuadas, que el sentido querido por el legislador no cabe en ellas de ningún modo" (T. GARCÍA BARBERENA, *La interpretación extensiva y la restrictiva*, en VV.AA., *Investigación y elaboración del Derecho Canónico. Trabajos de la V Semana de Derecho Canónico*, Juan Flors Editor, Barcelona 1956, p. 245.

explicación del sentido de la ley"[21].

Por sentido de la ley, pues, no podemos entender tan sólo un significado literal del texto; el sentido supone de modo necesario la idea de finalidad. La ley se dicta para obtener un fin, y se redacta tratando de hacerlo obtenible. De donde cobra protagonismo la idea del fin de la norma en el marco del fin del ordenamiento.

c) El carácter intelectual de la interpretación

En segundo lugar, el carácter intelectual de la interpretación. Ésta es producto de un raciocinio mental llevado a cabo por parte del intérprete, al que el legislador suministra los medios para efectuarlo. "La ley se formula con brevedad y en general. Esto hace que no siempre resulte fácil conocer su exacto significado y discernir sobre las posibilidades de su aplicación al incontrolable campo del actuar humano, regido por la libertad. Por todo ello se hace precisa esa operación intelectual que llamamos interpretación de la ley, que intenta aclarar su sentido genuino"[22].

La interpretación, pues, se opera mediante un proceso mental del intérprete[23]. "Tale processo consta di una continua serie di svolgimenti e di esplicazioni, in cui le basilari componenti emozionali o implicite tendono, volta a volta, a 'dichiararsi' ed a 'formalizzarsi', anche per il tramite della complessa serie di argomenti e di motivi addotti dagli *interpreti* con la loro *attività ermeneutica*"[24]. El legislador introduce el tema interpretativo precisamente a partir de este supuesto, y se esfuerza por suministrar al intérprete los elementos

---

21 A. PRIETO PRIETO, *Cuestiones fundamentales*, en A. MOSTAZA, A. PRIETO, J. DE SALAZAR, J. L. SANTOS, F. VERA URBANO, L. DE ECHEVERRÍA, *Nuevo Derecho Canónico*, Biblioteca de Autores Cristianos, Madrid 1983, p. 99.

22 J. OTADUY, *Normas y actos jurídicos*, en VV.AA., *Manual de Derecho canónico*, Ediciones Universidad de Navarra, Pamplona 1988, p. 246.

23 "Iurisperitorum officium non restringitur ad meram applicationem normarum ab aliis conditarum ad casos concretos. Iurisperitorum officium est opus vere intellectuale" (L. BENDER, *Logica et legis interpres*, en VV.AA., *Investigación y elaboración del Derecho Canónico*, cit., p. 261).

24 S. BERLINGÒ, *Diritto canonico*, cit., p. 53.

y criterios necesarios para hacer que su tarea sea no sólo más fácil sino más acertada: para permitirle aproximarse al verdadero sentido de la norma.

El legislador, en efecto, promulga la ley, y trata al hacerlo de que la redacción de la misma refleje del modo más exacto el contenido de la voluntad legislativa: que ordene la conducta que a juicio del legislador sea la más adecuada para la obtención del fin inmediato de la norma y del fin último del ordenamiento. Y, al mismo tiempo, el propio legislador suministra, a quien ha de aplicar la ley, los oportunos criterios para que pueda entenderla -interpretarla- correctamente.

Existe en esta doble acción legislativa, que en el vigente *Codex* se materializa respectivamente en los cc. 7-16 y 16-19, una aparente falta de lógica, ya que entraña que el propio autor de la ley está presuponiendo la imperfección de la misma y tomando, para evitarla, precauciones que no consisten en una más precisa redacción, sino en preestablecer las formas de suplir sus defectos. Pero ha de tenerse en cuenta el aforismo clásico, *In claris non fit interpretatio*[25], que sitúa el problema en su lugar: el recurso a la interpretación es una lógica previsión supletoria para el caso en que el texto legal no ofrezca, a los ojos de quien precise aplicarlo al caso concreto, la necesaria claridad que haría que su conocimiento resultase directo e inmediato.

El legislador conoce, y ha conocido siempre, que la realidad, la variedad posible de conductas humanas, es más rica que el ordenamiento, haciéndose por ello imposible la previsión de todos los supuestos de hecho; igualmente, conoce que el pensamiento es más rico que el lenguaje, resultando en consecuencia inútil intentar recoger con palabras la totalidad del propósito volitivo del titular del poder de legislar; sabe también que existen problemas cuya solución no puede ser inicialmente legislativa, sino jurisprudencial[26], lo que da entrada al elemento judicial, ya que al juez le ha correspondido en la tradición jurídica de origen romanístico el carácter de principal intérprete de la ley, dentro del juego de la labor de precisión del contenido del Derecho en orden a hacer que su

---

[25] Recogido por A. BERNÁRDEZ CANTÓN, *Parte General...*, cit., p. 123.

[26] Navarro-Valls ha subrayado con acierto este hecho refiriéndose a la objeción de conciencia. Según indica, hay problemas que lo son ante todo de sensibilidad jurídica, y en ellos "la jurisprudencia suele alcanzar -porque es su específica misión- cotas más altas" (*Las objeciones de conciencia*, en R. NAVARRO-VALLS (coordinador), *Derecho Eclesiástico del Estado español*, Ediciones Universidad de Navarra, Pamplona 1993, p. 487).

aplicación resulte justa y útil.

Se establece así una vía de comunicación entre el legislador y el juez, que de forma esencial son -digamos que vocacionalmente (intentando resumir en una palabra la tradición jurídica que el occidente recibió del Derecho de Roma)- quien dicta y quien interpreta la norma. El legislador dictará también, junto con la ley, los criterios de interpretación de aquélla; tales criterios poseerán igualmente la condición de normas, de carácter instrumental y tal vez no menos imperfectas que las principales, por lo que se podría entrar en un proceso al infinito si para la interpretación de las mismas fuesen necesarios nuevos criterios[27].

d) El carácter instrumental de las normas interpretativas

Conviene, a efectos de hacer frente a este problema, subrayar esa idea del carácter instrumental de las normas de interpretación. Si bien es habitual en la doctrina distinguir entre el Derecho sustantivo y el adjetivo o instrumental (y en tal sentido resulta sustantiva aquella parte del ordenamiento que se ocupa de los que la doctrina ha llamado "los momentos del Derecho" -las normas: ley, costumbre, disposiciones generales de la administración, actos administrativos singulares...-[28]), las normas de interpretación de las normas se encuentran situadas en una condición de todo punto singular dentro del sistema jurídico, y muy particularmente dentro del sistema canónico, que -a semejanza del romano- ha poseído siempre una nomología apoyada en fuentes de interpretación y suplencia.

Tal posición singular supone de facto que se les pueda atribuir un carácter adjetivo: existen no para su aplicación directa a los miembros de la comunidad social, sino como instrumentos que el ordenamiento ofrece al gobernante para facilitar una más perfecta aplicación de la norma sustantiva.

Siendo esto así, la norma de interpretación no se ofrece a su vez como una norma a ser interpretada por el titular del poder administrativo. Es una norma cuyo destino es su aplicación directa cuando se hace necesario utilizarla;

---

[27] Ya García Barberena hizo notar en su día que, incluso cuando las palabras de la ley sean absolutamente inadecuadas y no quepa en ellas de ningún modo el sentido querido por el legislador, "ese sentido puede, por otros medios, ser descubierto por el intérprete" (*La interpretación extensiva...*, cit., p. 245).

[28] P. LOMBARDÍA, *Lecciones de Derecho Canónico*, cit., p. 9.

y quedará encomendado al juez -último recurso que el Derecho ofrece para evitar el inacabable proceso al infinito que haría imposible la vida jurídico-social- el determinar si la interpretación fue correcta o si debe ser corregida.

Sin entrar en los problemas derivados de la posibilidad de aplicar en la Iglesia la distinción de poderes de Montesquieu[29], y recordando que la misma no distingue entre tres funciones -que siempre han existido- sino que marca el correspondiente ejercicio diferenciado de aquéllas, podemos distinguir entre la interpretación judicial y otra, que le es previa, por parte del órgano administrativo encargado de la aplicación inmediata de la norma al caso concreto. Y sólo en el supuesto de que el destinatario de la norma no acepte tal interpretación, la aplicación de la ley dará pie a una controversia y en ese momento intervendrá el juez; dado el derecho de todo individuo a recurrir a la justicia, última garantía de sus derechos -garantía que en la Iglesia se refuerza por la posibilidad de omnímoda, libre y directa comunicación con el Papa-Supremo Juez, que cualquier fiel posee, por razón del primado[30]-, sólo con la sentencia judicial definitiva se puede considerar concluido el proceso interpretativo de la norma.

Con ese destino ha dictado el legislador los cánones que señalan los criterios de interpretación, lo que hace posible el ejercicio del proceso intelectual en que ya ha quedado dicho que el mecanismo interpretativo consiste.

---

[29] Sobre la aplicabilidad o no al Derecho Canónico de la doctrina de la división de poderes, vid. referencias al problema y a la doctrina en M. J. CIÁURRIZ, *Introducción* al tít. III del lib. I del *Codex*, en VV.AA., *Comentario exegético al Código de Derecho Canónico*, Ediciones Universidad de Navarra, Pamplona 1996, p. 472.

[30] Vid. el c. 1417, 1, del vigente *Codex*. En el *Código de Derecho Canónico*, cit., escriben León Del Amo y Joaquín Calvo al comentar tal canon (p. 847): "El Papa es juez de todos los fieles. Tiene potestad ordinaria, directa y suprema sobre cualesquiera causas eclesiásticas de todos y de cada uno de los pastores y fieles de la Iglesia. Como el Obispo directamente juzga a sus diocesanos, así el Papa puede juzgar las causas de los fieles de todas las diócesis y partes del orbe católico... De propio intento el legislador no usa la palabra *recurso* ni en el párrafo primero donde se valió de los verbos *introducere* y *deferre* en vez de hablar de recurrir o apelar, ni en el párrafo segundo donde prefirió llamar al acto de los fieles simplemente *provocatio* -que significa, en su amplitud, *llamar para ser atendido*-, en orden a que brille más la omnímoda libertad de los fieles para acudir al Papa".

e) La finalidad de la norma

En tercer lugar, ha de quedar sentado el dato de que la ley posee un objetivo: regular conductas humanas. En principio, la conducta procede de la libertad del ser humano, una libertad moral de carácter personal que le permite elegir tanto la finalidad como el modo de sus actuaciones. Mientras su decisión íntima no se traduzca en actos externos, no estará el individuo sometido a ningún juicio humano, ni siquiera al de la Iglesia, la cual *de internis non iudicat.* Solamente será entonces responsable ante la divinidad. Y ello porque el acto interno no es social.

La exteriorización de la decisión íntima mediante una actividad externa da lugar a una conducta social sometida a la norma jurídica. En ese momento, el individuo actúa en el ejercicio de su libertad, y tocará a la norma determinar la legalidad o la ilegalidad de su conducta.

La norma no puede ser caprichosa -o, más técnicamente, arbitraria[31]- en la determinación de tal juicio, puesto que debe constituir una ordenación racional al bien común. De ahí que el legislador haya de proponerse este bien común como objetivo; de faltar ese propósito en la ley, estaríamos ante una tiranía, un abuso de poder, posible e incluso históricamente real, pero del que no es el caso ocuparnos ahora. Bástenos recordar el conocido postulado del positivismo: la ley es todo el Derecho y la ley es toda Derecho, tesis cuya crisis reconoce hoy la doctrina[32] y que representaría el extremo contrario a cuanto tratamos de exponer en estas líneas.

Frente a la norma injusta -aquélla que posee una finalidad distinta de la obtención del fin social, del bien común- caben tanto para el individuo como para la sociedad otros mecanismos de defensa; frente a la norma justa sobre la que exista una duda de derecho -"la que versa sobre el alcance del supuesto[33] de

---

[31] Como no puede ser arbitrario el ejercicio de la potestad suprema de gobierno, el ejercicio del poder primacial (vid. J. L. GUTIÉRREZ, en su comentario al c. 333, en la edición cit. del *Código de Derecho Canónico*).

[32] R. NAVARRO-VALLS, *Las objeciones de conciencia*, cit., p. 478.

[33] P. LOMBARDÍA, comentario al c. 14, en *Código de Derecho Canónico*, cit., pp. 76-77.

hecho de la norma"- su destinatario no está obligado a su observancia[34]; frente a la norma que llamaríamos -perdón por la redundancia- normal, procede su aplicación, aplicación que puede suscitar una doble problemática: o la autoridad administrativa a quien toca aplicarla no ve claro el sentido del texto normativo, o no lo ve su destinatario. En el primer caso procederá la interpretación administrativa en sus diversas modalidades; en el segundo, el destinatario, a quien se le aplica una ley con un sentido que le parece contrario o diverso del verdadero contenido del texto normativo, tendrá abierta la vía de los recursos administrativo y judicial, que no son sino una petición de que se interprete la norma.

La adecuación de la norma al fin social es pues una exigencia radical, y cualquiera de los elementos que intervienen en el proceso de su aplicación puede interrumpir ésta en demanda de una interpretación que suponga la mayor perfección posible de la obtención del fin mediante la puesta en práctica del ordenamiento.

III. LOS PROBLEMAS DE LA INTERPRETACIÓN

Todo lo hasta ahora dicho evidencia que interpretar el Derecho es algo más complejo que una labor de mera exégesis textual de las palabras. Por el contrario, cada una de las observaciones ya hechas abre la puerta a problemas nuevos que de las mismas se derivan, nuevos problemas que la doctrina ha señalado asimismo, y a los que es ahora necesario referirse.

a) La relación de las dificultades

En palabras de Prieto, "la dificultad de la interpretación deriva de muy diversos hechos"[35]. En un análisis muy ligado al propio tenor de las normas de interpretación contenidas en el *Codex*, este mismo autor ha tratado de sistemati-

---

[34] "Leges, etiam irritantes et inhabilitantes, in dubio iuris non urgent" (*Codex I. C.* de 1983, c. 14).

[35] A. PRIETO PRIETO, *La interpretación de la norma canónica*, en VV.AA., *Estudios de Derecho Canónico y Derecho Eclesiástico en homenaje al profesor Maldonado*, Universidad Complutense de Madrid 1983, p. 623.

zar aquellas dificultades[36], lo que también ha hecho Lo Castro desde puntos de vista mucho más vecinos a la teoría general del Derecho aplicada a los problemas de la *interpretatio iuris*[37].

Para el primero de ambos autores, los principales problemas que plantea la interpretación del Derecho Canónico se sintetizan de este modo:

a) la posibilidad de un mal uso del lenguaje por parte del legislador, que al redactar la ley no acierte a expresar con nitidez el precepto que se impone a la comunidad;

b) el carácter oculto -mental- de la voluntad del legislador, la cual, siendo el elemento que informa al texto normativo, ha de ser descubierta a través del mismo con la mayor precisión posible;

c) la complejidad del carácter de la ley, la cual no ha de tratar tan sólo de determinar la legalidad o ilegalidad de un acto -lo cual supondría una visión excesivamente simple del fin de la norma-, sino de suscitar determinados comportamientos sociales que el legislador considera beneficiosos para la comunidad;

d) la dificultad en que se encuentra la ley, en su propósito de lograr unos fines sociales a través de la conformación de conductas humanas, para descubrir con claridad qué fines desea obtener, o cuáles son los actos o comportamientos humanos que deberán alcanzar tales fines, o cuál ha de ser la relación entre fin y conducta;

e) el carácter personalista del Derecho Canónico, que parte de la base de que el ser humano no es un mero instrumento para el logro de los fines sociales, ya que en el ordenamiento de la Iglesia el fin social es precisamente la irrenunciable consecución del fin individual: nadie puede ser sacrificado en la consecución de su último fin personal para favorecer el fin colectivo.

b) Conocimiento de la norma e "ignorantia iuris"

Por lo que hace a Lo Castro -que complementa el anterior punto de vista desde otra perspectiva (exégesis de un lado, teoría general del otro), dándosenos con ello una suficiente visión de conjunto del panorama doctrinal al respecto-, su estudio nos proporciona un atractivo planteamiento de la temática que nos

---

36 A. PRIETO PRIETO, *La interpretación...*, cit., pp. 623-624.

37 G. LO CASTRO, *Conocimiento e interpretación...*, cit., p. 386 y s.

ocupa. Parte este autor de la idea del conocimiento del Derecho, lo que le lleva a señalar su primer problema, el de la *ignorantia iuris*, planteado desde la siguiente perspectiva: "¿vive o no vive el derecho cuando no se conoce?"[38]. Como ha expuesto Lombardía, la finalidad de la promulgación de las leyes no es solamente darlas a conocer, sino "fijar auténticamente, tanto el hecho de la existencia de la ley como el exacto tenor de sus términos"[39], de modo que "no debe confundirse la promulgación con la divulgación de la ley; es decir, con la utilización de los medios de acción pastoral o de comunicación social para dar noticia de las leyes eclesiásticas"[40].

He aquí un problema relacionado más directamente con el conocimiento que con la interpretación de las normas en la Iglesia, y que conecta de forma inmediata con el juego, en el ordenamiento canónico, del principio según el cual la ignorancia de las leyes no excusa de su cumplimiento, el cual se ve sometido a una seria limitación por parte del Derecho de la Iglesia[41]. Pero no debe olvidarse que si la ignorancia dice relación al conocimiento, éste habrá de recaer sobre la ley promulgada, y dado que -como acaba de indicarse- en la promulgación se fija el texto auténtico de la norma, será a partir del conocimiento tanto por parte del titular de la potestad administrativa como por parte del fiel cómo se abrirá la puerta a los problemas de la interpretación. Por otra parte, tampoco la expresión 'conocimiento' es simple; Hervada ha señalado cuatro niveles del conocimiento jurídico-canónico (el fundamental, el científico, el casuístico y el prudencial)[42], y el tema se complicaría notoriamente si tratásemos de agotar el tratamiento jurídico de la ignorancia en relación con cada uno de ellos.

De ahí, en todo caso, la transcendencia que posee, y que le reconoce la doctrina, el tema de la ignorancia, al señalar la relevancia del conocimiento en orden a hacer posible y justa la aplicación del Derecho.

---

[38] G. LO CASTRO, *Conocimiento e interpretación...*, cit., p. 386.

[39] P. LOMBARDÍA, en el comentario al c. 8 (*Código de Derecho Canónico*, edición cit., p. 72).

[40] *Ibid.*, p. 73.

[41] Cfr. el c. 15 del vigente *Código de Derecho Canónico,* y el comentario al mismo de P. LOMBARDÍA, en la edic. cit., p. 77.

[42] J. HERVADA, en *El Derecho del Pueblo de Dios*, cit., p. 150.

c) Actividad de proposición y actividad interpretativa de la norma

Señala Lo Castro seguidamente la diferencia entre las dos actividades a través de las que el Derecho llega a poder ser aplicado, sin lo que el ordenamiento carecería de verdadera efectividad: la actividad de proposición y la actividad interpretativa de la norma[43]. Lombardía, siguiendo a Hervada [44], ha hablado de los momentos del derecho como "factores dinámicos, que estructuran jurídicamente a la sociedad"[45], y que son tanto las normas como las sentencias judiciales, los actos administrativos, etc. La dinamicidad predicada de tales momentos guarda una directa relación con su intervención en la vida social a través precisamente de esa doble actividad a que Lo Castro apunta, y para cuya completa comprensión hay que tener en cuenta que ya la elaboración y promulgación de la norma supone el ejercicio de un acto interpretativo.

Limitaríamos, en efecto, la idea de la interpretación si la redujésemos a la sola actividad de los órganos llamados a efectuarla a tenor del c. 16 del *Codex*[46]. Ninguno de tales órganos puede ponerse en movimiento mientras no se disponga del texto legal promulgado, es decir, fijado con autenticidad. Sin embargo, el propio legislador que lo promulga se ha visto ya obligado a interpretar, y ello en un doble sentido. Por un lado, en virtud de la existencia del Derecho divino; por otro, como consecuencia de la ordenación de la norma al fin social.

a') La recepción del Derecho divino

El Derecho divino, en efecto, tanto natural como positivo, es previo al

---

[43] G. Lo Castro, *Conocimiento e interpretación...*, cit., p. 400.

[44] Vid. sus epígrafes *Elementos y momentos del Derecho* (p. 172-173) y *Los momentos del Derecho Canónico* (pp. 203-221) en Catedráticos de Derecho Canónico de Universidades Españolas, *Derecho Canónico*, Ediciones Universidad de Navarra, Pamplona 1975.

[45] P. Lombardía, *Lecciones...*, cit. p. 130.

[46] Vid. el análisis detallado del canon que ofrece J. Otaduy, en VV.AA., *Comentario exegético al Código de Derecho Canónico*, I, Instituto Martín de Azpilcueta, Ediciones Universidad de Navarra, Pamplona 1996, pp. 351-358.

ordenamiento humano-canónico. La doctrina ha discutido ampliamente las relaciones entre uno y otro y, si bien las posturas son muy diversas, cabría reducirlas a quienes no reconocen al Derecho divino carácter jurídico y exigen, para que llegue a tenerlo, su 'canonización'[47], su recepción en el ordenamiento de la Iglesia por obra del legislador eclesiástico; y, de otra parte, quienes entienden que el Derecho divino y el humano forman un único sistema jurídico[48].

La moderna doctrina está tratando de analizar más profundamente los tipos de Derecho divino y su presencia en el ordenamiento de la Iglesia, en orden a superar la vieja polémica[49]. En todo caso, se acepte una u otra de aquellas tesis, el legislador canónico ha de traducir a palabras conformadoras de normas codificables el sentido auténtico del *ius divinum*: "el legislador se presenta como el primer intérprete del derecho, y la actividad cognoscitiva del derecho precede a su proposición normativa. Y en verdad, el derecho divino, los valores naturales, no existen sino en sentido transcendental y metafísico; la dimensión metahistórica los caracteriza; pero para la experiencia jurídica propia del hombre, aquel derecho, aquellos valores se dan en cuanto conocidos, actuados a través del proceso de su positivación histórica, que en último término no es sino un largo proceso de interpretación"[50].

El mecanismo de tal proceso consiste en llevar a cabo una labor en la que jugarán los elementos propios de la actividad interpretativa, si bien no dispondrá el intérprete a tal efecto de los medios auxiliares para la interpretación, es decir, de los criterios que él mismo señala en los cánones correspondientes; en cambio, el carácter del magisterio supremo garantiza el acierto en la comprensión de las normas divinas que deben pasar a integrar el ordenamiento

---

[47] Como es sabido, debemos el término, y la teoría, a V. DEL GIUDICE, que la planteó por vez primera en un artículo titulado *Canonizatio*, y publicado en *Scritti giuridici in onore di Santi Romano*, IV, Padova 1939. La tesis de Del Giudice ha sido luego asumida o discutida por una bibliografía amplísima.

[48] Vid. por todos J. HERVADA, en *El Derecho del Pueblo de Dios*, cit., p. 50; asimismo S. BERLINGÒ, *Diritto Canonico*, cit., pp. 32-34.

[49] Vid. p. e. cuanto al respecto indica S. BERLINGÒ, *Diritto Canonico*, cit., en su interesante capítulo sobre *Il dilemma del Diritto divino*, pp. 32-59.

[50] G. LO CASTRO, *Conocimiento e interpretación...*, cit., p. 400.

codificado o, en otros estadios históricos, en todo caso promulgado.

b') La ordenación de la norma al fin social

Por lo que hace a la ordenación de la norma al fin social, recuérdese lo afirmado por Prieto en orden a la posibilidad de error del legislador a la hora de determinar tanto el objetivo inmediato de la norma como el mejor medio -la mejor forma de redactarla- para que realmente se alcance ese objetivo. Es otro problema más que el tema de la interpretación ofrece, ya que el legislador estará obligado a tener en cuenta los siguientes elementos: fin de la Iglesia -la *salus*-, fin mediato e inmediato del ordenamiento, fin concreto de la norma determinada que ha de dictarse; siendo éste último, a diferencia de los dos anteriores, algo que no le viene dado al legislador, sino que él ha de determinar mediante un ejercicio de prudencia política, una operación intelectual que posee en sí un claro valor de interpretación sobre fines y medios. Y solamente cuando ese conocimiento, análisis e interpretación de los signos sociales a cuya justa regulación se quiere proveer, alcanzan su fin -la norma promulgada-, entrará en juego la fijación de criterios de interpretación posterior de la misma y su utilización por parte de las autoridades llamadas a aplicar el Derecho.

Pero una vez que la actividad interpretadora de la norma promulgada tiene lugar de modo legítimo y dentro de las condiciones que le marca el ordenamiento, nos encontramos en cierto modo con dos textos de una misma ley: el que ha sido promulgado y el que resulta de su interpretación; tal vez dos lecturas, para ser más precisos.

d) Norma promulgada y norma interpretada: una relación dialéctica

Plantea entonces la doctrina el interrogante sobre las relaciones entre una y otra, sobre la autonomía de la norma frente a su interpretación[51]. "La actividad interpretativa, quienquiera que la realice, no se añade a la actividad propositiva de normas, sino que se integra con ella para formar el derecho que vive, el único que tiene relevancia para el hombre"[52]. Surgirá de aquí una larga discusión doctrinal acerca de las relaciones entre las dos formas de manifesta-

---

[51] G. LO CASTRO, *Conocimiento e interpretación...*, cit., p. 400 y s.

[52] *Ibid.*, p. 401.

ción de la norma, y la autonomía o no del texto promulgado en relación con su interpretación, constitutiva igualmente de una regla de conducta e innovadora -requisito esencial de toda norma jurídica- en cuanto que los efectos de la norma "se concretan siempre en la creación, modificación y extinción de las relaciones jurídicas"[53].

El tema tendría otro enfoque si el Derecho Canónico actual, tal como aparece codificado, hubiese concedido mayor espacio a la autonomía de la acción eclesial -también jurídica- de los fieles, en lugar de dar la primacía a una rigidez formal y estructural en notorio contraste con otras épocas de la historia del *Ius Canonicum*[54]. Incluso, en el paso del *Codex* de 1917 al de 1983, la norma singular ha perdido protagonismo y se han dejado perder también determinadas esperanzas puestas por la doctrina en la flexibilización de las normas en pro de los derechos fundamentales de los fieles[55].

e) El carácter personalista del ordenamiento canónico

a') El personalismo en el Derecho de la Iglesia

Consideración que nos lleva de modo lógico a regresar sobre el tema del personalismo del Derecho de la Iglesia, que líneas arriba hemos dejado abierto, al recordar que en el Derecho de la Iglesia no cabe el sacrificio del fin individual al fin social. Tal exigencia, que no existe en la sociedad civil, procede como es obvio del que ha de considerarse "l'autentico significato e la vera funzione della legge nella Chiesa"[56]. Como he tenido anteriormente ocasión de indicar, el orden jurídico-canónico "tiene que ser apto no sólo para facilitar la salvación del mayor número posible de personas, sino también para coadyuvar a la empresa personal de la de cada persona en concreto. La Iglesia, surgida de la voluntad fundacional de Cristo-Cabeza, no puede desentenderse de la salvación ni

---

53 P. LOMBARDÍA, *Lecciones...*, cit., p. 152.

54 Vid. G. LO CASTRO, *Conocimiento e interpretación...*, cit., p. 416.

55 Vid. el análisis que sobre tal cuestión realiza M. J. CIÁURRIZ, en su *Introducción...*, cit.,pp. 471-483, especialmente p. 482.

56 G. FELICIANI, *Dal Codice del 1917 al Codice del 1983*, en *Il nuovo Codice di Diritto Canonico*, a cura di S. FERRARI, Soc. Editrice Il Mulino, Bologna 1983, p. 29.

siquiera del último de sus miembros"[57].

Hagamos algunas consideraciones sobre los problemas así sintetizados. Partamos en primer lugar de la base de que, si el texto legal puede resultar discutible, no menos puede serlo asimismo su interpretación, Como dijera Aretino, "materia ista est multum intrincata et non demostrabilis"[58]. Que sea intrincada no lo vamos a discutir. Que sea no demostrable supone que nunca podemos llegar a una solución indiscutible, y el recurso a la sentencia definitiva de los jueces no es sino un necesidad de la sociedad que no puede mantener abierta indefinidamente una controversia sobre la legalidad de cada acto humano; es la eterna vuelta a la dialéctica seguridad-libertad, que se resuelve siempre, final e indefectiblemente, en favor del primer término del binomio. Como también ha dicho Prieto, "para que una materia sea demostrable, su organización conceptual debe ser lineal y obedecer a una sola perspectiva y... esto no ocurre en el caso de la interpretación"[59].

Este último punto condiciona todo el sistema normativo de la Iglesia, e incide decididamente sobre la interpretación de la norma canónica. Aquel sistema es, en efecto, notoriamente flexible, cualidad ésta que corresponde al Derecho de la Iglesia no "por razones coyunturales -tiempo y lugar- sino que pertenece a lo más esencial del ordenamiento: la consecución del fin"[60].

b') La norma singular y el principio de igualdad ante la ley

Para entender a fondo tal realidad, se hace preciso partir de la conocida distinción entre normas dotadas de generalidad y normas singulares. Las primeras "tienen como destinatario a un sujeto que se caracteriza por una circunstancia hipotética prevista por el legislador o delineada por el propio

---

57 A. DE LA HERA, *La norma singular*, en VV.AA., *Dimensiones jurídicas del factor religioso. Estudios en homenaje al Profesor López Alarcón*, Universidad de Murcia 1987, p. 210.

58 Cit. por A. PRIETO PRIETO, *La interpretación...*, cit., p. 623.

59 *Ibid.*, p. 624.

60 I. C. IBÁN, *Reflexiones en torno al "ius singulare"*, en VV.AA., *Dimensiones jurídicas...*, cit., p. 240.

comportamiento de la comunidad"[61]. Empleando la expresión norma en un sentido genérico[62], sus dos máximas manifestaciones con carácter de generalidad son la ley y la costumbre.

No podrá, así, sorprender que un ordenamiento como el civil, que ha de situar al bien común por encima del de cada uno de los miembros del grupo social, se muestre particularmente receloso[63] frente a la norma singular[64], o norma no dotada de generalidad, la cual supone la introducción en el sistema de la excepción en sus variadas formas -privilegios, dispensas, etc.-; introducción siempre aparentemente perturbadora del principio de la igualdad de todos ante la ley.

---

61 A. DE LA HERA, *La norma singular*, cit., p. 210.

62 "Al término 'norma' resulta conveniente darle un valor genérico. Un valor que corresponde al que en la terminología de los teólogos, moralistas y canonistas clásicos se daba al término 'lex', aplicable tanto a la norma ordenadora en su concepción más elevada ... como a la regla escrita de carácter general... y al privilegio singular" (A. DE LA HERA, *La norma singular*, cit., p. 209-210).

63 "El fenómeno del derecho singular es, en efecto, una de las expresiones técnicas concretas de lo que en la terminología de la canonística moderna suele llamarse las características peculiares del ordenamiento de la Iglesia. Basta repasar las páginas que el profesor De Castro y Bravo dedica, en su clásica obra de Derecho Civil Parte general, al tema de la generalidad de la norma, y el recelo con que analiza la hipótesis de la admisión del privilegio en los ordenamientos jurídicos modernos..." (*ibid.*, p. 209).

64 "Entendemos por normas singulares aquéllas que no captan a sus destinatarios por un supuesto de hecho, y que por tanto no exigen para su aplicación el paso de lo abstracto a lo concreto. En efecto, las normas con generalidad tienen como destinatario a un sujeto que se caracteriza por una circunstancia hipotética prevista por el legislador o delineada por el propio comportamiento de la comunidad; circunstancia hipotética que Brunetti denominó el 'hecho-idea'. El destinatario de la norma con generalidad no es Ticio, Cayo o Sempronio, sino, por ejemplo, el clérigo incardinado, el novicio, el adúltero o el enfiteuta. Para que sea aplicable la norma a un sujeto concreto, hará falta que éste se coloque en la situación hipotética que la norma había previsto, que entre en el noviciado por ejemplo, que se convierta -como consecuencia de determinados hechos o actos jurídicos- en lo que Lombardía denominó 'La situación de protagonista del supuesto de hecho de la norma'. La norma singular en cambio es tan concreta como su propio destinatario; por ejemplo, un privilegio singular tiene la misma amplitud y concreción que el derecho subjetivo que se atribuye al privilegiario" (*ibid.*, p. 210).

La doctrina jurídica podría desconfiar de esta menor presencia del principio de la igualdad en el ordenamiento de la Iglesia, desconfianza que obligaría a modificar los criterios inspiradores de la praxis interpretativa de las normas. Y, por el contrario, la igualdad llevada al extremo haría perder al ordenamiento de la Iglesia su típica y esencial elasticidad, o capacidad de adaptarse a todas las posibles situaciones personales en orden a la personal tendencia al fin; así lo ha expresado brillantemente Lombardía cuando escribió: "La existencia de normas singulares... ha sido uno de los datos más frecuentemente invocados como ejemplo de la *elasticidad* del ordenamiento canónico. La doctrina, al referirse a la elasticidad (particular capacidad de adaptación a las diversas circunstancias de los destinatarios de las normas), como una de las características peculiares del ordenamiento jurídico de la Iglesia, ha llamado la atención sobre la conexión del Derecho canónico con la salvación de las almas como fin de la Iglesia... En este sentido se ponía de relieve que el ordenamiento canónico no podía conformarse con que sus normas resultaran justas y favorecedoras del bien espiritual de los sujetos en la generalidad de los casos, sino que en aquellos supuestos excepcionales en los que la ley, normalmente justa y adecuada, resulta menos justa o útil, era necesario introducir excepciones, mediante normas singulares. De aquí que se concluyera la inaplicabilidad al Derecho de la Iglesia del principio de la igualdad ante la ley"[65]; y aunque algún sector doctrinal ha creído ver en el *Codex* de 1983 un abandono de esta tesis, "una interpretación crítica del tít. IV del libro I del Código no autoriza tal conclusión"[66].

Sería desde luego errónea la visión de quien creyese que tal falta de fuerza del principio de la igualdad ante la ley en el Derecho canónico transforma a éste en un ordenamiento injusto, desconocedor de los derechos fundamentales o de los valores metajurídicos, desconocedor en fin de la igual dignidad de las personas humanas. Para probar la inconsecuencia de aquella opinión, hay que subrayar que la radical igualdad de todos los hombres es, en la Iglesia, la igual condición de hijos de Dios llamados a la salvación. En este sentido, "la Iglesia es una sociedad de iguales ante la ley, y ante los principios que la estructuran como tal sociedad. En base al bautismo todos los cristianos poseen en la

---

65 P. LOMBARDÍA, *Lecciones de Derecho Canónico*, cit., pp. 156-157.

66 P. LOMBARDÍA, *Lecciones...*, cit., p. 157.

sociedad de la Iglesia una condición jurídica común, de radical igualdad"[67]. La frase que el Evangelio pone en labios de Caifás -"quia expedit, unum hominem mori pro populo"[68]-, carecería de todo sentido y de toda posible interpretación profética o redentora si en lugar de referirse a la vida temporal se hubiese referido a la eterna.

En consecuencia, la igualdad de todos ante la ley, entendida como aplicación de la norma por encima del bien último de una persona para facilitar un bien social cualquiera, incluso el fin último de todos los demás, carece de sentido en el Derecho Canónico; y la obligación de procurar siempre la *salus* de cada ser humano, y en particular de cada miembro de la Iglesia, a través de instituciones normativas de carácter singular en cuanto ello fuere preciso -disimulación, tolerancia, dispensa, privilegio-, supone una desigualdad formal justa al servicio de una radical igualdad de carácter sobrenatural.

Es en contraste con los ordenamientos seculares como se observa mejor la propensión del ordenamiento canónico a "considerar el supuesto de unas normas de rango singular como algo habitual en el análisis técnico" del sistema normativo, algo que resulta muy propio del quehacer del canonista[69].

c') Interpretación de la norma y "salus animarum"

No es, desde luego, que la norma dotada de generalidad no precise de interpretación; por el contrario, cuanto hemos dicho con relación con ésta, y con las dificultades que conlleva, en las letras a) a d) del anterior análisis, es perfectamente aplicable a tal tipo de norma. Si estamos subrayando en especial lo señalado en la letra e), es porque se trata de un aspecto del tema que ayuda muy bien a comprender la extremada dificultad y gravedad que posee en Derecho Canónico el problema interpretativo. Y es que el intérprete, incluso de la norma dotada de generalidad, no podrá nunca prescindir de la exigencia impuesta por el fin del ordenamiento: la *salus animarum* no es la salvación genérica de los miembros de la comunidad sino la específica de cada uno de ellos, y el legislador ha podido prever múltiples supuestos de hecho personales

---

[67] J. I. ARRIETA, *El Pueblo de Dios*, en VV.AA., *Manual de Derecho Canónico*, cit., p. 121.

[68] *Juan*, 18, 13.

[69] A. DE LA HERA, *La norma singular*, cit., p. 209.

que aparecerán contemplados en las normas singulares, pero no ha podido preverlos todos; y aún en los casos no previstos seguirá la *salus* personal constituyendo el fin supremo e indeclinable del ordenamiento[70], en correspondencia con lo que Feliciani ha calificado como "la natura essenzialmente personale dell'esperienza cristiana"[71]; lo cual, si obliga al legislador a no perder de vista tal idea angular cuando redacta la ley o establece las condiciones para la validez de la costumbre, obliga igualmente al intérprete de la norma general a conocerla a través del imperativo del fin eclesial, que no ha podido estar ausente de la intención del legislador ni puede estar ausente del texto o del contenido de la norma.

Al mismo tiempo, el tema puede ser visto desde la otra cara de su doble realidad. Dado que el fin último de la Iglesia es la salvación de todos y cada uno de sus miembros, ninguna norma singular podrá por su parte ser contraria a ese fin, facilitando una salvación concreta -la del expreso destinatario de la norma- en perjuicio de la de los restantes miembros, o incluso de algunos o algún solo miembro, del cuerpo social. Es lo que ha señalado la doctrina al decir que la norma singular "se ordena directamente al bien particular aunque no puede ser contraria al bien común"[72].

La armonía entre esa doble presencia de normas generales que no pueden dañar al bien singular y normas singulares que no pueden dañar al fin común, somete al ordenamiento canónico a dificultades internas que, como hemos dejado señalado, afectan de modo palmario al tema de su conocimiento e interpretación. No solamente le afectan: están en la base misma del análisis del correspondiente problema.

IV. EL SUJETO DE LA INTERPRETACIÓN

Nos resta aún apuntar otros tres puntos de difícil comprensión dentro de la problemática general de la interpretación del Derecho en la Iglesia, y cuyo común denominador radica en que ambos tres son objeto de especial regulación

---

[70] "Omnis institutio ecclesiasticarum legum ad salutem animarum referenda est", indicaba la doctrina clásica, tal como lo recuerda A. CASIRAGHI, *Interpretazione della legge...*, cit., p. 693.

[71] G. FELICIANI, *Dal Codice del 1917...*, cit., p. 29.

[72] J. A. FERNÁNDEZ ARRUTY, *Estudios de Derecho Canónico...*, cit., p. 85.

en el *Codex*. Nos referimos al sujeto y a los modos y criterios de la interpretación, así como al tema de la costumbre.

a) La interpretación auténtica

Las diversas clasificaciones o divisiones que de la interpretación de las normas canónicas hace la doctrina[73], coinciden en incluir un apartado relativo a la distinción entre las diversas interpretaciones por razón de su autor. Siguen con ello el tenor del c. 16, que recoge la interpretación legal o auténtica -realizada por el legislador o por aquel a quien éste la hubiera encomendado-, la administrativa -"verificada por organismos de esta naturaleza en la tramitación de los expedientes y en la resolución de los asuntos que le conciernen"[74]-, y la judicial -que "realiza el juez mediante sentencia"[75], y que queda por tanto "reflejada en las sentencias de los tribunales eclesiásticos al resolver las controversias de que conocen"[76].

La interpretación auténtica, realizada en forma de ley por el legislador o por aquel a quien éste la hubiera encomendado[77], tiene igual fuerza que la misma ley y precisa promulgación[78]. No se trata sin embargo de una nueva ley: tal tipo de interpretación "no debe sobrepasar los límites verdaderos de la ley para desembocar en una *nova lex*"[79].

Por esta vía, la forma deseada por el legislador para interpretar las leyes,

---

[73] Vid., entre otras, las de A. PRIETO PRIETO, en *Cuestiones fundamentales*, cit., p. 100-101; J. OTADUY, *Normas y actos jurídicos*, cit., p. 246-249; A. BERNÁDEZ CANTÓN, *Parte General...*, cit., p. 124-126.

[74] A. BERNÁRDEZ CANTÓN, *Parte general*, cit., p. 124.

[75] A. PRIETO PRIETO, *Cuestiones fundamentales*, cit., p. 100.

[76] A. BERNÁDEZ CANTÓN, *Parte General...*, cit., p. 124.

[77] Vid. al respecto J. HERRANZ, *La interpretación auténtica: el Consejo Pontificio para la Interpretación de los Textos Legislativos*, en *Ius Canonicum* 70 (1995) 501-527.

[78] *Código de Derecho Canónico*, c. 16, 1.

[79] J. OTADUY, *Normas y actos jurídicos*, cit., p. 247.

aquélla que parece garantizar la mayor fidelidad al espíritu y sentido de la norma, ocupa la primacía entre las vías de interpretación del Derecho Canónico. Benedicto XV, al promulgar el Código de 1917, y siguiendo por otra parte las huellas de actuaciones que en la misma línea ya conocía el Derecho Canónico[80], y que provenían de la Comisión cardenalicia de intérpretes del Concilio de Trento de 1564[81], encomendó tal modalidad interpretativa a una Comisión de Intérpretes[82], cuyas respuestas a las numerosas dudas surgidas entre 1917 y 1963 sobre el sentido propio de los cánones codiciales supuso el mayor caudal de actos de interpretación del Derecho de la Iglesia[83], mientras decaía, fuera del campo matrimonial, el papel de la jurisprudencia. Y, con posterioridad a la Comisión benedictina, a partir de 1963 y "con motivo de la ejecución de los decretos conciliares su función fue desempeñada por la comisión constituida al efecto"[84]. Promulgado el *Codex* de 1983, Juan Pablo II instituyó en 1984 un nuevo organismo, la Comisión Pontificia para la Interpretación Auténtica del

---

[80] Vid. la información que al respecto ofrece H. E. FEINE, *Kirchliche Rechtsgeschichte*, cit., p. 706.

[81] J. OTADUY, *Naturaleza y función de la Comisión Pontificia para la interpretación del CIC*, en *Ius Canonicum* 48 (1984) 750.

[82] "Commissio ad Codicis Canones authentice interpretandos", creada por el M. P. *Cum iuris canonici* de 15 de septiembre 1917. Aparece publicada en las p. XL-XLI de la edic. auténtica del *Codex Iuris Canonici*, Typis Polyglottis Vaticanis, Romae 1917.

[83] "Bajo la expresión 'interpretación auténtica' el Código se refiere a las leyes interpretativas -interpretación auténtica a modo de ley-, tipo de disposiciones que han aparecido entre 1917 y 1963 con sorprendente frecuencia, adoptando la forma de 'respuestas' de una Comisión, a la que Benedicto XV atribuyó la exclusiva competencia de interpretar auténticamente el Código" (P. LOMBARDÍA, *Estructura del ordenamiento canónico*, en CATEDRÁTICOS DE DERECHO CANÓNICO DE UNIVERSIDADES ESPAÑOLAS, *Derecho Canónico*, cit., p. 213).

[84] A. BERNÁDEZ CANTÓN, *Lecciones...*, cit., p. 124, nota 7. Existieron tanto una Comisión para la revisión del Código de Derecho Canónico como otra para la interpretación de los Decretos del Concilio Vaticano II.

Código de Derecho Canónico[85], que a su vez fue sustituido -mediante la Const. *Pastor Bonus* de 28 de junio de 1988 (arts. 154-158)- por el Pontificio Consejo para la Interpretación de los Textos Legislativos[86].

Es cierto que el Consejo no sustituye por completo al legislador supremo[87] -no tiene "potestad para suplir la ley universal, ni para la interpretación de las normas consuetudinarias, ni de las normas concordadas con sociedades políticas, ni de los actos administrativos y judiciales"[88]-; pero, en todo caso, cabe en este campo suscribir la observación que al respecto hace Lo Castro: "no es posible desconocer el carácter doctrinario del derecho positivo canónico, que surge de modo completamente manifiesto en la última codificación; ni se puede callar sobre el consiguiente entumecimiento de las estructuras jurídicas existentes (demostrado, entre otras manifestaciones, por la atribución a un órgano, el Consejo Pontificio para la Interpretación de los Textos Legislativos, de la función de interpretar las normas, órgano vinculado al poder de establecerlas)"[89].

Ello sin dejar de tener en cuenta la tesis de la posible interpretación evolutiva del Derecho[90], que toma en cuenta el dato de que la norma puede evolucionar al compás del posible cambio de las necesidades concretas del orden social; la norma se nos presenta así al servicio del *coetus* eclesial y de los fieles antes que como un patrimonio de la voluntad del legislador, y en ella

---

[85] M. P. *Recognitio Iuris Canonici*, de 2 de enero de 1984. Vid. en *Ius Canonicum* 48 (1984) 743-745.

[86] Vid. J. HERRANZ, *Il Pontificio Consiglio della interpretazione dei testi legislativi*, en *La Curia Romana nella Cost. Ap. "Pastor Bonus"*, Città del Vaticano 1990; J. OTADUY, en su comentario al c. 16, en *Comentario exegético...*, cit., p. 354.

[87] Por supuesto, y por lo que hace a la potestad legislativa, "el principio general es que corresponde personalmente al romano pontífice y no a los dicasterios" (A. VIANA, *Organización del Gobierno en la Iglesia*, Ediciones Universidad de Navarra, Pamplona 1995, p. 169).

[88] J. OTADUY, en su comentario al c. 16, en *Comentario exegético...*, cit., p. 355.

[89] G. LO CASTRO, *Conocimiento e interpretación...*, cit., p. 415.

[90] Vid. H. PREE, *Die evolutive Interpretation der Rechtsnorm im kanonischen Recht*, Herder, Wien-New York 1980.

primaría la *ratio* frente al *iussum*[91], aspecto que abre caminos nuevos para continuar profundizando en nuestro problema. La doctrina ha observado incluso, a este respecto, una actitud de los tribunales favorable a la atribución a las normas de "un contenido distinto, permaneciendo inalterada la letra del precepto codicial"[92], fenónemo que es claro que se presenta lleno de posibilidades aún por desenvolver en toda su fuerza.

b) "Optima legum interpres"

Cierto que, en una visión superficial, parecería que ningún mejor intérprete de la norma que aquel que la dictó; pero, de ser así, ¿qué sentido tiene afirmar, como lo hace el c. 27, que la costumbre es el mejor intérprete de las leyes, *optima legum interpres*?[93]. E, igualmente, ¿por qué no figura entonces, en el c. 17, la *mens legislatoris* como el primero, y no el último, en el orden de los criterios de interpretación allí enumerados?

Ninguna de ambas preguntas tiene una fácil respuesta. La primera abre unas perspectivas, que el Derecho Canónico no ha sabido hasta ahora aprovechar en todas sus posibilidades, al protagonismo de la comunidad de los fieles -y a la esencial libertad de los mismos en el seno de la Iglesia: "la ley de gracia es ley de libertad"[94]- en la aplicación de las normas jurídicas. Como ha escrito Berlingò, para que el derecho sea positivo es suficiente "che esso si concretizzi in semplici '*manifestazioni*', ossia in comportamenti che possono radicare (anche) in un fondo collettivo di (mere) emozioni, capace (però) di imporsi come forza incisiva sulla realtà istituzionale (e idoneo, dunque, ad esercitare una sua influenza sul piano della normazione, dell'attuazione e dell'interpretazione

---

91 Vid. al respecto A. MARTÍNEZ BLANCO, *Introducción al Derecho Canónico*, Promociones y Publicaciones Universitarias (PPU), Barcelona 1990, p. 217.

92 G. DELGADO DEL RÍO, *La interpretación evolutiva...*, cit. p. 1085.

93 Puede verse con detenimiento el tema en G. COMOTTI, *El canon 27 y la función interpretativa de la costumbre*, en *Ius Canonicum* 70 (1995) 585-601.

94 Sobre el significado y virtualidades, para el estudio de la norma canónica, de estas palabras de SANTO TOMÁS (I-II, q. 108, a. 2), vid. J. HERVADA, *La ley del Pueblo de Dios como ley para la libertad*, en VV.AA., *Dimensiones jurídicas del factor religioso*, cit., p. 225.

del diritto)"[95].

Conviene recordar aquí que por comunidad inductora de costumbre no se hace referencia a la Iglesia universal, a todos los fieles que constituyen el *Corpus Christi quod est Ecclesia*, contemplados en una engañosa imagen democrática sobre la base de la radicación del poder en el pueblo. La comunidad que induce la costumbre puede ser cualquier parcela, jerarquía también, asociaciones, grupos de todo tipo, cuyos miembros aparezcan vinculados entre sí de modo que efectivamente respondan a la exigencia del c. 25: una comunidad capaz de ser sujeto pasivo de una ley[96].

La costumbre normativa, en efecto, es un fenómeno social y jurídico complejo; "la nascita di una consuetudine giuridicamente obbligante va ricercata nella convergenza di una pluralità di elementi costitutivi"[97]. Y, por supuesto, ya la doctrina ha cuidado de observar que la costumbre interpretará la ley de forma declarativa, de manera que "no es posible calificar como interpretativa una costumbre que llegue a sustraer de la disciplina legislativa un caso que de otro modo le estaría ciertamente sometido, o bien que extienda una disposición a casos no contemplados por la ley"[98].

Pero, en todo caso, la costumbre constituye una manifestación de la vitalidad de las unidades sociales que integran al Pueblo de Dios; y, tomadas en cuenta las precauciones que los cánones del *Codex* establecen -racionalidad, consentimiento del legislador, ánimo de obligarse-[99], la radicación de la interpretación de la ley por parte de la costumbre como una realidad viva y constante de la vida social de la Iglesia puede operar como un factor de acercamiento entre el fiel y la norma[100]. "De este modo el derecho, antes que

---

95 S. BERLINGÒ, *Diritto Canonico*, cit., p. 53.

96 Vid. al respecto J. ARIAS, *El "consensus communitatis" en la eficacia normativa de la costumbre*, Ediciones Universidad de Navarra, Pamplona 1967.

97 F. BOLOGNINI, *Lineamenti di diritto canonico*, G. Giappichelli Editore, Torino 1992, p. 111.

98 G. COMOTTI, *El canon 27...*, cit., p. 595.

99 Las analiza breve y certeramente P. LOMBARDÍA, *Lecciones...*, cit., pp. 157-159.

100 Si bien la doctrina, al insistir, excesivamente tal vez, en el carácter obligatorio de la ley independientemente de su aceptación por sus destinatarios, ha cerrado las

abierto a la vida, aparece cerrado en sus actos normativos y mira a la autoconservación. No sólo las estructuras jurídicas existentes aparecen entumecidas, sino que la misma vida de la sociedad resulta de algún modo esclerotizada. En efecto, si el derecho está en las normas del Código y no hay derecho fuera de ellas, los fenómenos que emergen en la vida de la sociedad eclesial no pueden tener ninguna posibilidad de afirmarse y de encontrar espacio, aún poseyendo ellos mismos una juridicidad intrínseca. ¡Cosa bien distinta de una reconstrucción tipológica de la realidad, autónoma respecto a la norma y condicionante de la norma en su significado y en su actuación!"[101].

c) La "mens legislatoris": una pregunta sin respuesta

Y, en fin, una referencia al c. 17, que marca de forma enumerativa los criterios de interpretación: "Las leyes eclesiásticas deben entenderse según el significado propio de las palabras, considerado en el texto y en el contexto; si resulta dudoso y obscuro, se ha de recurrir a los lugares paralelos, cuando los haya, al fin y circunstancias de la ley y a la intención del legislador"[102].

Una vez más parece que las apariencias nos engañan. Es evidente que el texto codicial que acabamos de citar establece una jerarquía entre los criterios de interpretación: el primero, y que en principio debiera bastar, es el texto, el significado propio de las palabras; los otros criterios resultan supletorios para el caso en que el primero no resuelva el problema.

Tenemos, pues, marcada por el *Codex* una autonomía de la ley, que una vez promulgada se hace independiente de la voluntad que la dictó. El sentido de la ley es el que resulta de las palabras que la componen o, como escribía Michiels, "obvium est, atque in doctrina canonica nulli controversiae aut contestationi obnoxium, quod '*interpretari*' legem determinatam idem significat ac *declarare* seu explicare, idest, aperiendo plicos verborum et propositionem quibus involvitur, clarum seu manifestum reddere *genuinum seu objectivum*

---

puertas a tomar en cuenta estos aspectos dinámicos de la función interpretativa ejercida por la comunidad (vid. p. e. en tal línea A. CASIRAGHI, *Interpretazione della legge...*, cit., pp. 699-700).

101 G. LO CASTRO, *Conocimiento e interpretación...*, cit., p. 416.

102 Para un excelente análisis del canon 17, vid. J. OTADUY, en su comentario al mismo en *Comentario exegético...*, cit., pp. 359-371.

sensus formulae legalis"[103].

Sólo si, por una defectuosa selección y ordenación gramatical de esas palabras, el sentido de la ley permaneciera oscuro o confuso, podrá el intérprete buscar el auxilio de otros elementos de interpretación. Pero, aún en tal caso, la autonomía de la ley parece conservarse: el recurso será en primer lugar a los lugares paralelos, es decir, a otros textos legales que, tocando materias similares, puedan estar mejor redactados, con lo cual no hemos salido de la interpretación literal, gramatical o por el significado propio de las palabras.

Sucesivamente entrarían en juego elementos que poseen ya una naturaleza mixta: pertenecen a la ley escrita de forma intrínseca -su fin- o extrínseca -sus circunstancias- pero tocan ya también la voluntad legislativa de quien, al redactar la ley, trató de orientarla a un fin. Y, por último, juega el elemento, origen último de la norma, de la intención o mente de quien la dictó, la *mens legislatoris*[104].

Y, sin embargo, ¿no parece que el primer criterio de interpretación debiera ser la intención del legislador? O, dicho de otro modo, ¿qué criterio ofrece mayor seguridad para conocer el verdadero sentido de la ley que "preguntarle" por este sentido al autor de aquélla, único que sabe verdaderamente qué quiso decir y para qué lo dijo? La mente del legislador "no es un subsidio más, meramente alternativo. Es más bien el punto de referencia al que miran todos los medios de interpretación"[105]. ¿Y, al interrogar a las palabras que componen el texto, no está el intérprete tratando de conocer el mensaje que a su través dirige su autor al cuerpo social?

Resulta en cierto modo que la *mens legislatoris* aparece como el verdadero criterio de interpretación, y que mencionado en el c. 17 impregna de hecho a todos los restantes criterios allí enumerados.

En cuyo caso no es clara, o cuando menos es discutible, la redacción del canon, y obliga a los intérpretes a interpretarlo. La doctrina es consciente del problema, y lo ha obviado mediante la tesis de la consideración de la interpretación como una operación cumulativa, en la que todos los criterios juegan

---

[103] G. MICHIELS, *De interpretatione declarativa legis in Jure Canonico*, en VV.AA. *Investigación y elaboración del Derecho Canónico*, cit., p. 230.

[104] Vid. A. PRIETO PRIETO, *La interpretación "ad mentem"*, en *Ius Canonicum* 70 (1995) 561-583.

[105] J. OTADUY, en comentario al c. 17, en *Comentario exegético...*, cit., p. 370.

simultáneamente. Así lo expresó Michiels[106]; en ello insiste Otaduy, para quien, siguiendo precisamente a Michiels, "los recursos interpretativos deben ser aplicados 'semper simul'"[107], y así lo defiende recientemente Prieto -apoyándose también en aquel mismo autor-, para quien la ordenación de las reglas de interpretación del c. 17 no procede de una jerarquización de las mismas, sino "de lo más concreto a lo más abstracto, de lo más cercano a la norma objeto de interpretación a lo más alejado de ella"[108], aunque se nos haga difícil aceptar que la *mens* del legislador es, de entre todas las reglas de interpretación, la más alejada de la norma en lugar de la que subyace más íntimamente en ella, prestándole sentido y fin.

Para realizar, pues, la interpretación, ¿tendrá prioridad el significado propio de sus palabras o la intención del legislador, deducible de otros elementos coadyuvantes del acto interpretativo? Es ésta la que respalda a aquéllas, pero es a través de aquéllas como ésta se nos manifiesta. No resulta, en fin de cuentas, fácil el dar una respuesta. La doctrina tiene aquí un notable desafío, si verdaderamente quiere llegar a descubrir todas las virtualidades que ofrece el tema de la interpretación de la norma en el Derecho de la Iglesia.

---

[106] "Concludendum esse censemus, quod in praxi omnes regulae in canone 18 -recuérdese que el autor escribía durante la vigencia del Código de 1917- enunciatae sunt semper simul aplicandae" (*De interpretatione declarativa*..., cit., p. 421).

[107] J. OTADUY, en comentario al c. 17, en *Comentario exegético*..., cit., p. 360.

[108] En *La interpretación "ad mentem"*..., cit., p. 573.

IL CODICE DI DIRITTO CANONICO E LE CORPORAZIONI AMERICANE LEGATE ALLA CHIESA: TEMPO PER UN NUOVO DIALOGO

Sr. Melanie Di Pietro, S.C.

La motivazione per la scelta del tema

L'argomento del presente studio, *Il Codice di diritto canonico e le corporazioni americane legate alla Chiesa: tempo per un nuovo dialogo*, è stato scelto dal contesto giuridico americano. Il motivo di questa scelta deriva in parte dal fatto che lavoro per queste corporazioni come avvocato civile e consulente canonico. Desidero parlarne perché ritengo che sia una questione molto importante per la Chiesa e gli Stati Uniti. A mio parere si deve considerare la possibilità di distinguere il principio di "proprietario", tipico del Codice di diritto canonico, dal concetto di esercizio effettivo del potere decisionale in una tale corporazione. Se la Chiesa perde questo controllo, cioè il potere decisionale in queste corporazioni, non sarà più la proprietaria, e perderà quindi la possibilità di contribuire allo sviluppo della società americana in un ambiente proprio della sua attività ecclesiale e, inoltre, ad un mezzo di evangelizzazione della cultura americana.

Invito al dialogo

Rispetto al passato le analisi e le discussioni su questo tema non sono riuscite a risolvere questo tipo di problematica assai difficile[1]. Questo studio

---

1 JOHN L. MCGRATH, *Catholic Institutions in the United States: Canonical and Civil Law Statutes* (Washington, D.C.: The Catholic University of America Press, 1968); ADAM J. MAIDA, "McGrath Thesis Canon Law Section", Risposta di Adam J. Maida alla tesi di McGrath al Decimo Incontro Annuale del Board of Governors della Conferenza Cattolica della Pennsylvania, July 31–August 1, 1972; ADAM J. MAIDA,

vuole essere un invito a dialogare ed offrire cinque elementi che, a mio parere, devono essere presi in considerazione in qualsiasi dialogo del genere.

Terminologia fondamentale

Adoperando concetti sia del Codice di Diritto Canonico che del sistema legale americano, sono costretta ad usare una terminologia particolare nel presentare il mio pensiero. Ci sono due termini fondamentali che dovrò definire adesso per intendere bene l'argomento che intendo svolgere.

1. *"effettivo controllo legale"*

Il primo è il termine "effettivo controllo legale" e lo userò intendendo il potere dirigenziale di un Istituto religioso in corporazioni fondate o in loro possesso, come espressione del loro apostolato.

2. *"corporazione"*

Poi c'è il termine "corporazione", che si riferisce alle strutture giuridiche dello stato civile nel quale distinguo due categorie: "corporazioni della Chiesa" e "corporazioni legate alla Chiesa".

a. *"corporazioni della Chiesa"*

Mi spiego: con "corporazioni della Chiesa" si intendono le strutture civili come Diocesi, Parrocchie, e, di particolare interesse in questo mio contributo, gli Istituti religiosi. Questi sono protetti dalla Costituzione degli Stati Uniti come enti di religione.

b. *"corporazioni legate alla Chiesa"*

Invece le "corporazioni legate *alla* Chiesa" sono ben distinte dalle "corporazioni *della* Chiesa", perché queste corporazioni sono strutture giuridiche civili, quali sanità, istruzione, istituti di beneficenza o di carità,

---

Ownership, Sponsorship, Control of Catholic Institutions (Harrisburg, Pennsylvania: Pennsylvania Catholic Conference, 1975).

strutture usate da istituti della Chiesa per realizzare la propria attività. Per questi servizi offerti al pubblico e per i finanziamenti provenienti anche dallo Stato o da persone, che desiderano i servizi offerti dalle corporazioni legate alla Chiesa ma non vogliono sovvenzionare la Chiesa stessa, c'è una più ampia regolamentazione civile che mantiene bene la cosiddetta distinzione tra Chiesa e Stato e contemporaneamente rende l'applicazione della normativa canonica ancora più difficile. L'argomento del presente studio tratta soltanto delle corporazioni legate alla Chiesa.

Contesto per l'esame dell'argomento

1. *Dottrina della Chiesa*

Prima di trattare ciascuno di questi elementi credo che sia utile porre il sistema delle corporazioni in un contesto più generale, come quello ecclesiologico, socio-economico e politico. Vi posso offrire un grafico che si trova nell'appendice A, il quale è una rappresentazione visiva della corporazione legata alla Chiesa vista nella prospettiva generale della Chiesa secondo quanto indicato nella *Lumen Gentium*. Queste corporazioni sono ufficialmente identificate con la Chiesa Cattolica romana. Queste sono preziosi "forum" per i membri della Chiesa, popolo di Dio e popolo di buona volontà secondo la definizione della *Lumen Gentium*, per perseguire l'impegno della Chiesa a lavorare tutti insieme per stabilire un mondo più umano. Queste corporazioni sono da individuare esattamente lì dove la *Gaudium et Spes* chiama la Chiesa ad essere "in" e "con" e non semplicemente "a fianco" al fine di sviluppare la cultura e costruire la comunità umana[2].

2. *Contesto socio-economico*

Queste corporazioni legate alla Chiesa non sono solo fornitrici di servizi come educazione, salute e servizi sociali che contribuiscono a costruire la comunità umana, ma sono anche significativi enti economici. Il grafico che si trova nell'appendice B illustra il significato del sistema delle corporazioni legate

---

[2] Cf *Gaudium et Spes*, in AUSTIN FLANNERY, O.P., gen. ed., *Vatican Council II, The Conciliar and Post Conciliar Documents* (Northport, New York: Costello Publishing Co., 1984), 902–1037.

alla Chiesa nella società americana. Ci sono 868 corporazioni nel campo della sanità che si occupano di più di cinque milioni di pazienti, 217 università con 615.000 studenti e 1400 organizzazioni cattoliche di beneficenza che aiutano 14 milioni di persone. Queste corporazioni, così, danno lavoro a milioni di persone e hanno miliardi di dollari di reddito. La Chiesa può, quindi, mettere in pratica i suoi insegnamenti attraverso le decisioni prese dalle corporazioni su argomenti, quali il soggettivo valore del lavoro e l'allocazione delle risorse nella società. Ricordiamo, ad esempio, l'insegnamento di Giovanni Paolo II che ha indicato il lavoro come una delle questioni più importanti di oggi.[3] I vescovi statunitensi, a loro volta, hanno pubblicato una *Lettera pastorale sull'economia*[4] con la quale si richiede costantemente l'integrazione della prospettiva morale nel prendere decisioni economiche.

3. *Contesto storico della prassi negli Stati Uniti d'America*

L'applicazione del diritto canonico alle corporazioni americane può essere suddivisa in due periodi storici. Il primo periodo, che parte dalla fondazione delle corporazioni fino ad arrivare all'anno 1970 circa, può essere caratterizzato dal completo controllo da parte degli Istituti religiosi e da una riflessione poco approfondita sull'applicabilità del Codice di diritto canonico o sulla relazione tra il diritto civile e il diritto canonico riguardo queste corporazioni[5]. Durante questo primo periodo, la dottrina del diritto civile statunitense, il cosiddetto concetto di *immunità di carità*, ha protetto le Chiese e queste corporazioni da azioni legali e dalla responsabilità per le loro eventuali inadempienze giuridiche. In pratica, sebbene le corporazioni fossero legalmente separate, operativamente gli Istituti religiosi non hanno mai agito conformemen-

---

[3] Cf JOHN PAUL II, Encyclical, *Laborem Exercens*, Traduzione Vaticana della Tipografia Poliglotta, *Laborem Exercens* (Boston, Massachusetts: Daughters of St. Paul, 1982).

[4] "Economic Justice for All", *Lettera Pastorale della Conferenza dei Vescovi degli Stati Uniti* (1986).

[5] Cf MELANIE DI PIETRO, "An Introduction to the Application of the Canons of Book V to Public Charitable Corporations in the United States of America" (Tesina inedita per la Licenza in Diritto Canonico: Pontificia Università S. Tommaso d'Aquino in Roma, 1987), 76–79.

te alle formalità legali e hanno amministrato le corporazioni come se esse non fossero entità legalmente distinte.

Il secondo periodo storico, dalla fine degli anni sessanta ad oggi, è caratterizzato da tre cambiamenti rilevanti: primo, la legge sulle "immunità di carità" è stata abolita o abrogata; secondo, è iniziata un'esplicita discussione sull'applicabilità del Codice di diritto canonico alle corporazioni americane e, terzo, si nota un'esplicita separazione dell'amministrazione delle corporazioni dagli Istituti religiosi, come risultato dei cambiamenti dei criteri professionali, delle qualificazioni legali, dei finanziamenti statali, dei contributi volontari da parte di privati, della mutata demografia degli stessi Istituti religiosi, così come anche dell'esplicita volontà della Chiesa di coinvolgere i laici nel suo apostolato. Questa separazione non è stata necessaria soltanto per il bene delle corporazioni legate alla Chiesa, ma, in modo particolare, per proteggere l'integrità e la proprietà del corrispondente Istituto religioso.

4. *La situazione contemporanea*

Anche se stiamo trattando praticamente degli stessi argomenti oggi, se cioè stiamo cercando di distinguere le corporazioni dagli Istituti religiosi nell'ambiente civile e di mantenere la loro unità nell'ambiente canonico, ciò che è differente è l'ambiente economico-politico che non vuole ammettere più la possibilità di conservare un sistema di corporazioni legate alla Chiesa. In pratica, tali corporazioni sono obbligate a dimostrare la loro attuale utilità e non soltanto quanto hanno contribuito a realizzare nel passato. Inoltre, la discussione non è più limitata solo ai membri della Chiesa. Per esempio, nel primo periodo storico sopracitato, il discorso sull'applicabilità del Codice alle corporazioni riguardava solo i canonisti; invece, oggi, questa problematica del rapporto tra gli Istituti religiosi e le corporazioni a loro legate coinvolge benefattori, dipendenti, sindacati, amministratori, ufficiali dello stato, e tanti altri.

I CINQUE ELEMENTI

La situazione contemporanea così inquadrata mi ha aiutato ad individuare cinque elementi essenziali che sono convinta devono fare parte integrale del dialogo a cui ho invitato all'inizio: 1) la specificazione dell'identità cattolica delle corporazioni legate alla Chiesa; 2) le nuove strutture del rapporto tra Istituto religioso e corporazione provocano nuove problematiche quanto all'uso del potere decisionale; 3) l'approfondimento delle ragioni per l'applicazione dei canoni del Libro V del Codice di diritto canonico alle corporazioni legate alla Chiesa; 4) lo sviluppo di strutture giuridiche che possano subentrare stabilmente agli Istituti religiosi; 5) la prudente applicazione del canone 394.

1. La specificazione dell'identità cattolica

I canonisti, pur riconoscendo la legale separazione della corporazione dall'Istituto religioso, sono concordi nel ritenere che gli Istituti religiosi mantenendo "l'effettivo controllo legale" sulla corporazione non hanno alienato il lavoro dell'apostolato[6]. Perché ogni Istituto religioso abbia un effettivo controllo legale nella corporazione, dovrebbe essere prima specificata la propria identità di *cattolica.*

Questo è l'impegno di teologi, accademici, e degli amministratori delle corporazioni. La Conferenza episcopale statunitense, invece, ha rivisto e diffuso le sue direttive etiche e religiose per i servizi sanitari[7] che danno orientamenti su questioni cliniche ed etiche, sulla responsabilità pastorale, sull'equo trattamento dei dipendenti e sui rapporti tra le corporazioni legate alla Chiesa e le corporazioni non cattoliche.

Per la Chiesa la Costituzione Apostolica *Ex corde ecclesiae*[8] è la base per l'attuale dialogo nelle università cattoliche.

Le corporazioni di beneficenza, inoltre, adoperano un documento fondamentale sul lavoro, il *Cadre Report*, che è un testo basilare per la loro identità e missione[9]. Inoltre queste corporazioni hanno pubblicato un Codice

---

[6] Cf ADAM J. MAIDA - NICHOLAS P. CAFARDI, *Church Property, Church Finances and Church-Related Corporations, A Canon Law Handbook* (St. Louis, Missouri: The Catholic Health Association of the United States, 1984), 156–157.

[7] Cf "Ethical and Religious Directives for Catholic Health Care Services," *Origins* 24, n. 27 (December 15, 1994).

[8] Cf "Ex Corde Ecclesiae," *Origins* 20, n. 17 (October 4, 1990).

[9] Cf The Cadre Report, "Toward a Renewed Catholic Charities Movement" (Washington, D.C.: National Conference of Catholic Charities, 1972).

etico per gli assistenti sociali[10]. Queste iniziative dovrebbero condurre ad un riesame delle strutture del potere decisionale degli Istituti religiosi su queste corporazioni.

2. Le nuove strutture e le nuove problematiche

Una struttura amministrativa molta usata nelle corporazioni legate alla Chiesa, è conosciuta col nome di *Membership Model*. Secondo il *Membership Model* i Superiori maggiori degli Istituti religiosi e i loro consigli sono membri della corporazione e hanno il potere giuridico (reserve powers) di nominare gli amministratori, di definire gli scopi e i metodi, e di approvare l'amministrazione e l'alienazione della proprietà della corporazione[11]. Dalla prospettiva canonica, questo modello è molto efficace perché l'Istituto religioso ha così "l'effettivo controllo legale".

Ma oggi il campo del servizio sanitario negli Stati Uniti sta cambiando. Molti ospedali sono costretti a formare un tipo di corporazione che in inglese si chiama "Network" (rete). Il grafico che si trova nell'appendice C illustra questa nuova organizzazione. La proprietà di molte corporazioni viene amministrata come un'unica organizzazione. Con questo nuovo tipo di corporazione l'Istituto religioso non ha più tutto il potere decisionale sulla corporazione stessa, perché è formata da tre componenti: A - ospedale cattolico, B - ospedale privato e C - gruppo dei medici, come si vede nel grafico. L'ospedale cattolico "A" ha solo un voto su tre.

Questo Network, e non i singoli componenti, offre i suoi servizi sanitari attraverso la stipulazione di un contratto. Da qui nascono nuove problematiche, anche di natura etica. La struttura giuridica del Network prevede che l'Istituto religioso al quale è legato l'ospedale cattolico "A" possa interdire una decisione, ma non ha il potere di sviluppare autonomamente programmi che realizzino i principi dell'identità cattolica proprio dell'Istituto religioso.

---

10 Cf "A Code of Ethics for the Guidance of Member Agencies, Institutions and Organizations of Catholic Charities USA" (Washington, D.C.: Catholic Charities USA, 1987).

11 Cf ADAM J. MAIDA - NICHOLAS P. CAFARDI,, *Church...*, 156-157.

Tra le nuove problematiche etiche ci sono, per esempio, il costo del servizio a carico del paziente, la copertura di tali costi per i poveri, il pagamento dei servizi sociali e della cura pastorale, e la copertura retributiva dei dipendenti del Network. La sfida è riuscire a sviluppare un'effettiva partecipazione in questo nuovo tipo di Network che mantenga un'identità cattolica tangibile in questioni concrete come quelle che riguardano direttamente le persone. I poteri attuali del *membership model,* da solo, potrebbero non essere più sufficienti nella nuova organizzazione sanitaria come il Network. Se gli Istituti religiosi non manterranno "l'effettivo controllo legale", il potere decisionale su queste organizzazioni circa tali questioni etiche, i canonisti dovranno concludere che c'è una vera e propria alienazione della corporazione. Quindi, è necessario cercare di prospettare nuove strutture giuridiche che possano far fronte alle mutate circostanze. La sfida è di rafforzare il modello "membership" con altre strutture dell'"effettivo controllo legale" che a mio parere si può realizzare solo attraverso un dialogo tra canonisti, avvocati, manager ed esperti finanziari.

3. L'approfondimento delle ragioni per l'applicazione del Codice alle corporazioni americane

L'allora Sacra Congregazione per gli Istituti Religiosi e Secolari ha stabilito che "queste pubbliche istituzioni se possedute dalla Congregazione (...), sono proprietà della Chiesa e sono soggette alle norme ecclesiastiche riguardanti l'amministrazione e l'alienazione dei beni"[12]. Le attuali ragioni per l'applicazione del Codice alle corporazioni legate alla Chiesa si sono soffermate su un'analisi di chi possiede il titolo di proprietà. Cioè, il *dominium*[13]. Il problema negli Stati Uniti è che la legge non prevede il possesso di una corporazione civile. Cioè, la corporazione stessa è l'effettiva proprietaria e non l'Istituto religioso. Il fatto che la corporazione stessa sia l'effettiva proprietaria, che i finanziamenti siano almeno in parte statali e i principi del diritto civile americano, esigono, allora, un approfondimento e una riformulazione dei concetti secondo il Diritto

---

12 S. CONGREGATIO PRO RELIGIOSIS ET INSTITUTIS SAECULARIBUS, *Private Letter,* 5 March 1977, Prot. N° 85/1/71, testo originale in Inglese citato in JAMES I. O'CONNOR, *The Canon Law Digest* 9 (Mundelsen, Illinois, 1978–1981): 910.

13 Cf in generale ADAM J. MAIDA, *Ownership, Sponsorship and Control of Catholic Institutions* (Harrisburg, Pennsylvania: Pennsylvania Catholic Conference, 1975).

canonico che possano essere più comprensibili nel contesto americano.

Torna utile, quindi, spiegare la nozione canonica di *pertinere* confrontandola con quella del *dominium*. L'uso canonico del termine *pertinere*, dalla ricerca da me svolta, include la nozione di possesso legato ad un diritto, e non necessariamente un diritto esclusivamente tecnico-legale, ma anche esteso agli obblighi morali e legali[14]. L'uso di queste nozioni potrebbe agevolare il dialogo tra la legge civile e il diritto canonico. Altri concetti canonici da approfondire sono: il contratto riferito nel canone 1290 e la condizione patrimoniale riferita nel canone 1295 e nei paragrafi 2 e 8 del Decreto conciliare *Perfectae Caritatis*[15]. Un dialogo che renda più espliciti questi concetti, prima impliciti, favorirà una maggiore conoscenza e accettazione dei principi di diritto canonico applicati a queste corporazioni legate alla Chiesa.

4. Lo sviluppo delle strutture giuridiche che possano subentrare stabilmente agli Istituti religiosi

La maggior parte delle corporazioni sono giuridicamente legate alla Chiesa attraverso l'Istituto religioso che le ha istituite. Attualmente sono in via di sviluppo cinque nuove strutture per affrontare le mutate circostanze. Ad esempio, oggi capita spesso che l'Istituto religioso non vuole più conservare l'esclusivo potere decisionale nella corporazione, sia per ragioni teologiche che economiche. Una di queste strutture giuridiche è la fusione tra più di un Istituto religioso, dividendo il potere decisionale e la responsabilità giuridica per la nuova corporazione. La seconda struttura è l'alienazione dei diritti e gli interessi nella corporazione dall'Istituto religioso in favore di un altro Istituto religioso. Una terza struttura è quella in cui gli Istituti religiosi condividono il proprio potere sulla corporazione con laici oppure, una quarta possibilità, è quando si condivide il potere sulla corporazione con un'altra corporazione non cattolica. Infine, c'è l' istituzione di una nuova corporazione civile che in diritto canonico ha il carattere di persona giuridica pubblica o privata.

---

[14] Cf *Latin-English Lexicon* (New York: Harper and Brothers, 1869), s.v. "Pertinere ad aliquam," by E.A. ANDREWS; *Encyclopedic Dictionary of Roman Law*, s.v. "pertinere"; *A Latin Dictionary of Friend's Latin Dictionary,* ed., s.v. "pertineo," by CHARLTON T. LEWIS - CHARLES SHORT. Inoltre cf MELANIE DI PIETRO, "An Introduction to...", 57–66.

[15] Cf *Perfectae Caritatis*, in AUSTIN FLANNERY, O.P., gen. ed., Vatican , 612; 615.

5. La prudente applicazione del canone 394

Il più recente sviluppo del rapporto tra la Chiesa e le corporazioni legate alla Chiesa è l'applicazione del canone 394. L'attuale sistema di servizi sanitari negli Stati Uniti sta costringendo gli ospedali cattolici a collegarsi in rete con gli ospedali non cattolici, impedendo rapporti di collaborazione con altri ospedali cattolici non appartenenti alla stessa rete. Prevedendo un'eventuale perdita o la diminuzione della presenza istituzionale cattolica nel settore sanitario, alcuni vescovi hanno invitato le corporazioni sanitarie delle loro diocesi, secondo quanto previsto dal canone 394, a preferire la partecipazione ad una rete cattolica.

Queste nuove situazioni, estremamente complesse sia economicamente che politicamente, richiedono un dialogo basato sui due principi interagenti e complementari del canone 394 del Codice di diritto canonico: "Da una parte la coordinazione dell'apostolato nella diocesi; e dall'altra, il rispetto per la particolare identità di ogni modo differente di metterlo in pratica"[16].

Questa tematica, più chiaramente che altre, focalizza la distinzione tra corporazione *della* Chiesa e corporazione legata *alla* Chiesa, con cui abbiamo iniziato questo studio. Se la complessità delle questioni e l'impegno dei religiosi e dei laici ad essere una Chiesa nel mondo moderno è un indice di vitalità, la Chiesa che è in America, quanto a questo, è viva e in buona salute. Per il canonista è una sfida usare la legge per promuovere la visione teologica e la formazione di una comunità in mezzo alla varietà di interessi rappresentati nelle corporazioni. Se raggiungeremo questo attraverso un dialogo, avremo dato alla società un contributo per il terzo millennio, e avremo reso più credibile la presenza delle corporazioni legate alla Chiesa in una democrazia complessa e pluralistica come quella americana.

---

[16] E. CAPARROS, M. THÉREAULT, J. THORN, eds., *Code of Canon Law Annotated* (Montreal: Wilson & Lafleur Limitee, 1993), 309.

APPENDICE A

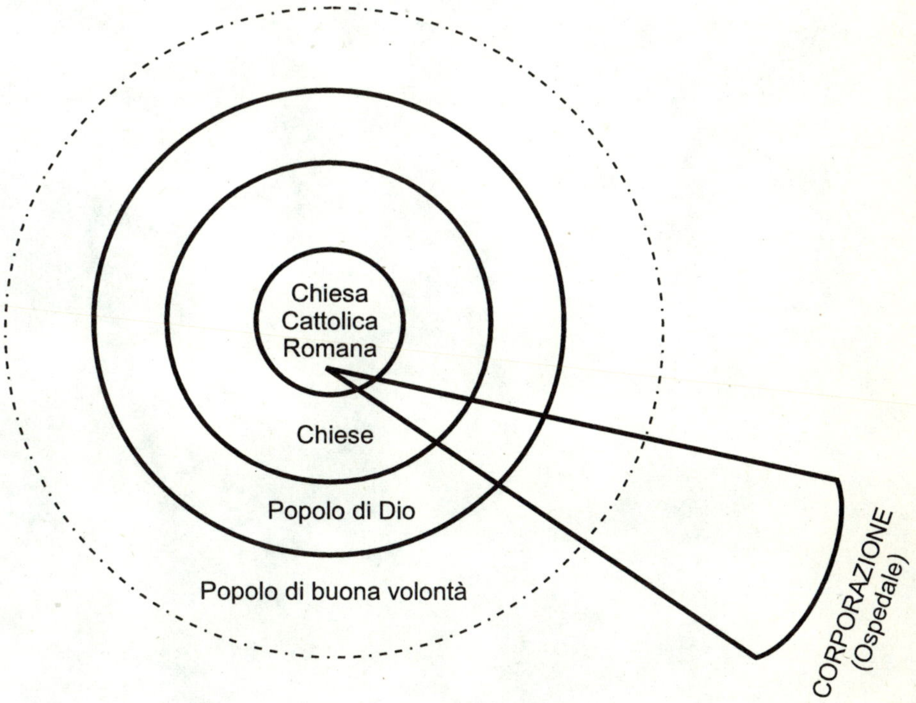

"Lavorare per un mondo più umano"
Contesto Ecclesiologico

Gaudium et Spes, n.42, 44, 57; *Lumen Gentium*, n. 1-9, 14, 15, 16.

APPENDICE B

La società americana

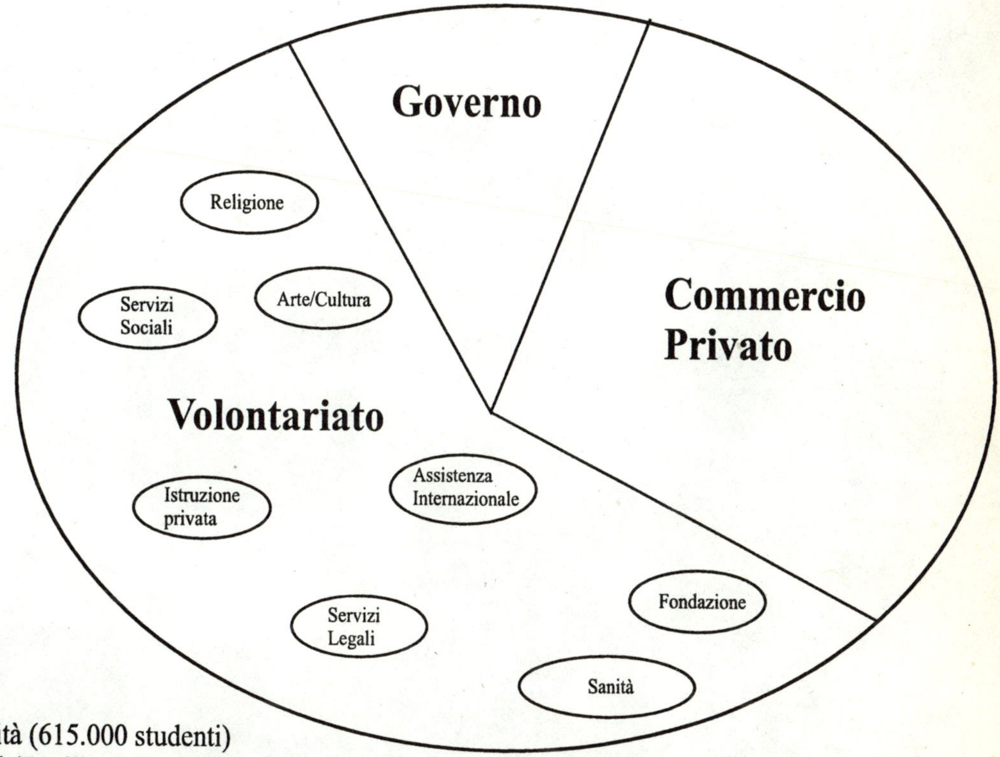

Università (615.000 studenti)
Ospedali (5 milioni di persone)
0 Servizi Sociali (14 milioni di persone)

APPENDICE C

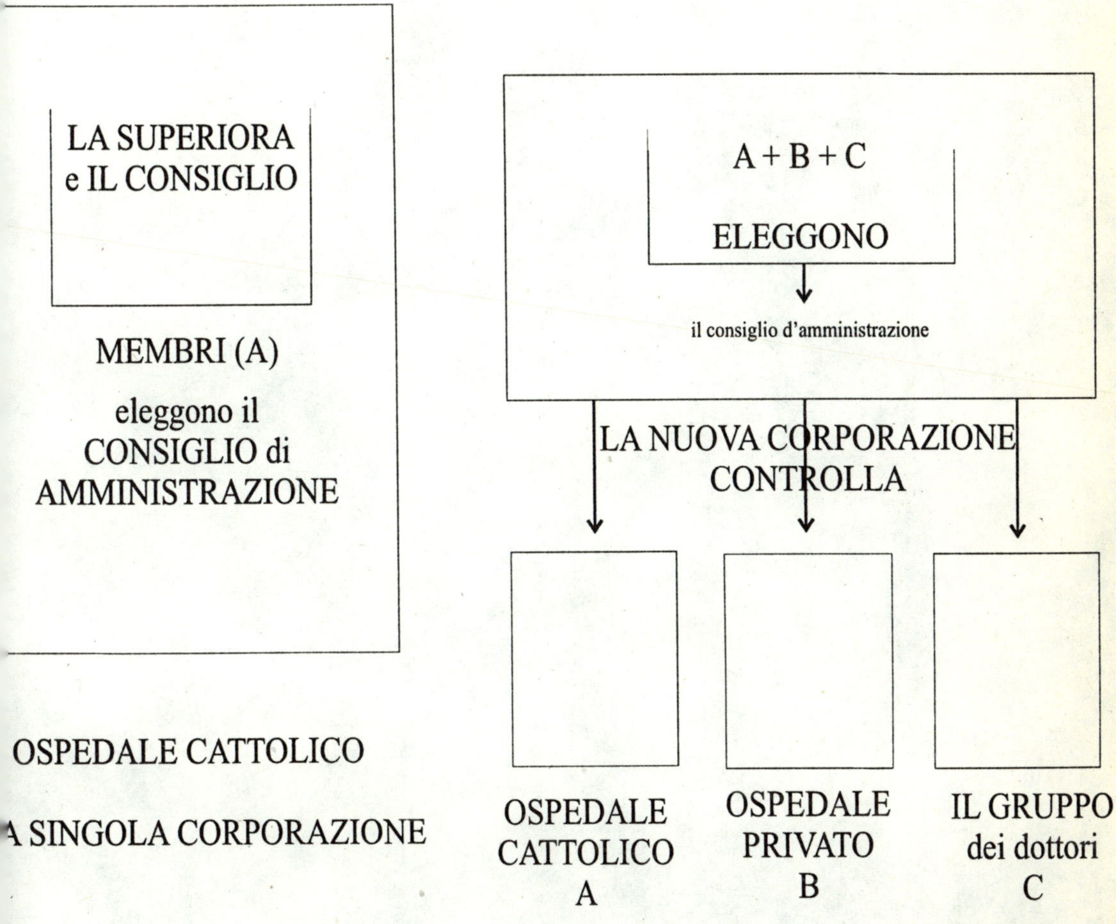
LA SUPERIORA
e IL CONSIGLIO
MEMBRI (A)
eleggono il
CONSIGLIO di
AMMINISTRAZIONE
OSPEDALE CATTOLICO
SINGOLA CORPORAZIONE
A + B + C
ELEGGONO
il consiglio d'amministrazione
LA NUOVA CORPORAZIONE
CONTROLLA
OSPEDALE
CATTOLICO
A
OSPEDALE
PRIVATO
B
IL GRUPPO
dei dottori
C

IL RUOLO DEL FINE INTRINSECO DELLA LEGGE NELL'INTERPRETAZIONE DOTTRINALE

Prof. P. Benito Gangoiti, O.P.

1. **Delimitazione dell'argomento**

Ci chiediamo quale sia il posto del fine essenziale, proprio o immediato della legge nell'interpretazione, nella conoscenza della legge o del complesso di leggi di un istituto giuridico.

Il diritto finisce dove finisce la lettera, la forma della legge, in modo tale che questa costituisce la frontiera, la dogana del diritto, oppure dobbiamo oltrepassarla, sormontarla e contemplarla dalla cima della *ratio legis*, nel suo fine proprio, immediato (cioè il cosiddetto fine essenziale) per avere un integrale, totale, possesso del diritto della legge o dell'istituto giuridico?

Possiamo dire che il *finis essentialis* o la *ratio iuris* è l'appendice della legge, e conseguentemente che deve occupare il posto di quest'ultima nell'ermeneutica? o, piuttosto, dobbiamo dire che è e deve occupare il posto del cuore, e che il fine proprio della legge - come il cuore è il motore centrale della circolazione sanguigna, essendo l'organo che spinge il sangue entro i canali delle arterie, delle vene, dei capillari - deve essere la causa della circolazione del diritto nella materia e nella forma della legge, e deve occupare tale posto nell'interpretazione della materia e forma della legge e degli istituti giuridici?

Queste domande costituiscono i temi centrali, il nucleo del nostro intervento, della nostra lezione.

Prima di dare la risposta crediamo opportuno delineare, sia pur sommariamente, gli elementi di cui risulta costituito il corpo integrale della legge, per poi mostrare il posto del fine essenziale, del fine immediato, nell'intelligenza, nell'ermeneutica del contenuto della legge o dell'insieme di leggi proprio di un istituto giuridico.

2. **Elementi costitutivi della legge**

Dall'analisi, dall'esame fenomenico di qualunque legge o norma, troviamo che questa è una realtà complessa, molteplice, un *compositum* formato da diversi elementi, vale a dire:

a) Dalla materia, dal diritto, cioè dalla «res sive actio iusta alteri ad aequalitatem debita». Come è inconcepibile un essere senza la sua propria materia, allo stesso modo che non si può capire la parola senza il suo contenuto, cioè l'idea, così è inconcepibile una legge senza la sua materia, senza il suo proprio specifico diritto. Il diritto è il midollo spinale della legge.

b) Dalla forma, sarebbe a dire dalle sue proposizioni grammaticali, dalla morfologia, dalla retorica: e questo pezzetto, questo briciolo è propriamente la legge, nella quale sta, abita, soggiorna e dimora il diritto, come nel suo proprio domicilio. La legge è sempre dopo il diritto, ed è la casa vuota del diritto.

La forma della legge è limitata e circoscritta dal diritto, dalla materia, e il diritto viene perfezionato dalla legge, dalla forma legale. Come in metafisica diciamo che la forma è limitata dalla materia, così la legge viene limitata dal diritto. Il diritto e la legge devono essere sempre mutuamente in aurea e giusta proporzione, come lo sono, in metafisica, la materia e la forma. La materia - il diritto - e la forma - la legge - costituiscono gli elementi ilemorfici della legge.

c) Dal fine intrinseco, proprio, immediato della legge, cioè dall'obiettivo, dalla meta immediata della legge. Sembra una contraddizione parlare del fine intrinseco o essenziale, quando il fine è una delle cause estrinseche dell'essere. Con questa espressione ci riferiamo al fine immediato, proprio, per distinguerlo dai fini mediati e dal fine ultimo. Usando l'espressione latina, sarebbe «*id cuius gratia, id propter quod immediate datur lex*». Allo stesso modo che nell'ordine metafisico non esiste nessun essere senza il suo fine immediato, proprio, essenziale, e questo costituisce la *causa causarum*, così avviene nella legge. E il fine proprio e immediato di ciascuna legge non si deve confondere con i fini mediati o col fine ultimo, che sono comuni.

Duplice è il modo di essere del fine essenziale nella legge. Può accadere, infatti, che il fine essenziale:

1) sia espresso nella legge, iscritto nella parte materiale della legge o dell'istituto giuridico, come p. es. nel Motu Proprio *Causas matrimoniales* di quel grande teologo del diritto che fu Paolo VI, ove si afferma espressamente, come facente parte della materia dell'istituto, il suo fine proprio, immediato o essenziale, cioè un «expeditior... processus» e la «firmitas matrimonialis vinculi»;

2) non sia espresso nella legge, non esplicitamente inserito nella parte materiale della legge o dell'istituto giuridico. - È nella legge, ma non espressamente. Così dice il Panormitanus: «... quod etiam si ratio non sit expressa in lege, ex quo non potuit coniecturari nisi unica et naturalis ratio ipsius legis, debet fieri extensio ad limites rationis praesumptae»[1]. E in un altro brano insegna: «...et plus ego puto, quod etiam si ratio non sit expressa in lege, tamen ex quo non potest dici nisi una ratio finalis et indubitata, debet fieri extensio ad limites rationis, quia praesumendum est legislatorem fuisse motum ex ratione finali»[2].

d) Dai fini superiori mediati, i quali circoscrivono, delimitano - senza però distruggere - il fine intrinseco o immediato, la materia e la forma della legge o dell'istituto legale, v. g. la *koinonia* nel sistema canonico. La legge canonica deve essere prima generatrice e poi espressione della medesima; creare pace e ordine e comunione soprannaturale, non politica, è il suo scopo, il suo fine mediato. Perciò, per definizione, deve essere una riflessione, in chiave legislativa, della riflessione teologica.

e) Dal fine ultimo, cioè dalla *salus animarum*, che deve infine limitare, ma non distruggere, nell'ordine: i fini mediati, il fine intrinseco o immediato e la materia e la forma della legge o dell'istituto legale.

f) Dal «finis operantis», dalla *mens* del legislatore, cioè dal fine, dal progetto, dall'intento del legislatore, che però non è entrato nella casa della legge. A differenza del fine intrinseco, proprio, il quale abita nel castello della legge, - questo è, come direbbe Santa Teresa, «alla ronda» del «castello della

---

[1] PANORMITANUS, *Commentaria Primae partis, in Primum Decretalium librum*, vol. I, Venetiis 1588, in tit. *De electione*, c. *Nihil*, n. 9.

[2] *Ibid.*, in tit. *De rescriptis*, c. *Quia nonnulli*, n. 10-11.

legge». Gira, circola, deambula intorno alla legge, ma non fa parte della legge, non entra nella legge.

g) Dalle circostanze concrete, dalle occasioni storiche della legge. Tanto nel loro nascere e vivere, quanto nella loro morte, le leggi sono immerse nel fiume eracliteo delle circostanze storico-sociologiche. Si tuffano e si bagnano nelle acque delle circostanze in modo che possiamo dire, parafrasando il filosofo Ortega y Gasset, che la legge è «la sua intimità e le sue circostanze». Come è inconcepibile un essere del creato senza queste, così è inintelligibile una legge senza le circostanze storico-sociologiche. Queste, come la *mens legislatoris*, sono «alla ronda» della legge o dell'istituto giuridico positivo.

Alla luce di quanto si è detto, concludiamo che la legge, benché piccola nell'immensità del creato, è ricca di tessuto umano e sociale, è strumento di ordine, pace e felicità, e pedagogo della società umana temporale come pure soprannaturale.

Esaminate le parti costitutive del *compositum* della legge, chiediamoci - venendo ora al nucleo della nostra lezione - quale sia il posto del fine essenziale, proprio, immediato nell'ermeneutica, nell'interpretazione, nello svisceramento dei contenuti della legge (giacché altro non è l'ermeneutica legislativa).

3. **Primato del fine essenziale nella causa dell'essere della legge**

Seguendo le tracce della metafisica del fine essenziale o proprio e visto il fine alla luce dalla stessa fenomenologia, osserviamo che il fine essenziale della legge occupa, possiede, tra tutti gli elementi costitutivi sopra elencati, il primato, la preminenza, la supremazia, l'egemonia nella causa dell'essere della legge. Tolto il fine, tolta la legge; tolto il fine dell'istituto giuridico, tolto l'istituto, pur se il legislatore impiega tempo a ritirare le scorie, i rottami della legge, che continua imperando senza ragion d'essere.

Così il fine essenziale o proprio è:

1) causa dell'attività del legislatore, perché l'agente, il legislatore, quanto fa, lo fa *propter finem*;

2) causa della materia, del contenuto e della forma della legge. Il fine proprio è quello che fa sì che la materia della legge sia tale materia e non altra,

che la forma sia tale forma e non un'altra, ed è quello che attua la proporzionalità tra la materia e la forma della legge.

Non solo è causa delle cause della legge, ma il modo e la misura del fine è inoltre causa del modo e della misura della materia e della forma della legge. Tale il modo e la forma del fine, tale la forma e il modo della materia e della forma della legge. Quindi il fine essenziale o proprio è l'archetipo, l'esemplare, il campione del resto della legge. Il resto della legge non si può capire al di fuori della *ratio legis*.

Come nella metafisica il fine essenziale o proprio possiede il primato nella causa dell'essere - è causa dell'attività della causa efficiente, materiale e formale, è la *causa causarum* -, così, nella legge, la *ratio legis*, il fine essenziale, proprio, è la *causa causarum* dell'essere della legge o dell'istituto giuridico.

Per provare che quanto diciamo non è una mera speculazione di Filosofia del Diritto, ma una realtà di fatto, prendiamo tre esempi tipici sui processi di nullità matrimoniale: a) In Clementinis *Saepe contingit*; b) nella Costituzione *Dei miseratione* di Benedetto XIV (fondamento e base del processo di nullità matrimoniale nel Codice del 1917); c) nel Motu Proprio di Paolo VI *Causas matrimoniales* (fondamento e base del processo di nullità matrimoniale nel Codice del 1983).

a) In *Clementinis*: gli scopi erano: «sine strepitu et figura iudicii procedi mandamus», e nello stesso tempo si dice: «... Non sic tamen iudex abbreviet, quin probationes necessariae et defensiones legitimae admittentur». Su questi cardini è impostata la forma processuale, quanto mai sommaria. «Talis finis legis, talis materia et forma legis». Non si può capire né spiegare la bellissima struttura processuale del *Saepe contingit* al di fuori del dualismo di questi due fini o capisaldi[3].

b) Nella *Dei miseratione* di Benedetto XIV: i fini costituiscono come si legge nella medesima: « ... ex infernalis hostis astutia, et hominum malitia,

---

[3] «Saepe contingit, quod causas committimus, et in earum aliquibus simpliciter et de plano, ac sine strepitu et figura iudicii procedi mandamus, de quorum significatione verborum a multis contenditur, et qualiter procedi debeat dubitatur. Nos autem, dubitationem huiusmodi (quantum nobis est possibile) decidere cupientes, hac in perpetuum valitura constitutione sancimus...» (*In Clem*. V, 11, 2).

abusus, [...] quibus et animarum saluti pernicies, et Sacramentis Ecclesiae iniuria infertur, radicitus evellere, et potestatis Nobis desuper traditae operam interponere, ut et humana cohibeatur temeritas, et veneranda Divinae Legis servetur auctoritas. [...] ad aures Apostolatus nostri pervenit, in quibusdam Ecclesiasticis Curiis inconsulta nimis iudicum facilitate infringi, et temere, atque inconsiderate de eorumdem matrimoniorum nullitate latis sententiis, potestatem coniugibus fieri transeundi ad alia vota. [...] §2. Huiusmodi autem abolendae pravitatis notitia diversis ex partibus Nobis delata est, atque etiam indicata sunt exempla nonnullorum virorum, qui post primam, et secundam, ac tertiam, quam duxerant, uxorem, ob nimiam iudicum praecipitantiam in nullitate matrimoniorum declaranda, adhuc illis primis uxoribus superstitibus, ad quartas contrahendas nuptias devenerant; et similiter foeminarum, quae post primum, secundum, et tertium maritum, quarto etiam, illis quoque viventibus, se iunxerant, non sine pusillorum scandalo, et bonorum omnium detestatione, qui sacra matrimonii vincula ita contemni, et temere perfringi dolebant. Nos autem, his intellectis, gravi affecti dolore, intimo animo ingemuimus, et non praetermisimus Apostolicae nostrae sollicitudinis partes in Domino adimplere»[4].

---

[4] «Dei miseratione, cuius iudicia incomprehensibilia sunt, et viae investigabiles, in suprema Ecclesiae specula immerentes constituti, ut super universum Dominicum gregem excubias sedulo agamus, ad commissum Pastoralis officii munus pertinere dignoscimus, subnascentes ex infernalis hostis astutia, et hominum malitia, abusus, quibus et animarum saluti pernicies, et Sacramentis Ecclesiae iniuria infertur, radicitus evellere, et potestatis Nobis desuper traditae operam interponere, ut et humana cohibeatur temeritas, et veneranda Divinae Legis servetur auctoritas.

§ 1. Siquidem matrimonii foedus a Deo institutum, quod, et quatenus naturae officium est, pro educandae prolis studio, aliisque matrimonii bonis servandis, perpetuum, et indissolubile esse convenit; et quatenus est Catholicae Ecclesiae Sacramentum, humana praesumptione dissolvi non posse, Salvator ipse ore suo pronuntiavit, dicens: *Quod Deus coniunxit, homo non separet*: ad aures Apostolatus nostri pervenit, in quibusdam Ecclesiasticis Curiis inconsulta nimis iudicum facilitate infringi, et temere, atque inconsiderate de eorumdem matrimoniorum nullitate latis sententiis, potestatem coniugibus fieri transeundi ad alia vota. Quos sane improvidos iudices humanae naturae conditione, et voce ipsa quodammodo admoneri oportebat, ne tam praecipiti audacia sanctum matrimonii nexum frangerent, quem perpetuum, atque indissolubilem primus humani generis Parens praemonuit, inquiens: *Hoc nunc os ex ossibus meis, et caro de carne mea*. Et illud additum est: *Quamobrem relinquet homo patrem suum, et matrem, et adhaerebit uxori suae, et erunt duo in carne una*.

§ 2. Huiusmodi autem abolendae pravitatis notitia diversis ex partibus Nobis

Questi fini, questi fondamenti, come si dice nel testo: «...ex infernalis hostis astutia, et hominum malitia, abusus. [...] qui post primam, et secundam, ac tertiam. [...] ad quartas contrahendas nuptias devenerant...» sono la *causa causarum* della materia e della forma di questa legislazione intrincata, complicata e non fiduciosa nei valori dell'uomo. Invece di partire dall'«homo praesumitur bonus donec contrarium probetur», si parte dal principio opposto. I singoli abusi si correggono singolarmente, non con una legge universale. Qui, come nel caso precedente, ma con risultati diversi, diciamo: «talis finis, talis materia et forma legis». Non si può capire né spiegare questa dura e rigida struttura processuale al di fuori di questi perni: *hominum malitia, abusus*. Purtroppo ha costituito la base principale dei processi di nullità matrimoniale nel Codice del 1917.

c) Nel Motu Proprio *Causas matrimoniales* di Paolo VI. I due fini costituiscono, come si legge nel documento: a) «firmitatem matrimonialis vinculi»; b) «expeditior fiat ipse matrimonialis processus [...] ne nimia iudiciorum matrimonialium diuturnitas plurium filiorum suorum spiritualem statum reddat graviorem». Sono le cause di questa bella, umana e cristiana struttura processuale, che sarà fondamento del processo di nullità matrimoniale nel Codice vigente[5].

---

delata est, atque etiam indicata sunt exempla nonnullorum virorum, qui post primam, et secundam, ac tertiam, quam duxerant, uxorem, ob nimiam iudicum praecipitantiam in nullitate matrimoniorum declaranda, adhuc illis primis uxoribus superstitibus, ad quartas contrahendas nuptias devenerant; et similiter foeminarum, quae post primum, secundum, et tertium maritum, quarto etiam, illis quoque viventibus, se iunxerant, non sine pusillorum scandalo, et bonorum omnium detestatione, qui sacra matrimonii vincula ita contemni, et temere perfringi dolebant. Nos autem, his intellectis, gravi affecti dolore, intimo animo ingemuimus, et non praetermisimus Apostolicae nostrae sollicitudinis partes in Domino adimplere. Siquidem primo Pontificatus Nostri Anno ad Episcopos illarum Partium, in quibus praedicta acciderant, plenissimis datis literis, graviter conquesti sumus de huiusmodi pravitate, quae in Ecclesia Dei tolerabatur, et ad eam abolendam eorum animos erigere, et pastoralem zelum accendere curavimus: quod etiam egimus cum aliis aliarum Regionum Episcopis ubi huiusmodi pravum dirimendorum matrimoniorum usum irrepsisse cognovimus» (BENEDICTUS XIV, Cost. *Dei miseratione*, 3 nov. 1741, in *Bull.*, t. 1, p. 81 ss.).

5 «Causas matrimoniales peculiari semper cura sancta Mater Ecclesia prosecuta est, quae quidem per eas sanctitatem germanamque naturam sacri vinculi matrimonii nititur

Tutte queste legislazioni, esemplificative della teoria finalistica proposta, una volta fissati i fini immediati, modellano la legislazione concreta, conformando, adattando, uniformando l'istituto legislativo al fine.

Lo studio che abbiamo fatto con i tre istituti accennati, possiamo farlo anche con altri, e le conclusioni saranno sempre le stesse: la causa finale propria è la regina, *causa causarum* della materia e della forma delle leggi e degli istituti giuridici. Visto il primato del fine essenziale nella causa dell'essere della legge, ci domandiamo: qual è il suo posto nell'ermeneutica della legge? Quale metodo dobbiamo seguire nell'ermeneutica, e con quale ordine? Quello materialista, cioè, per il contenuto della legge, prescindendo dal fine e dalla forma? Quello formalista, prescindendo dalla materia e dal fine? O l'uno e l'altro insieme, ma compresi e contemplati dalla cima della *ratio iuris*, del fine proprio e del resto dei fini; e con quale ordine?

---

tueri. Ecclesiasticorum enim iudicum ministerium aperte ostendit - etsi modo sibi proprio - pastoralem caritatem Ecclesiae, quae probe novit, quantopere in iudiciis matrimonialibus *animarum saluti consulatur*.

Cum autem huiusmodi causarum numerus temporibus nostris magis in dies augeatur, Ecclesia facere non potest, quin hac de re sit valde sollicita. Hic enim causarum auctus, quemadmodum ad Praelatos Auditores Tribunalis Sacrae Romanae Rotae diximus, "signum est peculiare imminuti sensus sacrae, quae legi inest naturae, qua ut in fundamento familia christiana innititur; signum inquietae perturbataeque vitae hodiernae; signum incertarum condicionum socialium et oeconomicarum, in quibus illa degitur, ideoque periculi, quod firmitati, vigori, felicitati instituti familiae impendere potest".

Mater Ecclesia fore quidem confidit, ut studium, a novissimo Oecumenico Concilio in matrimonii spirituali bono pastoralique cura illustrandis atque promovendis collocatum, fructus suos gignat, etiam quod ad firmitatem matrimonialis vinculi attinet; verumtamen ipsa vitare simul, opportunis statutis normis, exoptat, *ne nimia iudiciorum matrimonialium diuturnitas plurium filiorum suorum spiritualem statum reddat graviorem*.

Dum igitur plenior exspectatur processus matrimonialis reformatio, quam Commissio Nostra Codici Iuris Canonici recognoscendo parat, visum est Nobis quasdam *edere normas* de constitutione Tribunalium ecclesiasticorum deque processu iudiciario, *quibus expeditior fiat ipse matrimonialis processus*.

Firmis itaque manentibus reliquis normis canonicis circa processus, motu proprio et auctoritate Nostra Apostolica has, quae sequuntur, normas decernimus ac statuimus, a die I mensis Octobris anno MCMLXXI in omnibus Tribunalibus, etiam Apostolicis, fideliter servandas, donec novus Codex Iuris Canonici promulgetur» (*AAS* 63 [1971] 441-442).

4. **Primato del fine essenziale nell'ermeneutica della legge**

Per la prova della tesi dobbiamo ricorrere ai principi fondamentali di una sana metodologia gnoseologica, ermeneutica. Il principio filosofico è chiaro: il metodo della scienza deve adattarsi alla materia, il metodo dell'interpretazione deve adeguarsi al modo dell'essere. Così S. Tommaso: ...modus cuiusque scientiae debet inquiri secundum conditionem materiae»[6]; e altrove dice: ...modus debet esse congruus rei de qua est perscrutatio»[7]; e ancora: ...modus scientiae debet respondere materiae»[8]. E Francesco Bacone insegnava: «Methodus sit subiectae materiae, quae tractatur [...] Alio enim modo traduntur mathematica, quae sunt inter scientias maxime abstracta et simplicia, alio politica, quae maxime immersa est composita. Neque ut iam diximus methodus uniformis in materia multifomi commode se haberi non potest»[9].

Orbene, per quanto abbiamo detto, il fine essenziale, proprio, occupa il primato nella causa dell'essere della legge, in modo tale che possiamo dire che nella legge, in senso radicale, non sono prima né le parole né il contenuto, ma prima è la *ratio legis*; la forma della legge serve al fine, non il fine alle parole. Il fine è immerso nel corpo della legge, nelle parole della legge; il fine, *ab extrinseco*, informa il corpo della legge; il fine sta e trascende il corpo della legge, il fine essenziale è immerso e trascende il corpo della legge e la forma della legge. Così diceva il Panormitanus: «Sic enim se habet ratio ad verba legis, sicut anima dominatur corpori, ita ratio verbis»[10].

Quindi, tenendo presenti i principi dell'ermeneutica, per cui il *modus interpretandi* deve seguire al *modus essendi*, dobbiamo dire che il fine

---

[6] S. THOMAS, *In I. Sent.*, prol. a. 5 c.

[7] S. THOMAS, *In librum Boethii de Trinitate*, cap. 2, expositio litterae.

[8] S. THOMAS, *In librum Boethii de Trinitate*, cap. 2, q. 6, a. 1. q. 1ª. 3 arg. 2 sed contra.

[9] F. BACON, *De dignitate et augmentis scientiarum* [1623], lib. 5, cap. 4, Lugduni 1763, pp. 336-337.

[10] PANORMITANUS, *Commentarium Primae partis, in Primum Decretalium Librum*, vol. I., in tit. *De electione*, c. *Nihil*, 9.

essenziale deve costituire anche il primo elemento nell'ermeneutica della legge, per essere *primus* nell'essere. La materia della legge è per il fine, quindi non la si può capire nella sua integrità senza il rapporto al fine; la forma della legge è per il fine, quindi, allo stesso modo, non la si può capire nella sua totalità prescindendo dal fine. Senza i propri fini non si possono capire, v. g., né il processo matrimoniale delle Clementine[11] [vd. Appendice, *], né la *Dei miseratione* di Benedetto XIV [vd. Appendice, **], né il motu proprio *Causas matrimoniales* di Paolo VI [vd. Appendice, ***]. Sono strutture processuali proporzionate e commisurate al loro fine proprio, immediato.

---

11 «... ut iudex, cui taliter causam committimus, necessario libellum non exigat, litis contestationem non postulet, tempore etiam feriarum, ob necessitates hominum indultarum a iure, procedere valeat, amputet dilationum materiam, litem, quantum poterit, faciat breviorem, exceptiones, appellationes dilatorias et frustratorias repellendo, partium, advocatorum et procuratorum contentiones et iurgia, testiumque superfluam multitudinem refrenando. Non sic tamen iudex litem abbreviet, quin probationes necessariae et defensiones legitimae admittantur. Citationem vero ac praestationem iuramenti de calumnia vel malitia, sive de veritate dicenda, ne veritas occultetur, per commissionem huiusmodi intelligimus non excludi. Verum quia iuxta petitionis formam pronunciatio sequi debet: pro parte agentis, et etiam rei, si quid petere voluerit, est in ipso litis exordio petitio facienda sive in scriptis sive verbo, actis tamen continuo (ut, super quibus positiones et articuli formari debeant, possit haberi plenior certitudo, et ut fiat diffinitio clarior) inserenda. Et quia positiones ad faciliorem expeditionem litium propter partium confessiones, et articulos ob clariorem probationem usus longaevus in causis admisit: nos, usum huiusmodi observari volentes, statuimus, ut iudex, sic deputatus a nobis (nisi aliud de partium voluntate procedat) ad dandum simul utrosque terminum dare possit, et ad exhibendum omnia acta et munimenta, quibus partes uti volunt in causa, post dationem articulorum diem certam, quandocunque sibi videbitur, valeat assignare, eo salvo, quod, ubi remissionem fieri contingeret, pro testibus producendis possint etiam instrumenta produci, assignatione huiusmodi non obstante. Interrogabit etiam partes sive ad earum instantiam, sive ex officio, ubicunque hoc aequitas suadebit. Sententiam vero diffinitivam (citatis ad id, licet non peremptorio, partibus) in scriptis, et, prout magis sibi placuerit, stans vel sedens proferat, etiam (si ei videbitur) conclusione non facta, prout ex petitione et probatione et aliis activitatis in causa faciendum. Quae omnia etiam in illis casibus, in quibus per aliam constitutionem nostram vel alias procedi potest simpliciter et de plano ac sine strepitu et figura iudicii volumus observari. Si tamen in praemissis casibus solennis ordo iudiciarius in toto vel in parte non contradicentibus partibus observetur: non erit processus propter hoc irritus, nec etiam irritandus. Data Avinion. XIII. Kal. Decembr. Pont. nostri a. II.» In Clem. c. 2. (*Saepe contingit*) V, 9.

La *ratio legis* costituisce, diremmo così, il baricentro, il luogo di incontro della materia e della forma della legge. Possiamo dire che la *ratio legis* penetra nelle due sponde della legge: nella materia e nella forma.

Concludiamo che non è possibile una retta interpretazione della legge e degli istituti giuridici lasciandone ai margini il fine essenziale o proprio. Questo non è marginale *in causando*, quindi non può esserlo neppure *in cognoscendo*. A tale proposito, ripetiamo l'espressione lapidaria del Panormitanus: «Sic enim se habet ratio ad verba legis, sicut anima dominatur corpori, ita ratio verbis»[12].

Visto il posto del fine essenziale e il modo di causalità nelle parole e nella materia della legge, ci domandiamo: qual è la gerarchia e l'ordine delle cause finali nell'ermeneutica della legge e degli istituti giuridici?

5. Gerarchia e ordine delle cause finali nell'ermeneutica della legge e degli istituti giuridici

Nella metafisica del fine dobbiamo distinguere:

a) il *finis purus* o *non finitus* da un altro fine superiore; v. g., nel campo del diritto canonico, la *salus animarum*. È ultimo e non è limitato da nessun altro fine.

b) Il fine mediato (uno o più), collocato, cioè, tra il fine ultimo e quello immediato o proprio. Non è *finis purus*, ma risulta *finitus* dal *finis ultimus*, e nello stesso tempo *finiens* rispetto al fine immediato o prossimo.

c) *Finis proximus*, immediato, *proprius* (che fa parte delle quattro cause dell'essere). Questo, senza essere trasmutato, snaturato, è *finitus*, adattato prima dal fine mediato e poi dal fine ultimo, conservando però la sua natura di fine proprio o immediato o prossimo.

Anche nel campo della legge dobbiamo distinguere:

---

[12] Cfr. *Supra*, nota 10.

a) il fine proprio, immediato (che fa parte di una delle quattro cause della legge): è il primo, il capolista, che specifica e determina e limita la materia e la forma della legge; è il fine essenziale proprio della legge;

b) la causa mediata;

c) la causa ultima.

V. g., nel motu proprio *Causas matrimoniales*, cui abbiamo già accennato, l'«*expeditior ... processus*» e la «*firmitas matrimonialis vinculi*» sono la causa propria e immediata che fa parte, come causa estrinseca, dell'essere dell'istituto. La causa mediata è la salvaguardia dell'istituto matrimoniale, che fa parte mediata, come causa estrinseca mediata, dell'essere dell'istituto; la causa ultima è la «*salus animarum*», che fa parte, come causa estrinseca ultima, dell'essere della legge. La causa mediata e la causa ultima fanno salve sempre le quattro cause dell'essere della legge, quindi anche la causa essenziale o propria dell'istituto.

Applicando dunque in forma sintetica la teoria alla nostra questione, diciamo che:

1) la causa finale propria e immediata (una delle quattro cause, una estrinseca, dell'essere) è quella che taglia, sega, falcia, rispettandone la natura, la materia e la forma della legge e dell'istituto giuridico (v. g., nel Motu Proprio *Causas matrimoniales*: l'«*expeditior... processus*», la «*firmitas vinculi*»).

2) La causa mediata taglia il fine essenziale o proprio e la natura della cosa, ma mediatamente rispettandone la natura (v. g., nel M. P. *Causas matrimoniales*: la salvaguardia dell'istituto matrimoniale).

3) La causa ultima: la «*salus animarum*», adatta la materia e la forma, il fine proprio e i fini mediati alla «*salus animarum*», ma salvando la natura e il fine proprio, immediato e mediato della legge.

Non si può fare né la *koinonia* né la salvezza delle anime senza salvare la natura delle cose. L'una e l'altra devono bensì partire dalla natura delle cose; come nella morale, non si può fare la carità senza salvare prima la giustizia, il *iustum*: prima la giustizia, il *iustum* e poi la carità. Anche nell'ordine giuridico, prima la natura delle cose, il fine proprio delle cose, e poi, per semplice adattamento alla natura, la *koinonia* e la salvezza delle anime.

L'ermeneutica della materia e della forma della legge e degli istituti giuridici risulta inintelligibile, in una linea retta ed ortodossa, al di fuori della prospettiva dei fini, con il loro rispettivo ordine.

Tutti influiscono *causando*, ma quella che più influisce immediatamente nell'essere del contenuto della legge e dell'istituto giuridico è la causa finale propria. Le altre influiscono anch'esse *causando*, ma mediatamente e ultimamente, per via di adattamento.

Richiamandoci alla frase di Dante: «Non ragioniam di lor, ma guarda e passa» (*Inf.* III, 51), noi diciamo invece: ragioniamo della *ratio legis*, e guarda e non passare alla «retorica della legge» senz'aver considerato la *ratio legis*.

6. **Andatura circolare ascendente-discendente ermeneutica**

Partendo dal principio metafisico per cui *finis est ultimus in exsecutione*, nell'ordine della realizzazione, produzione, creazione non si comincia mai dal fine: il fine viene all'ultimo posto, come effetto della materia e della forma. Così avviene anche nell'ermeneutica.

1. Fase ascendente.

a) Prima dobbiamo cominciare con la parte più sensibile, rilevante, notevole, evidente della legge - le parole, la forma -, e farne l'ermeneutica, sviscerarla.

b) Fatta l'operazione parziale, si passa all'analitica dell'idea o dei contenuti del diritto. Questa operazione è quasi sincronica, simultanea alla prima.

c) Occorre poi passare, elevarsi allo studio del fine essenziale, ovvero l'anima, la psiche, lo spirito, la *ratio* della forma e della materia della legge. E dopo tale studio, bisogna sincronicamente coordinare, conformare, riadattare la materia e la forma al fine, in modo che vi sia proporzionalità della causa con la *causa causarum*, perché tanto la materia come la forma dicono una relazione trascendentale al fine. Come il corpo senza l'anima è cadavere, così è per la materia e la forma della legge senza la loro psiche, ossia senza il fine.

d) Poi si deve passare ai fini superiori. Esistono in tutti i sistemi giuridici, sono i grandi scopi dei sistemi giuridici, fini inferiori al fine ultimo. Con questi, una volta studiati, si devono armonizzare anche la materia, la forma e il fine essenziale, senza distruzione della natura; e lo stesso va fatto anche con i fini superiori intermedi. Ma non possono distruggere il fine essenziale: v. g. se il fine essenziale della pena giuridica è la restaurazione della giustizia, questi non possono distruggere, ma devono salvare, e rispettano, elevano a un ordine superiore, tanto il fine come la materia e la forma della legge.

e) Finalmente si affronta lo studio del fine ultimo. In ogni sistema giuridico, oltre ai fini intermedi, che sono fini finiti, esiste un *finis purus, finis non finitus*. Come per i fini intermedi, senza distruggere la natura delle cose, bisogna accordare tutto al fine ultimo, che è la *salus animarum*. Ma sempre, senza cadere nell'aporia di confondere il fine essenziale con la *salus animarum*, che è il fine ultimo e che deve agire sempre rispettando la natura del fine essenziale, la materia e la forma come i fini intermedi.

2. Fase discendente.

Conclusa la via ascendente e fatta un'ermeneutica della materia e della forma e del fine essenziale, intermedio ed ultimo, in perfetto equilibrio ed armonia, la mente umana deve intraprendere la via discendente, partendo dal fine essenziale e dai fini intermedi e passando all'idea o contenuto di diritto e finalmente alla forma o parola della legge, conformando le parole e i contenuti ai fini essenziale, intermedio e ultimo, e vedere come il *motus* ascendente e discendente arrivano allo stesso traguardo, a un'ermeneutica giusta, reale della legge. Così la nostra conoscenza di essa sarà perfetta, integra e realistica. Queste vie non si oppongono, anzi si completano e si integrano. La vera, perenne, realistica filosofia del diritto deve essere elaborata, dunque, secondo queste vie. Si veda v. g. il Motu Proprio *Causas matrimoniales*. Guardando il fine si spiega il corpo; guardando il corpo si spiega perfettamente il fine essenziale; partendo dal fine e discendendo al corpo si spiega perfettamente il corpo.

Che cosa avviene se nell'analisi ascendente come in quella discendente risulta che l'*exemplatio materiae et formae* non è *adaequatio* all'esemplarità del fine essenziale, intermedio o ultimo, e che le parole e il contenuto della legge non sono proporzionati al fine essenziale, alla *ratio legis*?

7. Adeguazione dei diversi sensi propri e dell'idea o contenuto della legge al fine essenziale

Per la soluzione del caso, dobbiamo ricorrere ai principi fondamentali della filosofia del linguaggio. Secondo questa, le parole sono le case delle idee e sono plurivalenti e analoghe, non univoche quanto al loro significato. Entro il senso proprio hanno sensi amplissimi, ampi e stretti, e quindi si possono prendere, leggere in senso latissimo, lato o stretto. Ciò premesso, per la soluzione della problematica proposta, diciamo che si devono cogliere tanto le parole come l'idea della legge, il diritto o contenuto della legge in proporzione con l'esemplare. Allo stesso modo che in metafisica l'esemplato deve conformarsi al prototipo, all'esemplare; così le parole della legge e il suo contenuto devono adeguarsi al fine essenziale; quindi si deve prendere il senso delle parole e il contenuto della legge che sia più adeguato al fine essenziale, ai fini superiori e al fine ultimo. Pur ammettendo che, come si insegna nella metafisica, l'esemplare è sempre più perfetto dell'esemplato, e che anche il fine e i fini saranno più perfetti della materia e forma della legge - ciò nonostante dobbiamo cercare l'interpretazione più vicina all'esemplare dei fini, prendendo il significato e il contenuto più vicini al fine essenziale.

Seguendo i principi della proporzionalità tra il fine essenziale e la materia e forma della legge, che dire delle interpretazioni che non armonizzano i fini intermedi e il fine ultimo, o che prescindono dal considerare il fine essenziale, come se questo non ci fosse? Che dire della dottrina come della giurisprudenza fatta al margine del fine, della psiche della legge, della *ratio iuris*; delle interpretazioni formaliste e materialiste, fatte senza il finalismo, senza tener conto della teleologia della legge? Diciamo, in conformità con i principi stabiliti, che simili interpretazioni della materia e forma della legge, senza il fine, come se il fine non ci fosse, risultano fuorvianti. E nella canonistica dominano interpretazioni materialiste o formaliste che non tengono conto del fine essenziale o della *ratio iuris*.

Soluzione di un'aporia

Esaminando la nuova legislazione, una verità risulta indiscussa e palese: la pastoralità del Codice. È la traduzione in chiave moderna della *salus animarum* della vecchia legge, il sangue - diremmo - che scorre ovunque nel sistema circolatorio di tutto il corpo del nuovo Codice.

Spesso vi si fa esplicito riferimento. Dove non viene espressamente dichiarata, si trova alla base, implicitamente, come una bussola, dirigendo tutta la legislazione, che riceve così una nota eminentemente ecclesiale.

Ma non è esatto dire, ad esempio, che il matrimonio deve essere la *salus animarum*, senza salvare prima il suo essere e il suo fine essenziale, proprio; o che la pena giuridica deve essere la *salus animarum*, senza salvare prima il suo essere e il suo fine essenziale, proprio; e così via.

Quindi il principio della metafisica per cui «finis est causa causarum», «causa causae materialis et formalis et etiam causa causae efficientis» è quello proprio dell'essere. E la causa soteriologica o finale limita, specifica, determina (*finit*) le cause materiale, formale e finale proprie e mediate, non per via di trasmutazione, correzione, snaturamento (della materia, della forma, del fine essenziale, proprio, e dei fini mediati), ma per via di adattamento e di coordinazione, senza traumatismi nell'essere della materia e della forma, nel fine proprio e nei fini mediati della legge e degli istituti giuridici. Come la carità è «forma aliarum virtutum, non quidem exemplariter neque essentialiter, sed magis effective et finaliter», così è la *salus animarum* riguardo alle cause dell'essere della legge e degli istituti giuridici. Come la carità «non est forma propria et specifica qua unaquaque virtus est talis virtus, sed forma quaedam communis qua omnis virtus a caritate forma est meritoriae vitae aeternae», così la *salus animarum* non è il fine specifico degli istituti giuridici, delle leggi, ma un fine comune che informa «a termino», «per modum termini» tutte le leggi e gli istituti giuridici canonici con i suoi fini specifici e mediati. È qui che si radica la personalità tutta specifica e soteriologica del Diritto Canonico in rapporto con i Codici Civili.

Per concludere, devo sottolineare - in occasione del primo Centenario della nostra Facoltà - che la prospettiva dello studio della materia e della forma della legge e degli istituti giuridici alla luce della *ratio legis* e con l'ordine dei fini descritti, è stato il carattere distintivo di questa Facoltà, domenicana e tomista.

Nota conclusiva

Tenendo presenti le numerose domande poste al termine della lettura di questa relazione, in merito ad una dialettica tra la «ratio legis philosophica» e la «ratio legis theologica» nel Diritto Canonico, diciamo che non esiste tale opposizione. L'una, la *ratio* filosofica, è bensì subordinata all'altra, alla *ratio* teologica; ma non si distruggono a vicenda. Vi è fra esse una coordinazione ed articolazione profonda: «gratia non destruit naturam, sed elevat». Per mostrare la «ratio legis theologica» del Diritto Canonico, ci permettiamo di rinviare ad un nostro intervento al Simposio Internazionale tenutosi in Vaticano, presso il «Pontificium Consilium de Legum Textibus interpretandis», dal 19 al 24 aprile 1993. In quella occasione parlammo direttamente del ruolo della legge nel mistero della Chiesa e nella sua missione fondamentale, e quindi nell'ermeneutica[13]. La presente relazione presuppone quella, con la differenza che ognuna ha il suo proprio scopo: l'una illustra la *ratio* filosofica e l'altra la *ratio* teologica, senza contraddizione fra loro.

---

[13] Cfr. B. GANGOITI, *Fondamento teologico e missione del diritto nella Chiesa*, in *Ius in vita et in missione Ecclesiae*, Acta Symposii Internationalis Iuris Canonici occurrente X anniversario promulgationis Codicis Iuris Canonici, diebus 19-24 Aprilis 1993 in Civitate Vaticana celebrati, Città del Vaticano 1994, pp. 58-73.

APPENDICI

[*] Determinat et declarat, quid significent haec verba inserta in iudicialibus commissionibus, quae fiunt a principe vel a iure, scilicet: quod procedatur simpliciter et de plano, et sine strepitu et figura iudicii. IONN. ANDR.

Idem [Clemens V.]

"Saepe contingit, quod causas committimus, et in earum aliquibus simpliciter et de plano, ac sine strepitu et figura iudicii procedi mandamus, de quorum significatione verborum a multis contenditur, et qualiter procedi debeat dubitatur. Nos autem, dubitationem huiusmodi, (quantum nobis est possibile,) decidere cupientes, hac in perpetuum valitura constitutione sancimus, ut iudex, cui taliter causam committimus, necessario libellum non exigat, litis contestationem non postulet, tempore etiam feriarum, ob necessitates hominum indultarum a iure, procedere valeat, amputet dilationum materiam, litem, quantum poterit, faciat breviorem, exceptiones, appellationes dilatorias et frustratorias repellendo, partium, advocatorum et procuratorum contentiones et iurgia, testiumque superfluam multitudinem refrenando. Non sic tamen iudex litem abbreviet, quin probationes necessaeiae et defensiones legitimae admittantur. Citationem vero ac praestationem iuramenti de calumnia vel malitia, sive de veritate dicenda, ne veritas occultetur, per commissionem huiusmodi intelligimus non excludi. Verum quia iuxta petitionis formam pronunciatio sequi debet: pro parte agentis, et etiam rei, si quid petere voluerit, est in ipso litis exordio petitio facienda sive in scriptis sive verbo, actis tamen continuo, (ut, super quibus positiones et articuli formari debeant, possit haberi plenior certitudo, et ut fiat diffinitio clarior,) inserenda. Et quia positiones ad faciliorem expeditionem litium propter partium confessiones, et articulos ob clariorem probationem usus longaevus in causis admisit: nos, usum huiusmodi observari volentes, statuimus, ut iudex, sic deputatus a nobis, (nisi aliud de partium voluntate procedat,) ad dandum simul utrosque terminum dare possit, et ad exhibendum omnia acta et munimenta, quibus partes uti volunt in causa, post dationem articulorum diem certam, quandocunque sibi videbitur, valeat assignare, eo salvo, quod, ubi remissionem fieri contingeret, pro testibus producendis possint etiam instrumenta produci, assignatione huiusmodi non obstante. Interrogabit etiam partes sive ad earum instantiam, sive ex officio, ubicunque hoc aequitas suadebit. Sententiam vero diffinitivam, (citatis ad id, licet non peremptorio, partibus,) in scriptis, et, prout magis sibi placuerit, stans vel sedens proferat, etiam (si ei videbitur) conclusione non facta, prout ex petitione et probatione et aliis actitatis in causa faciendum.

Quae omnia etiam in illis casibus, in quibus per aliam constitutionem nostram vel alias procedi potest simpliciter et de plano ac sine strepitu et figura iudicii volumus observari. Si tamen in praemissis casibus solennis ordo iudiciarius in toto vel in parte non contradicentibus partibus observetur: non erit processus propter hoc irritus, nec etiam irritandus. Data Avinion. XIII. Kal. Decembr. Pont. nostri Ao. II" **Clem. V, 11, 2**.

[**] BENEDICTUS XIV, Const. *Dei miseratione* (3 Nov. 1741):

§ 4. Quod autem ad iudices pertinet, quibus extra Romanam Curiam pro litigantium commodo causae matrimoniales committuntur, paterna illa vigilantia, qua de iustitia unicuique integre sapienterque administranda solliciti esse debemus, encyclicis Literis ad Venerabiles Fratres Patriarchas, Primates, Archiepiscopos, et Episcopos scriptis vicesima sexta Augusti anno secundo Pontificatus Nostri, providere curavimus, in quibus ea praescripsimus, quae Sacris Canonibus, et Concilii Tridentini decretis consona, si diligenter, ut speramus, serventur, in posterum causae non nisi personis congrua iuris peritia, et necessario probitatis, spectataeque fidei munitis praesidio committentur. Insuper ad ea, quae in iisdem encyclicis literis constituta sunt, id etiam in praesenti adiungimus: quod, quamvis Concilii Tridentini Decretum, quo causae matrimoniales subtractae fuerunt Decani, Archidiaconi, et aliorum inferiorum iudicio, et Episcoporum tantum examini, et iurisdictioni reservatae, dumtaxat procedat de Archidiaconis, Decanis, aliisque inferioribus, qui in eadem Dioecesi constituti, vel privilegio aliquo, vel praescriptione, saltem in visitatione, causarum matrimonialium cognitionem sibi adrogabant; ac idcirco minime obstet commissionibus, quae, pro iisdem causis matrimonialibus definiendis, a Sede Apostolica alicui eorum in secunda istantia fierent: nihilominus praecipimus, ac mandamus iis, ad quos, huiusmodi Commissionum, seu Delegationum expediendarum cura pertinet, ut in futurum causarum matrimonialium cognitionem non committant nisi Episcopis, praesertim vicinioribus, vel si nullus sit Episcopus, cui ex legitima causa commode committi possit, tum commissio, et delegatio dirigatur uni ex iis, qui, secundum ordinem, et modum a Nobis in praefatis encyclicis Literis praescriptum, pro iudice idoneo ab Episcopo cum consilio sui Capituli nominatus fuerit.

§ 5. Quod vero ad ordinem, et seriem iudiciorum in causis matrimonialibus pro debita, et congrua earum terminatione, servandum spectat motu proprio, certa scientia, ac matura deliberatione Nostris, deque Apostolicae potestatis plenitudine hac Nostra in perpetuum valitura sanctione constituimus, decernimus, ac iubemus, ut ab omnibus, et singulis locorum Ordinariis in suis respective Dioecesibus persona aliqua idonea eligatur, et si fieri potest ex Ecclesiastico coetu, iuris scientia pariter, et vitae probitate praedita, quae Matrimoniorum Defensor nominabitur cum facultate tamen eam suspendendi, vel removendi, si iusta causa adfuerit, et substituendi aliam aeque idoneam, et iisdem qualitatibus ornatam; quod etiam fieri poterit, quotiescumque persona ad matrimoniorum defensionem destinata, cum se occasio agendi obtulerit, erit legitime impedita.

§ 6. Ad officium autem Defensoris Matrimoniorum huiusmodi, ut supra electi, spectabit, in iudicium venire, quotiescumque contigerit, matrimoniales causas super validitate, vel nullitate coram legitimo iudice disceptari, eumque oportebit in quolibet actu iudiciali citari, adesse examini testium, voce et scriptis Matrimonii validitatem tueri, eaque omnia deducere, quae ad Matrimonium sustinendum necessaria censebit.

§ 7. Et demum Defensoris huiusmodi persona, tanquam Pars necessaria, ad iudicii validitatem, et integritatem censeatur, semperque adsit in iudicio sive unus ex Coniugibus, qui pro nullitate Matrimonii agit, sive ambo, quorum alter pro nullitate, alter vero pro validitate in iudicium veniant. Defensor autem, cum ei munus huiusmodi committetur, iuramentum praestabit fideliter officium suum obeundi, et quotiescumque contigerit, ut in iudicio adesse debeat pro alicuius matrimonii validitate tuenda, rursus idem iuramentum praebebit: quaecumque vero, eo non legitime citato aut intimato, in iudicio peracta fuerint, nulla, irrita, causa declaramus, ac pro nullis, cassis, ac irritis haberi volumus, perinde, ac si citata, et intimata non esset ea pars, cuius citari intererat, et quam, iuxta legum, et canonum praescripta, ad legitimam iudicii validitatem, citari, aut intimari omnino necessarium erat.

§ 8. Cum igitur coram Ordinario, ad quem causas huiusmodi cognoscere pertinet, controversia aliqua proponetur, in qua de matrimonii validitate dubitabitur, et existentibus in iudicio, vel uno ex coniugibus, qui pro nullitate matrimonii, vel ambobus, quorum alter pro validitate, alter vero pro nullitate actionem intendat, Defensor Matrimonii partes omnes officii sui diligenter adimpleat. Itaque si a iudice pro Matrimonii validitate iudicabitur, et nullus sit, qui appellet, ipse etiam ab appellatione se abstineat; idque etiam servetur, si a iudice secundae instantiae pro validitate Matrimonii fuerit iudicatum, postquam iudex primae instantiae de illius nullitate sententiam pronunciaverat; sin autem contra matrimonii validitatem sententia feratur, Defensor inter legitima tempora appellabit adhaerens parti, quae pro validitate agebat; cum autem in iudicio nemo unus sit, qui pro matrimonii validitate negotium insistat, vel si adsit, lata contra eum sententia, iudicium deseruerit, ipse ex officio ad superiorem iudicem provocabit.

§ 9. Appellatione a prima sententia pendente, vel etiam nulla, ob malitiam, vel oscitantiam, vel collusionem Defensoris, et partium, interposita, si ambo, vel unus ex coniugibus novas nuptias celebrare ausus fuerit, volumus, ac decernimus, ut non solum serventur, quae adversus eos, qui matrimonium contra interdictum Ecclesiae contrahunt, statuta sunt, praesertim, ut invicem a cohabitatione separentur, quoadusque altera sententia super nullitate emanaverit, a qua intra decem dies non sit appellatum, vel appellatio interposita deserta deinde fuerit; sed ulterius ut contrahens, vel contrahentes matrimonium huiusmodi, omnibus poenis contra polygamos a Sacris Canonibus, et Constitutionibus Apostolicis constitutis, omnino subiaceant, quas in eos, quatenus opus sit, motu, scientia, ac potestate simili rursus statuimus, decernimus, ac renovamus.

§ 10. Posteaquam vero, appellationis beneficio, ad alterum iudicem causa in secunda instantia delata fuerit, omnia, et singula quaecumque coram iudice in prima instantia servanda praefinita fuerunt, etiam coram altero in secunda exacte, ac diligentur custodientur, citato in quolibet iudicii actu Defensore matrimonii, qui voce, et scripto matrimonii validitatem strenue, ac pro viribus tuebitur. Et si iudex in secunda instantia fuit Metropolitanus, aut Sedis Apostolicae Nuncius, aut Episcopus vicinior, Matrimonii Defensor sit, qui ab ipsis fuerit deputatus, quemadmodun ipsis deputare mandamus, ut quae a Nobis superius constituta sunt, peragere possit; si autem iudex in secunda instantia erit iudex Commissarius, cui a Sede Apostolica causae cognitio demandata sit, et qui Tribunal, et iurisdictionem ordinariam non habeat, et propterea careat Defensore Matrimonii, volumus, ut illo Defensore Matrimonii utatur, qui constitutus fuerit ab Ordinario, in cuius Dioecesi causam cognoscet, etiam si idem Ordinarius sit, qui primam sententiam in eadem causa pronunciaverit.

§ 11. Instructo autem in hunc modum iudicio, si secunda sententia alteri conformis fuerit, hoc est, si in secunda, aeque ac in prima, nullum, ac irritum matrimonium iudicatum fuerit, et ab ea pars, vel Defensor pro sua conscientia non crediderit appellandum, vel appellationem interpositam prosequendam minime censuerit: in potestate, et arbitrio coniugum sit novas nuptias contrahere; dummodo alicui eorum, ob aliquod impedimentum, vel legitimam causam id vetitum non sit. Potestas tamen post alteram sententiam conformem, ut supra, coniugibus facta intelligatur, et locum habeat, salvo semper, et firmo remanente iure, seu privilegio causarum matrimonialium, quae ob cuiuscumque temporis lapsum nunquam transeunt in rem iudicatam; sed si nova res, quae non deducta vel ignorata fuerit, detegatur, resumi possunt, et rursus in iudicialem controversiam revocari. Quod si a secunda sententia super nullitate, vel altera pars appellaverit, vel huiusmodi sit, ut ei, salva conscientia, Defensor Matrimonii acquiescendum non putet, vel quia sibi videtur manifeste iniusta, vel invalida, vel quia fuerit lata in tertia instantia, et sit revocatoria alterius praecedentis super validitate in secunda instantia emanatae, volumus, ut, firma remanente utrique coniugi prohibitione ad alias transeundi nuptias, quas si contrahere ausi fuerint, poenis, ut praefertur, a Nobis constitutis subesse decernimus, causa in tertia, vel quarta instantia cognoscatur, servatis diligenter omnibus, quae a Nobis in prima, et secunda instantia demandata fuerunt, nempe, in quolibet iudiciali actu, citato, et audito Defensore matrimonii, qui a iudice tertiae instantiae deputatus fuerit.

§ 12. Defensor autem Matrimonii, quem ad munus suum gratis obeundum pro amore Dei, et proximi utilitate, et Ecclesiae reverentia, in Domino exhortamur, si operam suam sine mercede, aut salario, aliqua ex causa exhibere recusaverit, ab ipsius Causae iudice ei constituatur, et ab ea Parte, quae pro validitate Matrimonii agit, si ipsi facultas sit, solvatur; sin minus, a iudice primae, vel secundae, vel tertiae instantiae respective subministrabitur, qui pecunias ex mulctis suorum Tribunalium redactas, vel redigendas, et in opera pia erogandas, in huiusmodi sumptus insumere poterunt. Cum vero iudices causae erunt iudices Commissarii, qui neque forum habent, et consequenter neque pecuniam ex mulctis collectam, volumus, ac mandamus, ut Defensori Matrimonii satisfiat ex pecunia mulctarum illius Episcopi, in cuius Dioecesi iudex Commissarius, iuxta Sedis Apostolicae mandatum, iudicium exercebit.

§ 13. Hactenus quidem quoad Causas Matrimoniales, quae extra Romanam Curiam pertractantur. Quoad Causas vero, quae Romae disceptandae sunt, cum earum cognitio in prima instantia ad S. R. E. Cardinalem in praefata Urbe, eiusque Suburbiis, et Districtu Vicarium nostrum in Spiritualibus pro tempore spectet; mandamus, ac iubemus, ut omnia, et singula, quae in aliis causis extra Romanam Curiam pertractandis praescripta fuerunt, nempe ut iudicium peragatur, citato, et audito Defensore Matrimonii ab eodem Cardinali Vicario deputato, aliaque, ut supra, omnino serventur.

Tum etiam in aliis causis, quae in prima instantia, ex consensu partium, vel in secunda, per appellationem ad Sedem Apostolicam, omisso medio, interpositam, vel in tertia, Romam deferuntur; quae omnes iudicari volumus, vel in Congregatione S. R. E. Cardinalium super interpretatione, et executione Concilii Tridentini, vel in causarum Palatii nostri Auditorio, dummodo Nobis, et Romano Pontifici pro tempore iustis ex causis non videatur particularis

Congregatio S. R. E. Cardinalium, vel Romanae Curiae Praelatorum deputanda. Cum autem causa super matrimonii nullitate agitabitur in dicta Congregatione S. R. E. Cardinalium Concilii Tridentini Interpretum, Defensor Matrimonii a Cardinali Praefecto eiusdem Congregationis, si vero in Palatii nostri Auditorio, ab Auditore Decano Praefati Tribunalis, si demum in Congregatione particulari, a Persona eiusdem Congregationis digniore deputetur.

§ 14. Unica quidem resolutio pro nullitate Matrimonii emanata, si causa in Congregatione Cardinalium Concilii Tridentini Interpretum, vel in Congregatione particulari deputata cognoscatur, et similiter in Palatii nostri Auditorio, unica Sententia super eadem nullitate pronunciata minime sufficiat ad tribuendam liberam coniugibus facultatem novas nuptias contrahendi. Sed, si causa in praefata Congregatione Cardinalium Tridentini Concilii Interpretum introducta fuerit, rursus in eadem, ad Defensoris Matrimonii instantiam, reproponatur; si vero Congregationi particulari commissa fuerit, ad petitionem eiusdem Defensoris, altera etiam particularis Congregatio deputabitur; si vero in Palatii nostri Auditorio iudicata sit, a praefato Defensore appellatione interposita, ab aliis Auditoribus iuxta ordinem in gyrum, seu turnum definiatur. Si autem causa universo Tribunali commissa fuerit, ab omnibus Auditoribus rursus examinabitar: nolentes omnino, ut ullo in casu matrimonii vinculum dissolutum censeatur, nisi duo iudicata, vel resolutiones, aut sententiae penitus similes, et conformes, a quibus neque pars, neque Defensor Matrimonii crediderit appellandum, emanaverint. Quod si secus factum fuerit, et novum initum matrimonium, nostrae voluntatis huiusmodi transgressores poenis a Nobis, ut supra, statutis submittantur.

§ 15. Et quoniam saepe apud Sedem Apostolicam preces porrigi solent pro dispensatione matrimonii rati, et non consummati, quae ut plurimum pro voto consultivo ad Congregationem S. R. E. Cardinalium Concilii Interpretum, vel nonnunquam ad aliquam Congregationem particularem deputatam, a Romanis Pontificibus pro tempore remitti solent; ut huiusmodi instantiae ordine, ac rite procedant, volumus, ac mandamus, ut supplex libellus Nobis, vel Romano Pontifici pro tempore exhibeatur, in quo plena, et accurata totius facti species contineatur, causaeque omnes in eo exprimantur, quae ad obtinendam petitam dispensationem conducere posse a supplicante censentur, ut Romanus Pontifex, eo lecto, et mature considerato, secum deliberare possit, an petitionem reiiciat, vel eius examen alicui ex dictis Congregationibus committat; a qua posteaquam suum votum consultivum editum fuerit, a Secretario eiusdem Congregationis totius negotii series exacte Romano Pontifici pro tempore referatur, qui pro sua prudentia iudicabit, an Congregationis Resolutio sit approbanda vel potius totius causae examen alteri Congregationi vel Tribunali, prout eidem Pontifici videbitur, rursus committendum (BENED. XIV, *Bull.*, tom. 1, pp. 81-86; P. GASPARRI, *Codicis Iuris Canonici Fontes*, vol. I, Romae 1923, n. 318, pp. 696- 701).

[***] (Strutture processuali proporzionali al fine)

PAULUS VI, Motu Proprio *Causas matrimoniales*:

DE FORO COMPETENTI

I. Causae matrimoniales baptizatorum iure proprio ad iudicem ecclesiasticum spectant.

II. Causae de effectibus matrimonii mere civilibus pertinent ad civilem magistratum, nisi ius particulare statuat easdem causas, si incidenter et accessorie agantur, posse a iudice ecclesiastico cognosci ac definiri.

III. Omnes causas matrimoniales, ad eos spectantes, de quibus in C.I.C., can. 1557, 1, n. 1°, illa Congregatio vel Tribunal aut specialis Commissio exclusive cognoscit, cui eas Summus Pontifex in singulis casibus commiserit.

IV. § 1. In ceteris causis nullitatis matrimonii competens est:

a) Tribunal loci in quo matrimonium celebratum est, vel b) Tribunal loci in quo pars conventa commorationem non precariam habeat, quae ex aliquo ecclesiastico documento vel alio legitimo modo probari possit, vel

c) Tribunal loci in quo de facto colligendae sint pleraeque depositiones seu probationes, dummodo accedat consensus tum Ordinarii loci commorationis habitualis partis conventae, tum Ordinarii loci et praesidis Tribunalis aditi.

§ 2. Si casus accidat de quo in praecedenti 1, c), Tribunal, antequam causam admittat, exquirat a parte conventa, num quid excipiendum habeat contra forum aditum a parte actrice.

§ 3. Mutatis substantialiter circumstantiis aut locorum aut personarum de quibus in 1, instantia ante conclusionem in causa potest transferri in casibus particularibus de uno ad aliud Tribunal aeque competens, si accedat consensus partium et utriusque Tribunalis.

DE CONSTITUTIONE TRIBUNALIUM

V. § 1. Si nec in Tribunali dioecesano nec in Tribunali regionali, ubi erectum sit, collegium trium iudicum clericorum efformari possit, Conferentia

Episcopalis facultate instruitur permittendi in primo et secundo gradu constitutionem collegii ex duobus clericis et uno viro laico.

§ 2. In primo gradu, cum nec per aggregationem viri laici collegium de quo in § 1 efformari possit, singulis in casibus causae nullitatis matrimonii clerico tamquam iudici unico per eandem Episcopalem Conferentiam demandari possunt. Qui iudex, ubi fieri possit, assessorem et auditorem in iudicio sibi asciscat.

§ 3. Conferentia Episcopalis facultates, de quibus supra, concedere valet iuxta propria statuta, vel per membrorum coetum, vel saltem per membrum Conferentiae, quae ad id eligantur.

VI. Ad munus assessoris et auditoris in Tribunalibus cuiusvis gradus, viri laici vocari possunt; munus autem notarii sive viri sive mulieres suscipere possunt.

VII. Laici ad huiusmodi munera assumendi fulgeant catholica fide et bonis moribus ac simul iuris canonici scientia. Cum autem agitur de munere iudicis viro laico conferendo, de quo in n. V, § 1, ii praeferantur qui etiam consuetudinem fori habeant.

DE APPELLATIONIBUS

VIII. § 1. A prima sententia, matrimonii nullitatem declarante, vinculi defensor ad superius Tribunal provocare tenetur intra legitimum tempus: quod si facere neglegat, auctoritate praesidis vel iudicis unici compellendus est.

§ 2. Apud Tribunal secundae instantiae vinculi defensor suas animadversiones exhibeat ut dicat utrum contra decisionem latam in primo gradu aliquid opponendum habeat necne. Contra quas animadversiones collegium, si opportunum censuerit, partium earumve patronorum animadversiones exquirat.

§ 3. Visa sententia et perpensis animadversionibus defensoris vinculi necnon, si exquisitae et datae fuerint, partium earumve patronorum, collegium suo decreto vel decisionem primi gradus ratam habet, vel ad ordinarium examen secundi gradus causam admittit. In priore casu, nemine recurrente, ius est coniugibus, qui alioquin non impediantur, decem diebus a decreti publicatione elapsis, novas nuptias contrahere.

IX. § 1. Adversus decretum collegii, sententiam primi gradus ratam habens, defensor vinculi vel pars, quae se gravatam putet, ius habent recurrendi, intra decem dies a die publicationis decreti, ad superius Tribunal, sed tantummodo prolatis novis et gravibus argumentis, quae tamen praesto sint. Huiusmodi argumenta debent exhiberi Tribunali tertii gradus intra mensem ab interposito recursu.

§ 2. Defensor vinculi tertii gradus, audito praeside Tribunalis, potest a recursu recedere: quo in casu Tribunal declarat litem finitam. Si autem pars recurrat, Tribunal, perpensis argumentis allatis, intra mensem ab interposito recursu vel recursum reicit per decretum, vel causam admittit ad ordinarium tertii gradus examen.

DE REGULIS IN CASIBUS SPECIALIBUS

X. Cum ex certo et authentico documento, quod nulli contradictioni vel exceptioni obnoxium sit, constiterit de exsistentia impedimenti dirimentis, simulque pari certitudine patuerit dispensationem super his impedimentis datam non esse, hisce in casibus, praetermissis sollemnitatibus in iure recensitis, poterit Ordinarius, citatis partibus et interveniente defensore vinculi, matrimonii nullitatem declarare.

XI. Item sub iisdem clausulis et eodem modo, de quibus in n. X, Ordinarius matrimonii nullitatem declarare tunc etiam poterit, cum causa instituta est ex defectu formae canonicae vel ex defectu validi mandati procuratoris.

XII. Adversus hanc declarationem defensor vinculi, si prudenter existimaverit impedimenta aut defectus, de quibus in nn. X et XI, non esse certa aut dispensationem super eisdem probabiliter intercessisse, provocare tenetur ad iudicem secundae instantiae, ad quem acta transmittenda sunt, quique scripto monendus est agi de casu speciali.

XIII. Iudex alterius instantiae, interveniente tantum defensore vinculi, decernet eodem modo, de quo in n. X, utrum sententia sit confirmanda, an potius procedendum in causa sit ad ordinarium tramitem iuris; quo in casu eam remittit ad Tribunal primae instantiae.

NORMAE TEMPORARIAE

1. Die quo praesentes Litterae Apostolicae vigere incipient, causa matrimonialis, quae, post primam sententiam matrimonii nullitatem declarantem, apud superius Tribunal ex appellatione legitima prosequitur, interim suspendatur.

2. Vinculi defensor Tribunalis secundae instantiae animadversiones suas exhibeat super omnia, quae sive decisionem latam in primo gradu respiciunt, sive actis in altero gradu eo usque expletis continentur, ut dicat utrum contra

decisionem latam in primo gradu aliquid opponendum habeat necne. Contra quas animadversiones collegium, si opportunum censuerit, partium earumve patronorum animadversiones exquirat.

3. Perpensis animadversionibus defensoris vinculi necnon, si exquisitae et datae fuerint, partium earumve patronorum et visa sententia primi gradus, collegium suo decreto vel decisionem primi gradus ratam habet, vel causam in ordinario examine secundi gradus prosequendam esse decernit. In priore casu, nemine recurrente, ius est coniugibus, qui alioquin non impediantur, decem diebus a decreti publicatione elapsis, novas contrahendi nuptias. In altero vero casu instantia prosequenda erit usque ad definitivam sententiam.

Quae igitur a Nobis hisce Litteris motu proprio datis decreta sunt, ea omnia rata ac firma esse iubemus, contrariis quibusvis, etiam specialissima mentione dignis, non obstantibus.

Datum Romae, apud Sanctum Petrum, die XXVIII mensis Martii, anno MCMLXXI, Pontificatus Nostri octavo (in *AAS* 63 [1971] 441-446).

L'AUTORITA' DI IMPORRE LE TASSE DA PARTE DEL VESCOVO DIOCESANO SECONDO QUANTO PREVISTO DAL CANONE 1263

Prof. Nicholas Cafardi

Tutto quello che abbiamo lo abbiamo ricevuto da Dio e siamo chiamati da Cristo a condividerlo con quelli che sono nel bisogno. Siamo anche obbligati dai principi del Nuovo Testamento a dare parte dei nostri beni alla Chiesa, sia per le sue necessità, sia perché la Chiesa assista quelli che hanno bisogno.

Nella storia della Chiesa, questo uso si è sviluppato con il *cathedraticum*, la tassa imposta dai vescovi diocesani, in primo luogo sulle parrocchie presenti all'interno della diocesi, per sostenere la diocesi stessa[1]. Questa tassa è stata codificata nel canone 1504 del Codice del 1917 che allo stesso tempo stabiliva il suo essere "moderata"[2]. Comunque, in una importante e immediata interpretazione di questo canone, la Sacra Congregazione del Concilio ha specificato che doveva essere solo una tassa "nominale" e non doveva essere intesa come una delle maggiori risorse nelle entrate diocesane[3].

Poiché questo implica che il regolare sostegno diocesano da parte di quelle persone giuridiche soggette al vescovo diocesano, in primo luogo le parrocchie della diocesi, è stato percepito quasi universalmente come inadeguato, il processo di revisione del Codice si è soffermato su questa problematica.

---

[1] Cf F. X. Wernz - P. Vidal, *Ius Canonicum*, t. IV: *De Rebus*, vol. II, Romae 1943, p. 326.

[2] CIC (1917), c. 1504: " *Omnes ecclesiae vel beneficia iurisdictioni Episcopi subiecta, itemque laicorum confraternitates, debent quotannis in signum subiectionis solvere Episcopo cathedraticum seu moderatam taxam determinandam ad normam c. 1507, § 1, nisi iam antique consuetudiene fuerit determinata*".

[3] Cf *AAS* 12 (1920) 446.

Di conseguenza, il canone 1263 nel Codice del 1983 permette al vescovo diocesano, dopo aver consultato il Consiglio per gli affari economici della diocesi e il Consiglio presbiterale, di imporre sulle persone giuridiche pubbliche sotto il suo governo una moderata tassa per i bisogni diocesani[4]. Questa tassa deve essere proporzionale al reddito della persona giuridica ed è considerata come una tassa ordinaria. Questo stesso canone, inoltre, permette al vescovo diocesano, in caso di grave necessità, e se sono presenti le stesse condizioni della tassa ordinaria, di imporre una tassa straordinaria sulla persone fisiche e sulle altre persone giuridiche della diocesi. Questa capacità di imporre una tassa straordinaria è senza dubbio tra i più importanti diritti che il vescovo può esercitare in virtù di particolari leggi o consuetudini. Così il canone 1263 permette al vescovo diocesano, dopo essersi consultato con il consiglio per gli affari economici della diocesi e con il consiglio presbiterale, di imporre due tipi di tasse: una fissa, sulle persone giuridiche pubbliche sotto il suo governo, chiamata tassa ordinaria, e un'altra tassa straordinaria sulle persone fisiche o su altre persone giuridiche.

Questo è l'oggetto del presente studio, cioè analizzare la prima parte di questo canone, concernente la tassa ordinaria, moderata e proporzionale alle entrate della persona giuridica pubblica soggetta al governo del vescovo diocesano, in modo che il suo significato diventi chiaro. Sfortunatamente, per ragioni di spazio, non potrò esaminare la seconda parte del canone che si sofferma sulla tassa straordinaria. In questa analisi, ci sono alcune questioni ovvie di cui mi devo occupare. La prima domanda è: chi è il vero e proprio soggetto di questa tassa ordinaria? Su chi la tassa ordinaria può essere imposta? La seconda domanda è: ci sono limiti all'autorità del vescovo diocesano di imporre la tassa ordinaria? e quali sono, se ci sono, le linee guida o i parametri che il vescovo deve seguire nell'imporre la tassa ordinaria?

Per quanto concerne la prima domanda, secondo quanto dice espressamente il Codice, la tassa ordinaria interessa "personis juridicis publicis suo

---

4 *CIC*, c. 1263: " *Ius est Episcopo dioecesano, auditis consilio a rebus oeconomicis et consilio presbyterali, pro dioecesis necessitatibus, personis iuridicis publicis suo regimini subiectis moderatum tributum, earum redditibus proportionatum, imponendi; ceteris personis physicis et iuridicis ipsi licet tantum, in casu gravis necessitatis et sub iisdem concicionibus, extraordinariam et moderatam exactionem imponere, salvis legibus et consuetudinibus particularibus quae eidem potiora iura tribuant*".

regimini subjectis". Quali sono le persone giuridiche soggette al governo del vescovo diocesano? La risposta più ovvia è che sono le parrocchie che si trovano all'interno del territorio della diocesi. Queste parrocchie sono certamente persone pubbliche soggette al governo del vescovo della diocesi. Gli istituti di vita consacrata, presenti nella diocesi, se sono retti dal diritto pontificio, non sono soggetti al governo del vescovo diocesano[5], con la conseguenza che non possono essere tassati da lui. La questione si fa più difficile per gli Istituti di vita consacrata retti dal diritto diocesano. Sicuramente questi Istituti diocesani essendo stati eretti con decreto del vescovo diocesano ed essendo soggetti al suo potere di scioglimento, sono per questo soggetti al suo governo e passibili di essere tassati da lui. Questa potrebbe sembrare la risposta più appropriata. Comunque, una attenta lettura dei canoni 586 e 594 del Codice del 1983 rende questa conclusione discutibile e contestabile. Infatti, il canone 586 specifica che i singoli Istituti hanno una autonomia di governo[6] e il canone 594, richiamando il canone 586 e volendo essere letto compatibilmente con quello, dice che gli Istituti retti dal diritto diocesano sono sotto la cura (*cura*) del vescovo locale, ma non sotto il suo regime (*regimen*)[7]. Così il Codice del 1983 fornisce il terreno per argomentare che gli Istituti di vita consacrata di diritto diocesano, non essendo soggetti al governo del vescovo diocesano, (il suo *regimen*) non sono soggetti alla sua autorità di imporre la tassa ordinaria.

La questione di chi sia soggetto alla capacità impositiva del vescovo è stata oggetto della sola autentica interpretazione fra tutti i canoni nel Libro V del Codice del 1983. Nel 1989 è stato chiesto alla Commissione Pontificia per la Interpretazione dei Testi Legislativi, se le scuole esterne appartenenti ad Istituti religiosi di diritto pontificio, potessero essere tassate dal vescovo diocesano come "persone giuridiche pubbliche soggette alla sua autorità"[8].

---

[5] *CIC* (1983) c. 586, § 1: "*Singulis institutis iusta autonomia vitae, praesertim regiminis, agnoscitur, qua gaudeant in Ecclesia propria disciplina atque integrum servare valeant suum patrimonium...*". § 2: "*Ordinariorum locorum est hanc autonomiam servere ac tueri*".

[6] Cf *Ibid.*

[7] *CIC* (1983) c. 594: "*Institutum iuris dioecesani, firmo can. 586, permanet sub speciali cura Episcopi dioecesani*".

[8] Cf *AAS* 81 (1989) 991.

La risposta della Commissione è stata in senso negativo. Queste scuole non erano soggette alla autorità del vescovo e non potevano essere tassate. La questione è apparsa molto strana. Le scuole in quanto esprimono l'azione apostolica degli Istituti di vita consacrata sono raramente, se non mai, loro stesse persone giuridiche pubbliche. Piuttosto sono apostolati, lavori apostolici, di un Istituto di vita consacrata. Canonicamente, esse devono essere considerate come parte della persona giuridica pubblica che le ha create e le sostiene[9]. In questo modo esse non hanno propria personalità giuridica nel Codice, ma la condividono con la personalità giuridica pubblica dell'Istituto che le ha fondate. Così le scuole non possono essere le persone giuridiche pubbliche da cui cominciare. Questo ha reso singolare la domanda, ma ciò che l'ha resa ancora più singolare è che la questione è stata espressa in relazione alle scuole degli Istituti religiosi retti dal diritto pontificio. Come abbiamo già visto, gli Istituti di diritto pontificio non sono soggetti al governo del vescovo e perciò nemmeno al suo potere impositivo. Le scuole sotto la responsabilità degli Istituti religiosi retti dal diritto pontificio, che condividono la personalità giuridica con il loro Istituto sono, quindi, *ipso facto*, esenti dal governo del vescovo e dalla sua capacità impositiva. Esse sono anche sottratte alla sua capacità impositiva anche più di quanto lo sia lo stesso Istituto pontificio nelle sue opere apostoliche.

In tutta franchezza verso quelli che hanno sottoposto questa questione alla Commissione, c'è da dire che probabilmente la problematica è stata posta alla luce di quei poteri, previsti dal diritto canonico, che un vescovo diocesano ha sulle scuole che operano all'interno della sua diocesi, cosa che potrebbe portare presumibilmente alla conclusione che questo tipo di scuole siano sotto il governo del vescovo. Per esempio, il canone 683, § l, dà al vescovo diocesano il diritto di fare un'ispezione in questo tipo di scuole[10]. Inoltre il canone 806, §

---

[9] Cf A. J. Maida - N. P. Cafardi, *Church Property, Church Finances and Church Related Corporations*, St. Louis, 1984, pp. 25-26.

[10] *CIC* (1983) c. 683, § 1: "*Ecclesias et oratoria, quibus christifideles habitualiter accedunt, scholas aliaque opera religionis vel caritatis sive spiritualis sive temporalis religiosis commissa, Episcopus dioecesanus visitare potest, sive per se sive per alium, tempore visitationis pastoralis et etiam in casu necessitatis; non vero scholas, quae exclusive pateant propriis instituti alumnis*".

l, mette in rilievo[11] che queste scuole sono soggette alla vigilanza del vescovo e alla sua prescrittiva autorità che gli permette di regolare l'istruzione cattolica in generale.

Così è più facile vedere, alla luce di questi canoni, che potrebbe essere stata creata la possibilità che qualsiasi scuola operante all'interno di una diocesi sia soggetta al governo del vescovo della diocesi. L'interpretazione autentica della Commissione rifiuta questa impostazione, come d'altronde vorrebbe una lettura "stretta" dei canoni stessi. Il diritto di ispezione, il potere di vigilanza, ma anche il potere di regolare l'attività perfezionata da un Istituto non si assommano alla *potestas regiminis*. L'ultima frase del canone 806, § l, espressamente riconosce questo, per cui specifica che il potere del vescovo diocesano di vigilanza e regolamentazione deve essere esercitato "salva però la loro autonomia sulla conduzione interna di tali scuole"[12].

Ovviamente la Commissione ha letto il canone 1263 in maniera restrittiva, che è appropriata quando si interpreta una tale concessione di autorità impositiva potenzialmente larga.

Ritornando alla nostra precedente questione, una lettura restrittiva del canone 1263 potrebbe anche escludere gli Istituti religiosi retti dal diritto diocesano dall'autorità impositiva del vescovo diocesano. A questo punto, abbiamo determinato che solo le parrocchie, all'interno della diocesi, sono gli unici sicuri oggetti della capacità impositiva del vescovo per la tassa ordinaria. Ce ne sono altri? Le fondazioni create dalla diocesi e sottoposte al governo del vescovo potrebbero essere soggette a queste tasse perché sono persone giuridiche pubbliche. In maniera simile potrebbero essere sottoposte anche le associazioni pubbliche dei fedeli, una volta che il vescovo diocesano le ha riconosciute come persone giuridiche pubbliche.

In questo modo la nostra prima domanda ha trovato una risposta. Soggetti sicuri alla autorità impositiva del vescovo diocesano per la tassa ordi-

---

[11] *CIC* (1983) c. 806, § 1: "*Episcopo dioecesano competit ius invigilandi et invisendi scholas catholicas in suo territorio sitas, eas etiam quae ab institutorum religiosorum sodalibus conditae sint aut dirigantur; eidem item competit praescripta edere quae ad generalem attinent ordinationem scholarum catholicarum: quae praescripta valent de scholis quoque quae ab iisdem sodalibus diriguntur, salva quidem eorundem quoad internum earum scholarum moderamen autonomia*".

[12] Cf *Ibid.*

naria sono le parrocchie, le fondazioni diocesane e le associazioni pubbliche diocesane dei fedeli. Ci sono alcuni dubbi se includere o meno in questo elenco gli Istituti religiosi di diritto diocesano. Una argomentazione rilevante, basata sui canoni 586 e 594, potrebbe sicuramente essere trovata affinché ne siano esclusi.

Adesso ci spostiamo sulla seconda domanda: quali sono i limiti all'autorità impositiva del vescovo diocesano per quanto riguarda la tassa ordinaria? Il linguaggio usato nella prima parte del canone 1263 deriva dal canone 1504 del Codice del 1917, che permetteva al vescovo diocesano di imporre una moderata tassa a tutte le chiese, istituti di beneficienza e confraternite laiche soggette alla sua autorità[13].

L'idea che la tassa del vescovo diocesano dovesse essere moderata è così presente in entrambi i Codici. In base al regime del Codice del 1917, la tassa del canone 1504 doveva essere "una somma identica, non variando da parrocchia a parrocchia; ripartita su tutti o su nessuno"[14]. A questo proposito, entrambi i Codici seguono Wernz-Vidal:

> *"Porro non potest certis dumtaxat beneficiis imponi, aliis non, sed vel omnibus vel nulli; nec quantitatis dimetienda est servata proportione ad reditus beneficii sed debet esse aequalis pro omnibus et absoluta, quae proinde crescentibus reditibus augeri non possit"*[15].

In modo interessante, i commentatori americani Abbo-Hannan, dicono anche che la tassa ordinaria prevista dal canone 1504 è una tassa "nominale"[16], riferendosi ovviamente all'autentica interpretazione della Sacra Congregazione del Concilio a cui si è accennato all'inizio.

Wernz-Vidal, scrivendo sulla tassa ordinaria moderata prevista dal canone 1505, afferma che la definizione di moderato è lasciata al prudente

---

[13] Cf *supra,* nota 4.

[14] J. A. ABBO - J. D. HANNAN, *The Sacred Canons*, II, St. Louis 1952, pp. 713-714.

[15] F. X. WERNZ - P. VIDAL, *op. cit.*, p. 327.

[16] Cf J. A. ABBO - J. D. HANNAN, *op. cit.*, pp. 713-714.

giudizio dell'Ordinario (*prudenti arbitrio et conscientiae ipsius Ordinarii*), che farebbe bene a chiedere il parere al Capitolo o al Collegio dei Consultori o all'approvazione previa della Sacra Congregazione[17].

Cosa significa "moderato"? Ci sono oggettivi limiti a ciò che è moderato? Il limite posto da Wernz-Widal a "moderato", cioè il prudente giudizio del vescovo e quindi alla sua coscienza, non è di molto aiuto, almeno in termini di oggettività. Neanche i commenti al Codice del 1983 hanno dato una risposta soddisfacente a questo punto. Il commento americano dice che "il moderato non è determinato facilmente". Esso fa riferimento al limite del 5% del canone 1356 del Codice del 1917 sulla tassa del seminario e continua dicendo che ciascuna diocesi dovrà determinare la sua personale interpretazione di ciò che significa "moderato"[18]. Gli altri commenti in lingue moderne non dicono molto di più. Una cosa interessante da notare è che la traduzione italiana del Codice del 1983 fa diventare "*moderatum tributum*" un "*contributo non eccessivo*". Chiaramente l'essere eccessivo è almeno un oggettivo limite alla moderata tassa del canone 1263. Ma ce ne sono altri?

Forse il limite più oggettivo al "moderato" è da rintracciare in un autore che commenta il Codice del 1917, Mario Pistocchi. Per quanto riguarda l'uso della parola "moderato", nei canoni precedenti il 1263, Pistocchi scrive:

> *"Nulla datur norma praeter id quod debet esse moderata, sed et hoc verbum utique sumi debet eo sensu quod moderamen non reddat imparem hanc fini cui proponitur, idest - impellens necessitas diocesis"*[19].

Così una tassa moderata è una tassa che è uguale al bisogno per la quale è imposta, cioè un bisogno diocesano. Moderato, allora, significa proporzionale, sufficiente a soddisfare i bisogni diocesani e non più, come d'altronde lo vede la traduzione italiana, "*non eccessivo*". Quindi la tassa del canone 1263 è da

---

[17] Cf F. X. WERNZ - P. VIDAL, *op. cit.*, p. 327.

[18] Cf J. MYERS, *The Temporal Goods of the Church*, in *The Code of Canon Law: A Text and Commentary*, eds. J. CORIDEN ET AL., New York/Mahwah. 1985, p. 866.

[19] M. PISTOCCHI, *De Bonis Ecclesiae temporalibus*, Turin 1932, p. 130. (Pistocchi cita Bonnaert, *Du Droit de l'Eveque d'imposer des taxes)*.

intendere come necessaria a coprire solo le uscite diocesane. Questo è un limite oggettivo. Le uscite diocesane che questa tassa vuole coprire sarebbero determinabili secondo un certo grado di precisione. Se la tassa fa più di questo, in altre parole, se accresce i residui attivi diocesani, alle spalle delle parrocchie che pagano questa tassa, allora non è più una tassa moderata. E allora, come afferma il Padre Gangoiti, "*cessat ratio, cessat lex*": tolto il fine, tolta la legge. Se non c'è un bisogno diocesano che richiede la tassa dalle soggette persone giuridiche, non esiste la base per la tassa stessa.

Il commento dell'Università di Navarra al Codice del 1983 fa notare che l'ordinaria, moderata tassa del canone 1263 deve essere imposta attraverso un decreto del vescovo e che tali decreti amministrativi sono soggetti al ricorso amministrativo[20].

Questo è il limite più oggettivo a ciò che si intende con moderato. Se una persona giuridica è stata tassata e crede che la tassa non sia moderata, cioè, che non è stata stabilita in proporzione a quelli che sono i bisogni della diocesi, allora il ricorso amministrativo potrebbe essere fatto valere contro il decreto che ha imposto la tassa. Una tassa che non è proporzionale alle documentabili uscite diocesane non è una tassa moderata e di conseguenza è illegale.

Un'altra domanda che è stata posta sulla tassa ordinaria imposta dal vescovo diocesano riguarda se deve essere o meno costituita dalla stessa cifra per tutti i soggetti interessati. Questo è ciò che insegnava la giurisprudenza basandosi sul Codice piano-benedettino[21]. Qualunque tassa il vescovo imponesse, essa doveva essere la stessa per tutte le parti. La tassa imposta secondo il canone 1263, oltre ad essere una tassa moderata, come abbiamo appena visto, doveva anche essere, secondo quanto stabilito dal canone, una tassa proporzionata al reddito, o "*earum redditis proportionatum*". Alcuni commentatori hanno visto in queste parole la capacità del vescovo diocesano di fissare la tassa in modo graduale. In altre parole, una tassa che non esiga da tutti in maniera uguale, ma che tassi maggiormente la persona giuridica pubblica con le più alte entrate ed aliquote[22]. Come notato, questo potrebbe rappresentare un cambiamento rispetto

---

[20] Cf P. LOMBARDÍA, J. I. ARRIETA (a cura), *Codice di Diritto Canonico*, ed. bil. commentata, vol. II, Roma 1987, p. 893.

[21] Cf *supra* nota 3.

[22] R. KEALY, *Diocesan Financial Support*, Roma 1986, p. 335.

alla precedente giurisprudenza, quella che interpretava il canone 1504, il canone parallelo del precedente Codice, al nostro canone 1263.

Io non sono completamente sicuro che *proportionatum* includa la nozione di "graduale" come opposto a tassa invariabile. La questione non è stata discussa nel *Coetus* o dalla Commissione per la revisione del Codice. Sicuramente se un così drastico cambiamento dalla precedente pratica è stato proposto, il legislatore ha scelto una originale maniera di esprimerlo in quanto il *proportionatum* non è sicuramente il miglior termine per rendere l'idea di tassa graduale.

Un'altra difficile questione concernente la tassa ordinaria permessa dalla prima parte del canone 1263, è individuare su quale proprietà della persona giuridica pubblica essa può essere applicata; o, in altre parole, quali entrate, se ci sono, della persona giuridica pubblica sono esenti da questa tassa? La prima cosa da notare nel rispondere a questa domanda è che la tassa è una tassa *solo* sulle entrate. Non è una tassa su tutti i beni patrimoniali. Infatti, data la previsione del Codice che la proprietà acquistata dalla persona giuridica pubblica, appartiene solo a quella persona e non può essere trasferita o data in possesso ad un'altra, anche se si tratta di una persona giuridica pubblica superiore gerarchicamente, un tale trasferimento sarebbe improprio[23]. Sicuramente il patrimonio permanente di una parrocchia non può essere intaccato, nemmeno in parte, dal vescovo a guisa di tassazione. È stata sempre la giurisprudenza canonica ad affermare che il patrimonio permanente non si può facilmente trasferire da una persona giuridica ad un'altra[24].

Si potrebbe anche notare che, almeno negli Stati Uniti, una diocesi potrebbe insistere sulla non fungibilità del patrimonio della parrocchia e della diocesi. Agire diversamente, per esempio trattarle come intercambiabili, vorrebbe significare che sotto la legge civile americana i beni di una potrebbero essere disponibili per i creditori dell'altra. Questo potrebbe essere una negativa conclusione in un momento in cui sono in aumento le liti; noi inoltre siamo prudenti a seguire il Codice e trattare il patrimonio della persona giuridica come

---

23 *CIC* (1983) c. 1256: "*Dominium bonorum, sub suprema auctoritate Romani Pontificis, ad eam pertinet iuridicam personam, quae eadem bona legitime acquisiverit*".

24 Cf *ibid*; *CIC* (1917) c. 1499, § 2; F. X. WERNZ - P. VIDAL, *op. cit.*, p. 326; W. J. DOHENY, *Practical Problems in Church Finance*, Milwaukee 1941, p.39.

esclusiva proprietà della stessa persona giuridica. Il Codice limita questa tassa ad una tassa sul reddito, non ai beni patrimoniali, e siamo prudenti a seguire questa limitazione ed evitare qualsiasi facile scambio di beni.

Sono protetti dalla tassazione diocesana come tipo di patrimonio stabile della parrocchia i ristretti fondi di una parrocchia? Questo potrebbe essere il caso, se appropriati provvedimenti fossero adottati dal parroco per renderli parte del patrimonio stabile. Questo richiederebbe un atto formale di designazione da parte del parroco[25], e considerando che una tale "stabilizzazione" dei fondi della parrocchia è anche un atto di straordinaria amministrazione, l'approvazione scritta del vescovo è richiesta dal canone 1292, § 1[26]. Se gli appropriati provvedimenti fossero eseguiti per rendere parte del patrimonio stabile alcuni fondi della parrocchia, questi diventerebbero patrimonio stabile della parrocchia e quindi non soggetti alla tassazione.

E se questi fondi non fossero stati così protetti? E se fossero stati semplicemente depositati in un conto bancario chiamato "Fondo per la costruzione della nuova Chiesa", ma nessuna altra formalità legale fosse stata osservata? Bisognerà vedere come i fondi sono stati resi. Se questi fondi fossero liberi, come fondi della parrocchia senza limitazioni, posti in questo conto dal parroco, allora semplicemente mettendo questi fondi in un conto cosi nominato non li si protegge dalla tassazione. D'altra parte, se questi fondi fossero depositati in un tale conto "su designazione dei donatori", allora sarebbero protetti dalla tassazione.

Sempre nella storia del diritto canonico l'intenzione del donatore è stata scrupolosamente protetta e fatta osservare. Tutto questo appare in Graziano[27],

---

[25] Cf *CIC* (1983) c. 1291.

[26] *CIC* (1983) c. 1292, § 1: "*Salvo praescripto can. 638, §3, cum valor bonorum, quorum alienatio proponitur, continetur intra summam minimam et summam maximam ab Episcoporum conferentia pro sua cuiusque regione definiendas, auctoritas competens, si agatur de personis iuridicis Episcopo dioecesano non subiectis, propriis determinatur statutis; secus, auctoritas competens est Episcopus dioecesanus cum consensu consilii a rebus oeconomicis et collegii consultorum necnon eorum quorum interest. Eorundem quoque consensu eget ipse Episcopus dioecesanus ad bona dioecesis alienanda*".

[27] Cf cc. 4, 9-11, C. XIII, q. 2; c. 4, C. XVII, q. 4.

nelle Decretali[28], nei decreti del Concilio di Trento[29], nel Codice del 1917, canone 1514[30], e nel Codice del 1983, canone 1267, § 3 e canone 1300[31]. In questo modo se una persona ha risposto ad una richiesta della parrocchia per ottenere fondi in ordine alla costruzione di una nuova struttura della parrocchia stessa; o se la donazione è stata spontanea da parte del donatore, ma con questa specifica designazione e come risultato di questo dono così designato, il parroco ha depositato la donazione in un conto della parrocchia designato per quello scopo, allora l'intento donativo non può essere trasformato in un scopo diverso da quello originario, per esempio il sostegno della diocesi attraverso la tassazione.

Così, il diritto del vescovo di tassare, come stabilito dal canone 1263, è limitato dalla previsione dei canoni 1267, § 3 e 1300, secondo i quali l'intenzione del donatore regola l'uso della donazione stessa. Questo si verifica perché nessuna specifica proibizione è stata posta nel Codice del 1983 contro la tassazione degli stipendi della Messa. Non è stato necessario perché i canoni 1267, § 3 e 1300 prevedono la situazione[32].

In ultima analisi, allora, la risposta alla domanda dipenderà dai fatti. Se i soldi in un fondo ristretto provengono da un'entrata non ristretta della

---

[28] Cf cc. 3, 4, 6, 17, 19, X, *de testamentis et ultimis voluntatibus*, III, 26; c. 3, X, *de successionibus ab intestatio*, III, 27; c. un., *de testamentis et ultimis voluntatibus*, III, 6, in Clem.; c. 2, *de religiosis domibus*, III, 11, in Clem.

[29] Cf Sess. VII, *de ref.*, c. 15.

[30] *CIC* (1917) c. 1514: "*Voluntates fidelium facultates suas in pias causas donantium vel relinquentium, sive per actum inter vivos, sive per actum mortis causa, diligentissime impleantur etiam circa modum adminstrationis et erogationis bonorum, salvo praescripto can. 1515, § 3*".

[31] *CIC* (1983) c. 1267, § 3: "*Oblationes a fidelibus ad certum finem factae, nonnisi ad eundem finem destinari possunt*". C. 1300: "*Voluntates fidelium facultates suas in pias causas donantium vel relinquentium, sive per actum inter vivos sive per actum mortis causa, legitime acceptatae, diligentissime impleantur etiam circa modum administationis et erogationis bonorum, firmo praescripto can. 1301, § 3*".

[32] Uno potrebbe essere spinto a pensare ad un esempio in cui i soldi sono dati alla Chiesa con un più chiaro intento donativo che in dono alla Chiesa per le Messe, e come tale sono già protetti dalla tassazione dai canoni 1267, § 3 e 1300.

parrocchia, senza che siano stati presi provvedimenti formali per immobilizzarlo, allora sono soggetti alla tassazione diocesana. Ma se la fonte di questi fondi sono stati uno o più donatori che hanno risposto ad uno specifico appello della parrocchia, o se i fondi sono stati dati spontaneamente da un donatore per uno specifico scopo, e quei fondi sono in deposito, in un fondo ristretto all'uso stabilito dallo scopo donativo, allora tali fondi non dovrebbero essere tassati perché, facendo così si potrebbe deviarli dall'uso specificato dal donatore: ciò costituirebbe una violazione dei canoni 1267, § 3 e 1300.

Così abbiamo risposto alla seconda domanda. L'autorità impositiva del vescovo è limitata dai legittimi bisogni diocesani. La tassa ordinaria stabilita dalla prima parte del canone 1263 deve essere in proporzione a ciò di cui la diocesi ha bisogno per quel particolare scopo. Questa tassa, comunque, non può essere usata per creare residui attivi diocesani. La tassa ordinaria del canone 1263 è limitata anche alle non ristrette entrate di quelle persone giuridiche pubbliche soggette al governo del vescovo. Non è applicabile nemmeno ai loro beni patrimoniali stabili e neppure a quei fondi che sono stati richiesti o ricevuti liberamente per un particolare scopo stabilito dal donatore.

IL DIRITTO CANONICO NEI TRIBUNALI STATALI AUSTRIACI

Prof. Mons. Hugo Schwendenwein

Il diritto canonico gode dai tempi del medioevo del carattere di modello per il diritto profano. Non voglio dire che l' evoluzione del diritto secolare (secolare nel senso di statale) sia stata determinata esclusivamente dal diritto canonico, ma il diritto canonico era - come dice Max Weber[1] - guida nel cammino della razionalità per il diritto profano.

Nella storia della recezione nei tempi moderni, il diritto canonico ha goduto di un grande valore posizionale: specialmente nelle parti dell'ordinamento giuridico statale , in cui la "ratio peccati" aveva importanza, il diritto canonico era considerato come prioritario.

Inoltre i giuristi protestanti intorno al 1700 hanno sviluppato una dottrina della priorità del diritto canonico rispetto al diritto romano. Cristiano Thomasius è stato l'esponente più celebre di questa dottrina. Perfino tra i pandettisti del secolo diciottesimo, che non erano grandi fautori del diritto canonico, la dottrina della priorità del diritto canonico era prevalente[2].

Questo influsso si può constatare anche nelle grandi codificazioni. Per esempio il Codice civile germanico del 1900[3](§ 249), riguardo al principio di restituzione

---

1 *Wirtschaft und Gesellschaft. Grundriß der verstehenden Soziologie*, 2 Halbband, Tübingen 1976[5], 481.

2 W. UDO, *Ius canonicum in iure civili. Studien zur Rechtsquellenlehre in der neueren Privatrechtsgeschichte* (Forschungen zur neueren Privatrechtsgeschichte, Bd 23), Köln-Wien 1975.

3 *Bürgerliches Gesetzbuch* (*BGB*).

naturale non segue il diritto romano tradizionale, ma la dottrina morale scolastica sulla restituzione, la quale tramite la Regula Iuris IV di Papa Bonifacio VIII era stata introdotta nello "ius commune"[4].

Nonostante il profondo cambiamento nel pensiero giuridico nella sfera statale, malgrado la secolarizzazione della società, compaiono in gran numero negli ordinamenti giuridici degli Stati europei norme sviluppatesi dalle radici canoniche.

In questa relazione lasciamo da parte la questione dell' origine canonica o non-canonica delle singole norme e ci dedichiamo all'argomento dell' uso del diritto canonico nei tribunali statali austriaci.

Con lo spazio che è a nostra disposizione non è possibile presentare una enumerazione che sia approssimativamente completa sul tema indicato. Quindi è meglio differenziare le diverse specie di casi dell'uso del diritto canonico nei tribunali austriaci e presentare per ogni specie rilevante uno o due esempi:

1) Esistono nell'ordinamento giuridico austriaco norme emanate dal legislatore statale specialmente per i cattolici, che imitano più o meno una norma canonica.

2) Le norme di diritto concordatario sono nello stesso tempo diritto civile e diritto canonico[5].

3) Nell'applicazione del diritto straniero secondo le norme del diritto internazionale privato incontriamo anche l'uso del diritto canonico.

4) Lo Stato Austriaco riconosce una sfera libera di autonoma organizzazione e legislazione interna della Chiesa. In materie, che si possono chiamare miste, un atto giuridico-canonico può essere presupposto obbligatorio per un atto statale.

1. Norme canoniche assunte dal diritto civile

Per prima cosa trattiamo delle norme che il legislatore statale consapevolmente ha formulato in conformità col diritto canonico, perché voleva regolare questa materia per i cattolici in conformità con il loro diritto religioso.

---

[4] W. UDO, *Das Prinzip der Naturalrestitution in § 249 BGB. Herkunft, historische Entwicklung und Bedeutung* (Schriften zur Rechtsgeschichte, H 36), Berlin 1985.

[5] H. SCHWENDENWEIN, *Österreichisches Staatskirchenrecht*, Essen 1992, 523.

a) Il diritto matrimoniale nel Codice civile austriaco

In alcuni paesi arabi diverse prescrizioni giuridiche concernenti il matrimonio e la famiglia seguono il diritto della comunità religiosa della persona interessata (per queste materie vale la regola: ciascuno porta il suo diritto con sè). In alcuni paesi lo stato assume per queste materie il diritto religioso come vigente anche nel foro dello stato. In altri paesi lo stato pubblica differenti norme statali per differenti comunità religiose. E queste norme sono più o meno uguali alle norme interne della corrispondente comunità religiosa. Il Codice civile austriaco[6] del 1° giugno 1811[7] conteneva per i cattolici un proprio diritto matrimoniale statale, il quale seguiva quasi in tutto le norme ecclesiastiche. I governatori delle singole province[8] avevano la facoltà di dispensare da impedimenti. L'intenzione era che quando l'autorità ecclesiastica dispensava da un impedimento, anche l'autorità civile facesse lo stesso. Durante il tempo della monarchia - fino al 1918 - questa norma era usata soltanto per assimilare la situazione statale alla situazione ecclesiastica.

Abolita la monarchia , il Landeshauptmann (governatore) dell'Austria inferiore Sever (e in seguito anche altri governatori) non mantennero questa pratica e dispensarono dall'"*impedimentum ligaminis*". Questa dispensa, che nel diritto canonico non è possibile, non assimila ma allontana dalla situazione canonica. In tal modo il diritto civile austriaco ha introdotto - quasi indirettamente - una specie di divorzio.

Qualche organo amministrativo statale ha permesso dopo la dispensa dall' "*impedimentum ligaminis*" nuove nozze. A norma del diritto canonico queste nozze non erano valide. Però non soltanto la Chiesa, ma anche i tribunali austriaci consideravano questi matrimoni non legittimi, quando una causa, nella quale la legittimità di queste nozze era rilevante, era trattata dinanzi a loro. I tribunali austriaci interpretavano il diritto del Landeshauptmann di dispensare

---

6 *Allgemeines Bürgerliches Gesetzbuch* (*ABGB*). Questo Codice è in vigore in Austria, con molti cambiamenti, fino ad oggi. In altri Stati in origine sotto la monarchia austriaca l'evoluzione del diritto, e anche delle norme che toccano le relazioni Chiesa-Stato era diversa (cfr. per es. S. OJNIK, *La position juridique de l'Église en republique slovene*, Rome 1967).

7 *JGS* 946

8 "Statthalter, Landespräsident".

dagli impedimenti matrimoniali nel senso del diritto canonico, quando trattavano cause nelle quali la questione della validità di questi matrimoni era rilevante (per esempio una causa di separazione o di comunione dei beni coniugali). La differente interpretazione dei tribunali e di alcuni organi amministrativi ha provocato una grande confusione. Si parlava di "Ehewirrwar" (nozze-guazzabuglio). Questa situazione ha molto favorito la tendenza a cercare una soluzione del problema e molti, non soltanto i "cristiano-sociali" (die Christlich-sozialen), pensavano di trovare questa soluzione insieme alla Chiesa. Fu il Cancelliere Schober, che non era "cristiano sociale", ma rappresentante di un partito liberale, colui che alla fine degli anni venti sondò il terreno per un nuovo concordato[9].

Il Concordato del 5 giugno 1933[10], entrato in vigore il 1° maggio 1934, ha risolto[11] questo problema nel senso del diritto canonico. Secondo l'art. VII del menzionato accordo, la Repubblica Austriaca riconosce non soltanto gli effetti civili ai matrimoni contratti in conformità al diritto canonico (§ 1), ma anche la competenza dei tribunali e dei dicasteri ecclesiastici nelle cause concernenti la nullità del matrimonio e la dispensa del matrimonio rato e non consumato (§ 3). Il Concordato contiene anche una norma procedurale, simile a quella del Concordato italiano: i provvedimenti e le sentenze relative (degli organi ecclesiastici), quando siano divenute definitive, saranno controllate dal Supremo Tribunale della Segnatura Apostolica e tramessi alla Suprema Corte Austriaca. "Gli effetti civili incominceranno dalla dichiarazione di eseguibilità emessa dalla Suprema Corte Austriaca in seduta segreta" (art. VII § 4).

Dopo pochi anni però, nel 1938, con l'annessione alla Germania, il Concordato veniva soppresso e si introduceva il matrimonio civile obbligatorio. Nel 1945, dopo la liberazione dell'Austria, le norme del diritto matrimoniale tedesco, ad eccezione di quelle razziali, furono mantenute. Questa è - essenzialmente - la situazione nel diritto matrimoniale statale fino ad oggi.

Le altre norme del Concordato furono - nel 1945 - praticamente riprese e valgono a tutt'oggi, mentre alcune furono sostituite con nuove norme concordatarie: la situazione patrimoniale venne regolata con una convenzione

---

[9] H. SCHWENDENWEIN, *Österreichisches Staatskirchenrecht*, Essen 1992, 45-46.

[10] Concordato fra la Santa Sede e la Repubblica Austriaca.

[11] Si veda anche J. HARING, *Kommentar zum neuen österreichischen Konkordat. Text des Vertrages mit Erklärungen*, Innsbruck-Wien-München 1934, 38-54.

tra la Santa Sede e la Repubblica Austriaca del 1960[12] e la questione scolastica venne definita in una convenzione del 1962[13].

Generalmente si può dire che le norme concordatarie, le norme stabilite con un patto tra la Chiesa e lo Stato, sono state trasformate in norme del diritto statale austriaco e sono applicate dagli organi statali austriaci come leggi vigenti.

Una eccezione è l'articolo concordatario sul matrimonio. Questo articolo fa parte del diritto internazionale. Ma a riguardo dell'ordinamento giuridico interno dello stato austriaco questo articolo era stato derogato dalla legge degli occupanti tedeschi del 1938 e non venne ripreso dopo la liberazione nel 1945. Questo articolo non è osservato dagli organi statali austriaci.

b) L'incapacità di ereditare dei professi di voti solenni

Un'altra norma del Codice civile austriaco derivata in un certo modo dal diritto canonico è quella sull'incapacità di ereditare dei professi di voti solenni. Nella legislazione civile degli ultimi secoli in alcuni paesi - per esempio in Francia - si trovano disposizioni sulla morte civile dei professi religiosi (con voti solenni). In Austria una norma di questo tipo è stata conservata fino ad oggi[14].

Colui che ha rinunciato al diritto di acquistare perde, secondo il § 538 del Codice civile austriaco, il diritto di successione ereditaria. Questa norma si applica soltanto ai religiosi con i voti solenni. Base di questa interpretazione è il Decreto di pubblicazione del Codice civile austriaco[15], art. 8[16], il quale stabilisce che i regolamenti che limitino i diritti privati rimangano in vigore[17].

---

[12] "Vermögensvertrag".

[13] "Schulvertrag".

[14] H. SCHWENDENWEIN, *Erwerbsbeschränkungen der Toten Hand in Österreich*, in *AKKR* 42 (1972) 455-462.

[15] *Kundmachungspatent zum ABGB*.

[16] *JGS* 946.

[17] A queste prescrizioni statali che decretano la incapacità patrimoniale dei professi solenni, appartengono i decreti della Cancelleria della Corte Imperiale del 28. 11. 1772; del 21. 5. 1774 e del 24. 5. 1775 (cfr. JACKSCH, *Gesetzeslexikon II*, 202; *JGS* 30/12781 und 887/1809).

La legislazione relativa alla morte civile dei religiosi in diversi paesi ha tenuto conto della situazione canonica dei professi solenni dichiarandoli incapaci di acquistare qualsiasi patrimonio, ma non nel senso che la loro parte d'eredità spetti al monastero, bensì nel senso che essi, nel foro civile, sono considerati come defunti e non sono presi in considerazione nella divisione dell'eredità. La loro parte spetta agli altri eredi.

L'intenzione era di evitare il deflusso del patrimonio delle famiglie nobili e borghesi verso i monasteri. Se quasi in ogni generazione un membro della famiglia si fa monaco o monaca, ricevendo la sua parte di eredità per il monastero, il patrimonio della famiglia diminuisce progressivamente. Questa preoccupazione era il motivo della citata norma del Codice civile austriaco. Ma nella nostra epoca, nella quale gli ingressi nei monasteri sono pochi, la motivazione per il citato paragrafo non esiste più, ma quanto prescritto dal paragrafo è ancora in vigore.

La Conferenza dei Superiori maggiori d'Austria ha cercato di ottenere la sospensione di questa norma nella legislazione austriaca, ma senza risultato. Di conseguenza ha cercato di cambiare la legislazione canonica e ha ottenuto dalla S. Congregazione dei Religiosi un rescritto limitato nel tempo, finora rinnovato, secondo cui in relazione agli effetti del diritto patrimoniale i professi di voti solenni in Austria sono canonicamente equiparati ai professi di voti semplici. E la citata limitazione del diritto di acquisto vale secondo il diritto austriaco soltanto per i professi di voti solenni e non per i professi di voti semplici.

2. L'applicazione del diritto concordatario.

Un altro gruppo di norme è contenuto nel diritto pattizio fra la Chiesa e lo Stato, cioè soprattutto il diritto concordatario[18], il quale generalmente è nello stesso tempo legge particolare canonica e legge statale.

Il diritto concordatario non appartiene solo alla sfera del diritto internazionale, ma, quando lo Stato attua seriamente un suo obbligo internazionale e trasforma le norme concordatarie in suo diritto nazionale, esso appartiene anche alla sfera del diritto statale del paese in questione.

Il modo d'inserimento delle singole norme delle convenzioni internazionali

---

[18] H. SCHWENDENWEIN, *Österreichisches Staatskirchenrecht*, Essen 1992, 509-519.

nell'ordinamento giuridico statale, in altre parole, il modo di trasformazione del diritto internazionale in diritto nazionale dipende dall'ordinamento giuridico dello Stato rispettivo. Nell'ordinamento giuridico dello Stato Austriaco le norme concordatarie valgono come leggi semplici[19] (leggi non constituzionali)[20] e come tali sono applicate dagli organi statali austriaci.

a) Ritiro del consenso ecclesiastico relativo ad un professore statale di teologia cattolica

Secondo il Concordato un professore statale di teologia cattolica può insegnare soltanto se la Chiesa lo consente. Secondo l'art. V § 3 del Concordato, "la nomina o l'ammissione dei professori o dei docenti nelle Facoltà cattoliche di teologia mantenute dallo Stato avrà luogo soltanto dopo che si sarà conseguito il consenso della competente Autorità ecclesiastica". Prima della nomina di un professore di teologia cattolica da parte del Presidente della Repubblica, il Ministro ne fa richiesta al Vescovo. Se il Vescovo dice "no", l'atto viene archiviato e il Ministro deve presentare un altro candidato.

Quando un professore già nominato si comporta in un modo non tollerabile per la Chiesa, il Vescovo può ritirare[21] il consenso ecclesiastico. L'art. 5 § 4 del Concordato dice: "Se qualcuno dei suddetti insegnanti venisse in seguito dalla competente Autorità ecclesiastica dichiarato al Ministero della Pubblica Istruzione come non più idoneo all'insegnamento, sarà rimosso dall'esercizio del rispettivo insegnamento. In caso di una tale rimozione si provvederà in altro modo senza indugio ad una idonea supplenza a norma di quanto è stabilito nel precedente § 3". Se il Vescovo presenta una dichiarazione

---

[19] H. KLECATSKY - H. WEILER, *Österreichisches Staatskirchenrecht*, Wien 1958, 234-235.

[20] Alcune norme concordatarie, nel momento in cui il concordato entrò in vigore, il 1° maggio 1934, erano considerate come norme constituzionali, ma nel 1945 il loro carattere constituzionale non è stato mantenuto. Di conseguenza tutte le norme concordatarie valgono attualmente come leggi semplici.

[21] Si veda anche H. SCHWENDENWEIN, *Die Universität im Spannungsfeld von Kirche und Staat* (Sitzungsberichte der philosophisch-historischen Klasse der Österreichischen Akademie der Wissenschaften, Bd 516), Wien 1988, 20-22.

di revoca del suo *placet* al Ministero[22], il professore in seguito non può più insegnare[23].

Nel protocollo addizionale all'art. V § 4 del Concordato è scritto: "Se un professore, rimosso, in conformità di quanto è stabilito nel presente Concordato, dall'esercizio del suo magistero, non trova altro impiego al servizio dello Stato, sarà nella sua qualità di insegnante dello Stato messo a riposo con la pensione che gli compete in base ai suoi anni computabili di servizio, e, in ogni caso, con il minimo di pensione, sempre che, a norma delle altre prescrizioni dello Stato, non abbia perduto il diritto di pensione".

Alcuni anni fa un professore della facoltà di teologia di Vienna ha dichiarato pubblicamente l'abbandono della Chiesa. Il cardinale König, Arcivescovo di Vienna, ha presentato al Ministro la dichiarazione di ritiro del consenso ecclesiastico e il Ministero ha mandato in pensione il professore. Il Professore ha protestato contro la collocazione a riposo appellandosi al Tribunale amministrativo. Ma la Corte amministrativa ha approvato la linea generale della decisione del Ministero.

b) Personalità giuridica statale per le persone giuridiche canoniche

Una norma concordataria degna di esser menzionata è quella che regola l'acquisto della personalità giuridica statale da parte di persone giuridiche canoniche.

Le istituzioni particolari della Chiesa Cattolica "che secondo il Diritto Canonico hanno personalità giuridica, godono di personalità giuridica anche di fronte allo Stato, se esistono già in Austria al momento dell'entrata in vigore del presente Concordato", dice l'articolo II del Concordato. Il testo concordatario continua: quelle istituzioni particolari, che saranno erette in personalità giuridica canonica "... in avvenire, acquisteranno la personalità giuridica davanti allo Stato, se saranno fondate con la cooperazione dello Stato prevista dal presente Concordato" (art. II)[24]. E questa cooperazione esiste secondo l'art. XV § 7 per

---

22 Si veda anche J. HARING, *Kommentar zum Österreichischen Konkordat*, Innsbruck-Wien-München 1934, 28-29.

23 I. GAMPL, *Österreichisches Staatskirchenrecht*, Wien-New York 1971, 246.

24 H. KLECATSKY - H. WEILER, *Österreichisches Staatskirchenrecht*, Wien 1958, 237-238.

quelle istituzioni ecclesiastiche per le quali lo Stato non corrisponde emolumenti di congrua - e nell'attuale situazione sono tutte - quando il competente Vescovo diocesano (o Prelato "Nullius") darà notizia dell'avvenuta erezione canonica alla superiore Autorità statale per il Culto, la quale rilascerà il relativo certificato. Non c'è bisogno di un'approvazione statale. Il riconoscimento della personalità giuridica nel foro statale dipende dalla gerarchia, ha luogo cioè non appena il Vescovo competente ne dà notizia al Ministero competente.

Per ciò che concerne le persone giuridiche canoniche erette prima del Concordato, le quali sono automaticamente, senza che ne sia data alcuna notizia, riconosciute nella sfera statale, non ne esiste un elenco. Se in una causa portata davanti ai tribunali austriaci emerge la questione della personalità giuridica canonica concessa prima del Concordato, si deve dimostrare il fatto dell'erezione canonica (per esempio mediante documentazione).

Fino al 27 novembre 1983 il diritto canonico non distingueva fra le due categorie di persone giuridiche pubbliche e private. Il diritto austriaco ha operato questa distinzione. Il Ministero delle Finanze era già da molti anni dell'opinione che tutte le persone giuridiche ecclesiastiche sono persone giuridiche pubbliche[25]. Questa valutazione comporta notevoli vantaggi nel campo del diritto tributario. Le persone giuridiche pubbliche godono l'esenzione da alcune tasse, in questo campo del diritto sono quasi dei privilegiati[26].

Anche nella prassi dei tribunali troviamo sentenze e decisioni che seguono questa opinione. Per esempio la Corte Costituzionale considera il convento dei Canonici Regolari della Congregazione Lateranense austriaca di Klosterneuburg come persona di diritto pubblico[27].

Riguardo a questa situazione statale, il Codice del 1983 ha causato incertezze. Siccome il nuovo Codice distingue fra persone giuridiche pubbliche

---

[25] Cfr. J. RIEGER - H. SCHIMA, *Katholische Kirche/Organisation*, in *Rechtslexikon.Handbuch des österreichischen Rechts für die Praxis*, ed. Maultaschl-Schuppich-Stagel, 56.Lief., 1958, 22v; H. SCHWENDENWEIN, *Österreichisches Staatskirchenrecht*, Essen 1992, 528-529.

[26] Cfr. H. SCHWENDENWEIN, *Ius et Iustitia. Kirchenrechtliche und staatskirchenrechtliche Aufsätze*, Fribourg/Suisse 1996, 686-702.

[27] VfGH Sammlung 6287/1970/ÖAKR 32/1981, 520.

e private[28], è nata la questione, se quelle persone giuridiche che il diritto canonico considera private, nel foro statale siano ancora assimilate alle persone pubbliche statali o meno. L'opinione, che sostiene che tutte le persone giuridiche canoniche, anche le persone canoniche private del nuovo Codice, siano persone pubbliche dell'ordinamento statale austriaco, non è un' opinione sicura.

La Segreteria della Conferenza Episcopale Austriaca ha comunicato al Ministero della Pubblica Istruzione (è questo il Ministero competente per le questioni di culto), che se in futuro autorità ecclesiastiche erigeranno persone canoniche private, e ne dichiarerrano l'erezione al Ministero, il carattere privato sarà notato espressamente in questa dichiarazione. Se manca questa espressa menzione, la persona dichiarata è nell'ordinamento canonico una persona pubblica.

Finora non è conosciuto un caso del genere in campo giudiziale austriaco. Non abbiamo fino ad ora, in questa materia, un giudizio dei tribunali statali austriaci. Aspettiamo di vedere se i tribunali in questa materia seguiranno il Codice del 1983 o classificheranno tutte le persone giuridiche canoniche come pubbliche.

3. L'applicazione delle norme canoniche nel diritto internazionale privato

Un altro gruppo di casi dell'applicazione di norme canoniche da parte del giudice austriaco è il campo del diritto civile internazionale e soprattutto del diritto matrimoniale internazionale. In questa sfera giuridica lo Stato Austriaco applica anche il diritto straniero. In Austria il matrimonio civile è, come abbiamo detto, obbligatorio. Secondo il diritto internazionale matrimonale austriaco, la capacità degli stranieri di sposarsi dipende dal diritto della loro patria. Se un cittadino vaticano si sposa in Austria e desidera il riconoscimento di questo fatto davanti allo Stato Austriaco, deve andare al municipio e l'ufficiale civile deve prendere in esame la capacità dei fidanziati secondo il diritto del paese di ciascuno. Il diritto nazionale del cittadino vaticano è il diritto canonico.

Se in un processo davanti ad un tribunale austriaco la questione della capacità matrimoniale è d'importanza giuridica, come nell'esempio menzionato, il giudice austriaco deve applicare il diritto canonico. Ma il caso di un cittadino vaticano che vuole sposarsi in Austria è un caso piuttosto teorico che difficil-

---

[28] H. SCHWENDENWEIN, *Das Neue Kirchenrecht - Gesamtdarstellung*, Graz 1984², 95-96.

mente si verifica. Come caso piu concreto si possono considerare le nozze dei cittadini spagnoli in Austria.

Fino a pochi anni fa un cittadino spagnolo cattolico che desiderava sposarsi anche civilmente doveva presentare un certificato del parroco che ne attestasse la capacità matrimoniale. Per lui, a proposito della capacità matrimoniale, vale il diritto del suo paese e questo per gli spagnoli cattolici era fino ad alcuni anni fa armonizzato con il diritto canonico. In passato le nozze civili erano impossibili per gli spagnoli divorziati[29] e questo anche quando il loro matrimono cattolico, contratto in Spagna, era sciolto da un tribunale austriaco. La ragione era che, secondo il diritto del suo paese, si applicava la norma canonica. Questo risultava dall'ordinamento del diritto spagnolo che applicava in questi casi il diritto canonico.

Nel frattempo però la legislazione è cambiata non solamente in Spagna, ma anche in Austria. Anche la nuova legge austriaca sul diritto internazionale privato[30] del 15 luglio 1978[31] stabilisce, per quanto riguarda il giudizio sulla capacità matrimoniale, l'applicazione del diritto del paese del quale si è cittadini. Anche oggi giudicando la capacità matrimoniale di un cittadino vaticano o di un cattolico con la cittadinanza d'Israele, si applica il diritto canonico, perché il diritto Vaticano e il diritto d'Israele per questi casi prevedono l'applicazione del diritto canonico. Ma la nuova legge austriaca fa per questa applicazione del diritto straniero una eccezione: quando il matrimonio precedente è dichiarato nullo o sciolto per una decisione austriaca o una decisione valida nell'ordinamento giuridico austriaco, lo straniero può sposarsi in municipio anche se il diritto del suo paese non riconosce la sopra citata dichiarazione di nullità.

Nelle annotazioni illustrative sui disegni di legge di iniziativa del governo[32] si trova l'esempio seguente: il matrimonio di un cittadino spagnolo sposato con un'austriaca viene sciolto da un tribunale austriaco. Questo giudizio austriaco non è - o meglio, non era fino a quel tempo - riconosciuto dalle autorità spagnole. Secondo il diritto spagnolo era impossibile sposarsi a causa del-

[29] Cfr. anche H. SCHWENDENWEIN, *Die eherechtliche Situation spanischer Staatsangehöriger in Österreich*, in *Zeitschrift für Rechtsvergleichung* 1974, 94-98.

[30] IPR-Gesetz.

[31] *BGB*l 1978/304.

[32] "Erläuternde Bemerkungen zur Regierungsvorlage".

l'"*impedimentum ligaminis*". Secondo la nuova concezione austriaca se esiste una sentenza austriaca di divorzio, questa sentenza deve valere più del diritto straniero.

Il legislatore austriaco dell'anno 1978 ha deciso questa questione seguendo l'opinione menzionata. Così l'applicazione del diritto del paese di cui si è cittadini rimane, ma con la restrizione descritta.

La stessa tendenza si trova nell'evoluzione in atto in Germania: si applica il diritto del paese di cui si è cittadini, ma da alcuni anni si fa la stessa eccezione come in Austria. Il diritto di sposarsi dopo il divorzio è in Germania considerato come norma di ordine publico (ordre public), che vale piú della norma che stabilisce l'applicazione del diritto straniero.

Le norme sopra esposte sono norme austriache, che sono obbligatorie quando tribunali o organi amministrativi austriaci trattano cause matrimoniali. Secondo la legge austriaca circa il diritto internazionale privato[33] in determinati casi si applica il diritto straniero e di conseguenza in alcuni casi anche il diritto canonico, ma un punto centrale del diritto matrimoniale canonico, il punto dell'indissolubilitá, non è osservato. Nel diritto statale le nuove nozze dei divorziati sono possibili. Se la capacità matrimoniale di uno straniero dipende dalla dichiarazione di morte del consorte precedente, per le autorità austriache bastano le esigenze meno rigorose del diritto statale austriaco. L'applicazione del diritto canonico in questi due punti centrali sopra menzionati è bloccata.

4. Riconoscimento dell'autonomia della Chiesa in "rebus mixtis"

Benché lo Stato riconosca l'autonomia della Chiesa riguardo ai suoi affari interni, dobbiamo considerare che esistono alcuni affari ecclesiastici che toccano anche la sfera statale. Affari di questo tipo che alcuni chiamano "res mixtae", sono per esempio le questioni di diritto sociale degli impiegati pastorali della Chiesa, l'insegnamento della religione nella scuola pubblica e diversi atti giuridici relativi ai cappellani militari.

a) Gli impiegati nel servizio pastorale e il diritto del lavoro austriaco

Il servizio pastorale e il mandato o la missione canonica per il lavoro pastorale sono "innere Angelegenheiten" (affari interni) della Chiesa. L'autono-

---

[33] "Internationales Privatrechtsgesetz".

mia della Chiesa significa che nella sua sfera interna essa può decidere e ordinare senza il controllo dello Stato, senza la possibilità di appello ai Tribunali statali. L'appello "ab abusu" in questa sfera non esiste, e lo Stato in questa sfera non entra. Anche i tribunali e gli altri organi statali rispettano le decisioni ecclesiastiche relative a questo ambito.

Un'altra questione è quella dei diritti sociali degli impiegati della Chiesa. Riguardo a questa materia è applicato il diritto statale. Questa è la prassi dei tribunali austriaci che giudicano in processi tra pastori protestanti e la chiesa protestante riguardo a rivendicazioni sociali dei pastori.

- *aa) Licenziamento.* Le diocesi occupano e retribuiscono donne come "Pastoralassistentinnen". Questo titolo significa un lavoro a tempo pieno come aiuto del parroco. Il Tribunale statale del lavoro - in occasione di un processo - distingue, riguardo a questa situazione giuridica, gli elementi che spettano alla Chiesa e gli elementi che spettano allo Stato. La Corte Suprema considera legale il licenziamento pronunciato dall'autorità diocesana, purché il termine di licenziamento e le altre prescrizione siano rispettate. Secondo le norme del diritto del lavoro il "Betriebsrat" (una specie di rappresentanza sindacale aziendale) ha il diritto di partecipazione nella decisione (Mitbestimmung) in cause di licenziamento. Questa partecipazione è obbligatoria per le relazioni di lavoro di carattere economico, ma non per relazioni di lavoro di carattere religioso negli enti di tipo - la legge dice 'di tendenza' - religioso-confessionale, come nel caso presente[34]. Il carattere confessionale (religioso) impedisce l'applicazione della norma sopra menzionata dell'Arbeitsverfassungsgesetz (legge costituzionale sul lavoro), se la partecipazione degli impiegati all'atto decisionale è incompatibile con lo scopo religioso confessionale, o se questa cooperazione produce un risultato inaccettabile e completamente inadeguato per la Chiesa.

Un risultato inaccettabile si ha, per esempio, quando il diritto di condeterminazione impedisce o ritarda le azioni del datore di lavoro. Questo principio - si parla anche di una clausola relativa - è in realtà di grande importanza per decisioni su persone che realizzano in modo immediato il fine confessionale. Chi lavora nell'azienda di un monastero non realizza il fine confessionale in modo immediato, ma uno che lavora nel servizio pastorale realizza in modo immediato questo fine. Riguardo alla questione di un

---

[34] Cfr. 14ObA29/87.

impiegato in un posto che serve immediamente fini confessionali il quale risulti non idoneo, la Corte Suprema afferma che il datore di lavoro non deve essere costretto a dare una spiegazione e a doversi giustificare di fronte al Betriebsrat.

La partecipazione decisionale del Betriebsrat (commissione interna sindacale) non avrà luogo, se uno che lavora nel campo immediatamente confessionale è toccato da un'azione del datore di lavoro. Non soltanto nel caso di divergenza nel campo religioso, ma anche se vi sono altri motivi (per esempio macanze nell'operato), l'autorità ecclesiastica può decidere sull'idoneità a un posto pastorale senza la partecipazione del "Betriebsrat" (commissione interna sindacale).

La decisione sulla questione se esista o meno una causa sufficiente di licenziamento spetta, nel caso citato, all'autorità ecclesiastica, la quale può orientarsi in queste decisioni secondo il diritto canonico.

Il termine della rescissione del contratto di lavoro e la questione del pagamento dell'indennità connessa con la rescissione sono soggetti al diritto statale. Per approfondire il tema mi spiego anche con un altro esempio.

- *bb) Contributi per la pensione.* Due sacerdoti, incardinati in una diocesi, erano insegnanti di religione in una scuola media. Prima erano viceparroci al servizio della diocesi. La nomina ad insegnante di religione é legata al carattere di pubblico ufficiale statale e ad un salario statale. La nomina dei professori di religione cattolica da parte del Ministro della Pubblica Istruzione dipende dal consenso della Chiesa e questo consenso nel caso descritto era stato dato.

I professori suddetti hanno più tardi, nell'età pensionabile, il diritto alla pensione statale. Ma l'entità della pensione dipende dagli anni del loro servizio statale e per le due persone in questione c'era la possibilità di calcolare anche gli anni di servizio ecclesiastico, ma per questi anni dovevano versare contributi suppletivi per la pensione. Di conseguenza gli anni del servizio diocesano sono considerati per la pensione come anni di servizio statale.

I due professori di religione hanno richiesto che la diocesi rimborsasse i contributi per la pensione relativi agli anni di servizio come viceparroci. Il Tribunale statale austriaco ha rifutato questa richiesta.

Nel diritto austriaco non si trova nessuna norma esplicita secondo la quale la Chiesa deve completare o rimborsare contributi per la pensione di un sacerdote o di una suora, che sono entrati nel servizio pubblico statale e aspettano una pensione statale.

La Chiesa è - secondo il suo diritto interno - obbligata a sostenere queste persone se sono anziane. Ma nel caso descritto essi avevano la sicurezza di ottenere una pensione come pubblici ufficiali statali.

Quando essi lasciano il servizio statale e nell'età pensionabile non percepiscono la pensione statale, l'obbligo della Chiesa di sostentarli rinasce. Questo è il pensiero del giudice[35].

Un caso molto diverso è quando un sacerdote abbandona il sacerdozio. In questo caso gli organi statali richiedono dalla diocesi contributi per la pensione per gli anni del servizio diocesano. Questi contributi devono essere pagati all'Istituto Autonomo Pubblico di assicurazione sociale. In seguito questi anni sono - nell'età pensionabile - riconosciuti come anni di lavoro per il calcolo della pensione secondo l'Allgemeines Sozialversicherungsgesetz[36] (ordinamento generale per la previdenza sociale).

b) Le esigenze canoniche per atti giuridici e specialmente per i contratti

Riguardo agli atti giuridici delle persone giuridiche ecclesiastiche le esigenze canoniche valgono anche in foro civile. Secondo il diritto canonico la validità di alienazione dipende dal consenso dell'Ordinario del luogo o dell'Ordinario religioso e, nel caso dell'alienazione il "cui valore supera la somma massima stabilita" ai sensi del canone 1292, § 2[37], anche dalla licenza della Santa Sede[38].

Per esempio il parroco non può vendere beni ecclesiastici di valore senza il consenso del Vescovo diocesano, "cum consensu consilii a rebus oeconomicis et collegii consultorum et eorum quorum interest"[39]. Se mancano

---

[35] Cfr. 4 R27, 28, 91, 6 maggio 1991.

[36] Cfr. *BGB*l. 189/1955 (spesso emend.).

[37] "Romgrenze".

[38] Cfr. H. SCHWENDENWEIN, *Das Neue Kirchenrecht - Gesamtdarstellung*, Graz-Wien-Köln 1984², 439-440.

[39] In Austria nel passato anche il consenso dell'autorità statale era necessario. L'origine storica di una disposizione di tale genere è il *baliato*. Dal secolo XV i beni ecclesiastici erano considerati quasi come beni di camera del principe. Giuseppe II (1780-1790) aveva garantito al clero parrocchiale una "sustentatio congrua" e quando le rendite dei benefici non bastavano, il titolare riceveva un completamento dai fondi

queste licenze prescritte dal CIC il negozio giuridico contratto con gli organi delle persone giuridiche ecclesiastiche non è valido [40]. Si deve, d'ufficio, tener conto delle esigenze canoniche per i negozi giuridici delle persone giuridiche ecclesiastiche. Se mancano queste esigenze si deve d'ufficio ritenere nullo il negozio. La limitazione della capacità di agire dell'amministratore ecclesiastico produce effetti verso tutti e - secondo una grande parte della giurisprudenza - anche verso contraenti che erano in buona fede.

Può succedere che colui il quale stipula un contratto col parroco su beni parrocchiali o su beni della "fabrica ecclesiae" (che esiste ancora in Austria), supponga che la firma del parroco garantisca la validitá del contratto. Egli ha fiducia in tale validità, senza esaminare se le norme canoniche sul consenso dell'autorità superiore sono state rispettate. Alcuni dicono: queste esigenze non sono evidenti per colui che contrae con una persona giuridica ecclesiastica. Si deve proteggere la buona fede del contraente.

La Suprema Corte austriaca ha giudicato[41], che la menzionata protezione della buona fede serve a interesssi privati, ma l' efficacia dei prescritti per alienazione dei beni ecclesiastici serve a interessi pubblici. Di conseguenza, la protezione degli interessi privati non ha maggiore valore della protezione degli interessi pubblici[42].

---

di religione. Questi erano fondi destinati a fini ecclesiastici, amministrati da organi statali. In caso di mancanza, quando i fondi non erano sufficienti per completare la "sustentatio congrua" del clero, lo stato interveniva per il complemento. A causa di questi sussidi il clero riceveva il denaro nella misura della "congrua sustentatio" Di conseguenza lo Stato era molto interessato all'amministrazione economica dei beni ecclesiastici. Secondo il Concordato del 1855, per l'alienazione e i gravami dei beni ecclesiastici era necessario il permesso dello Stato. Ma oggi non esistono piu i fondi di religione e le sopra menzionate sovvenzioni statali. Oggi non è più prescritto, in caso di alienazione, il consenso statale.

[40] Riguardo a questo principio si veda per esempio:- OGH 15.5.1978, 6 Ob 558/78 diritto di passaggio, una servitù. ÖAKR 30/1979, 350ss. - SZ 53/86/1980 vendita di beni immobili. ÖAKR 32/1981, 255s. - 27.8.1980, 1Ob 630/80 contratti di scambio di beni immobili. ÖAKR 32/1981, 261ss.

[41] Cfr. 8.5.1974 (1 Ob 68/1974, SZ XLVII, 59) e simile in SZ XXV/69.

[42] Si veda anche ÖAKR 30/1979, 350ss., e anche OGH SZ 47/59/1974; SZ 4871-/1975; 18.5.1978, 6 Ob 558/78 e ÖAKR 32/1981, 255ss. (SZ 53/85/1980).

Il Tribunale non può prendere in considerazione la fiducia data al fatto esterno (per esempio la firma del parroco), quando il parroco non ha osservato l'obbligo riguardo alla ratificazione da parte del Superiore, la quale è di diritto pubblico. Un fatto esterno al quale il contraente può dare fiducia, non è l'atto del rappresentante dell'ente ecclesiastico da solo, ma quest'atto congiunto con l'atto del consenso del Superiore competente[43].

Alla base di questa posizione del OGH c'è il § 876 ABGB, il quale vale per i Comuni e per alcuni enti che sono sotto la cura speciale dell'amministrazione pubblica. La giurisprudenza sottomette gli enti ecclesiastici a questo paragrafo. Il testo "die unter der besonderen Obsorge der öffentlichen Verwaltung stehen" (le quali sono sotto la cura speciale dell'amministrazione pubblica) è un testo dell'anno 1811, e a quel tempo lo Stato austriaco esercitava anche un controllo sugli enti ecclesiastici, ma nell'evoluzione successiva il controllo statale è stato ritirato, e nello "Staatsgrundgesetz" sopra citato lo stato ha garantito la libertà della Chiesa negli affari interni (innere Angelegenheiten)[44], ma è rimasto fino a oggi il carattere pubblico degli enti ecclesiastici e la sottomissione al paragrafo 876 ABGB. Per gli enti enumerati nel paragrafo 876 valgono - cosí dice il citato canone - la loro costituzione e le leggi politiche. Il legislatore con queste parole vuole dire: per gli enti enumerati valgono leggi, che sono fuori dal Codice civile[45]. Per gli enti ecclesiastici avevano valore di costituzione e leggi politiche - secondo la giurisprudenza austriaca - le prescrizioni del diritto canonico. E anche il Concordato austriaco, articolo XIII § 2, dice: "Il patrimonio degli enti giuridici ecclesiastici è amministrato e rappresentato dagli organi competenti a norma del diritto canonico"[46].

---

[43] Cfr. 8.5.1974, 1Ob 68/1974, SZ XLVII/59 e SZ XXv/69.

[44] "Staatsgrundgesetz über die allgemeinen Rechte der Staatsbürger", *RGB*l. 142-/1867.

[45] "Allgemeines Bürgerliches Gesetzbuch".

[46] Questa norma subisce soltanto per i religiosi una piccola modifica: "Per gli Ordini e le Congregazioni religiose, è considerato davanti al foro civile, come legittimo rappresentante per la stipulazione di atti giuridici, il Superiore della Casa, e se si tratta di negozi giuridici di Comunità maggiori, il rispettivo Superiore." (art. XIII, § 2, capoverso l, 2.parte). Generalmente i Superiori anche nello "ius proprium" degli Istituti religiosi rappresentano il corrispondente ente e hanno facoltà di firma. Ma anche se la costituzione (il "Ius proprium") di una comunitá religiosa o apostolica regola la

Questa norma tocca soltanto la rappresentanza con la facoltà di firma. Altre esigenze canoniche per la validità del negozio giuridico (come l'esigenza del consenso del Superiore) non sono considerate in questo punto del testo concordatario. Il 2° capoverso della citata norma concordataria dice: "La gestione dei beni ecclesiastici ha luogo sotto la vigilanza ed il controllo delle competenti Autorità ecclesiastiche o dei Superiori dell'Ordine. Senza il loro consenso tali beni non possono essere alienati né gravati".

Cosí le norme canoniche per le alienazioni sono salvaguardate da una grande parte dei tribunali austriaci.

Ma la Corte amministrativa - che è il Tribunale per i ricorsi contro autorità amministrative - apporta una distinzione nel campo delle prescrizioni interne per i Comuni. Finora la Corte amministrativa ha giudicato sull' aspetto del § 876 ABGB soltanto processi relativi a Municipi. Ma nel caso in cui un ricorso riguardante l'applicazione del § 876 a un ente ecclesiastico venisse portato davanti a questo Tribunale, esso forse opererebbe anche riguardo alle leggi interne degli enti ecclesiastici la menzionata distinzione relativa ai Municipi[47]. Di conseguenza non ci si può aspettare che la decisione della Corte amministrativa sia identica a quella della citata decisione della Corte Suprema.

g) La "Ordinariatsklausel" riguardo all'iscrizione a catasto dei negozi su immobili

Secondo l'art. XIII § 2 del Protocollo addizionale del Concordato, il quale gode della stessa obbligatorietà giuridica del Concordato, "la Santa Sede darà istruzioni agli Ordinari diocesani perchè nelle iscrizioni a catasto di negozi giuridici si aggiunga sullo strumento, previa verifica, una clausola che, da parte della Chiesa, nulla osta alla facoltà o all'obbligo di iscrizione a catasto, e che i rappresentanti degli enti giuridici ecclesiastici che conclusero il negozio giuridico erano a ciò autorizzati".

Questa norma riguarda soltanto negozi giuridici su beni immobili che

---

rappresentanza giuridica in un modo diverso, in Austria il Superiore è sempre considerato come rappresentante legittimo della sua comunità.

[47] E. MELICHAR, *Judikatur der österreichischen Höchstgerichte zum rechtswirksamen Handeln für juristische Personen des öffentlichen Rechts*, in *Recht im Dienste des Menschen. Eine Festgabe Hugo Schwendenwein zum 60. Geburtstag*, Hg. K. Lüdicke - H. Paarhammer - D. A. Binder, Graz 1986, 607- 615.

devono essere iscritti a catasto. Per negozi giuridici su beni mobili la norma concordataria sulla "Ordinariatsklausel" non vale. Riguardo a negozi su immobili il contraente gode della sicurezza che il negozio sia valido, che le esigenze ecclesiastiche per la validità (consenso del superiore ecc.) siano state realizzate. La clausola è chiamata "Ordinariatsklausel", che vuol dire "clausola della Curia vescovile", perché la Curia vescovile deve attestare che il negozio giuridico è valido secondo le norme canoniche.

La norma qui esposta vale anche per religiosi e religiose, anche per quelli che godono dell'esenzione dalla giurisdizione del Vescovo.

Quei negozi di persone giuridiche ecclesiastiche per i quali la registrazione al catasto è obbligatoria, ottengono efficacia, secondo la Corte Suprema, solo dopo che la Curia vescovile abbia attestato che le norme canoniche per l'obbligazione da parte ecclesiastica sono state rispettate[48]. Se manca questa clausola l'iscrizione al catasto non si può reclamare in forza del diritto. La Corte Suprema considera il rilascio di questa clausola come una questione dell'autonomia ecclesiastica, garantita dallo Stato. Di conseguenza, contro il rifiuto del rilascio di questa clausola, non si può ricorrere agli organi statali, si può soltanto ricorrere all'autorità ecclesiastica.

In questa materia il procedimento degli organi austriaci dipende da un atto interno della Chiesa emesso dall'autorità ecclesiastica secondo il diritto canonico.

In connessione colla "Ordinariatsklausel" voglio notare, che la funzione concordataria dell'Ordinario non è di permettere il negozio, ma soltanto di attestare che le norme canoniche sono state osservate. Il senso della norma dell'art. XIII, § 2 del Protocollo addizionale al Concordato è che la validitá canonica del negozio si verifica prima dell'iscrizione a catasto. Per l'ufficio catastale è difficile conoscere le differenti norme dello "ius proprium" ecc., che valgono per differenti persone giuridiche ecclesiastiche. Respingendo questa opinione prevalente, soltanto Helmut Schnizer[49] ritiene che il Concordato dia all'Ordinario del luogo un diritto di conferma dei negozi su fondi dei religiosi, che secondo lo "ius commune Ecclesiae" a lui non spetta. Non ho avuto l'impressione che la prassi segua la tesi di Schnizer. Può darsi che qualche volta,

---

[48] SZ 53/85/1980, zuf. ÖAKR 32/1981, 255s.

[49] Cfr. H. SCHNIZER, *Schuldrechtliche Verträge der Katholischen Kirche in Österreich. Eine Untersuchung über die Gültigkeit von Verträgen kirchlicher Rechtsträger nach kanonischem und staatlichem Recht*, Graz-Köln 1961, 206-226.

in casi in cui delle suore chiedano per un negozio la "Ordinariatsklausel", la Curia vescovile, la quale generalmente ha più esperti e piu esperienza in queste cose, tenti di esercitare un influsso, ma non ho notizia di una controversia giudiziaria relativa a questa materia.

h) Limitazione delle disposizioni causata dall'autonomia privata.

Abbiamo parlato delle limitazioni della capacità d'agire giuridicamente riguardo a professi di voti solenni. Il diritto dei religiosi prevede anche norme che limitano la disposizione dei professi di voti semplici su beni temporali. Nella letteratura si trova la questione se i tribunali austriaci debbano tener conto anche di queste norme.

L'efficacia di queste norme canoniche nella sfera statale può essere provata con l'autonomia privata, poiché con la professione religiosa ci si sottomette liberamente allo "ius proprium" dell'istituto e alle norme corrispondenti del Codice di diritto canonico. La Chiesa Cattolica è, nella terminologia del diritto austriaco, una Chiesa legalmente riconosciuta. E lo Stato Austriaco garantisce a chiese e società religiose legalmente riconosciute la libertà nelle "innere Angelegenheiten" (negli affari interni) fin dove l'"allgemeine Staatsgesetze" (le leggi generali dello Stato) non sono contrarie. Questa garanzia è una garanzia di livello costituzionale. Lo "Staatsgrundgesetz über die allgemeinen Rechte der Staatsbürger" del 21 dicembre 1867 fa parte del diritto costituzionale austriaco[50].

Secondo l'opinione di H. Pree[51], si può affermare che restrizioni nate dal diritto dei religiosi sono efficaci anche nella sfera statale (per esempio la norma dello "ius proprium" secondo la quale l'uso di una macchina o di una altra cosa senza licenza del superiore è illecito). Dalla professione religiosa e - riguardo alle Società di vita apostolica - dall'incorporazione all'istituto ha origine una relazione tra professo e Ordine o Congregazione oppure tra membro e Società. Questa relazione riguarda primariamente la sfera spirituale ma include anche

---

[50] La limitazione di questa libertà della Chiesa negli affari interni è in contraddizione con le "allgemeine Staatsgesetze". Sul concetto di "Allgemeine Staatsgesetze" esiste una vasta letteratura con opinioni di carattere diverso. Sulle "Allgemeine Staatsgesetze" si veda H. SCHWENDENWEIN, *Österreichisches Staatskirchenrecht*, Essen 1992, 226.

[51] Cfr. H. PREE, *Österreichisches Staatskirchenrecht*, Wien-New York 1984, 93.

quella materiale della sussistenza. Questo vuol dire che la professione o incorporazione include una convenzione di diritto civile[52]. Quindi può fondare il diritto di azione davanti a tribunali civili. Questa azione può soltanto concernere materie non spirituali (per esempio l'alimentazione). Ciò nonostante, la relazione religioso - Ordine (o Congregazione); oppure membro - Società di vita apostolica, anche se include elementi di un rapporto civile di servizio, non può essere qualificata come tale, perché il fine della comunità con preponderanza degli elementi spirituali esige una diversa struttura sociale rispetto alle strutture del diritto austriaco del lavoro. Theo Mayer-Maly mette in evidenza la rassomiglianza strutturale tra l'organizzazione del lavoro in una comunità religiosa e quella in una famiglia. Un rapporto di lavoro del genere descritto deve essere considerato sullo sfondo dell'autonomia della comunitá religiosa, ma con ciò non si esclude in linea di principio la possibilitá di vincoli riconosciuti nel diritto civile[53]. Finora controversie giudiziarie non sono note, ma nel caso di una controversia giudiziaria l'ordinamento giuridico austriaco, secondo la mia opinione, obbliga il giudice a tener conto anche delle norme canoniche del diritto dei religiosi.

5. La rilevanza della "ratio legis", dei principi di base del diritto canonico per le decisioni delle autorità statali.

Con i casi contemplati non sono state esaurite tutte le forme possibili di uso del diritto canonico da parte degli organi austriaci. Troviamo anche la presa in considerazione da parte degli organi austriaci di concetti propri del diritto canonico.

La maggior parte degli austriaci è obbligata a versare ogni mese un contributo a un istituto pubblico di assicurazione sociale per ottenere, in caso di malattia, assistenza sanitaria e, in età avanzata, una pensione. Secondo la legge generale sulla previdenza sociale[54] § 5, capoverso 1, n. 7, sono esenti da questa

---

52 Cfr. *Die vermögensrechtliche Lage ausgeschiedener Ordensleute nach kanonischem und staatlichem Recht unter Berücksichtigung der 29. ASVG-Novelle*, in *ÖAKR* 24, 1973, 318.

53 Cfr. *Erwerbsabsicht und Arbeitnehmerbegriff*, in *Neue Kölner wissenschaftliche Abhandlungen 37*, Berlin 1965, 52.

54 "Allgemeines Sozialversicherungsgesetz": ASVG.

legge, dall'obbligo cioè di versare ogni mese tale contributo, e di conseguenza non godono dei diritti menzionati, i sacerdoti della Chiesa Cattolica, alcuni funzionari della Chiesa protestante (confessione di Augsburg), i membri degli Ordini e delle Congregazioni cattoliche e le diaconesse protestanti.

Le Società di vita apostolica oppure i loro predecessori, le "societates sive virorum sive mulierum in communi viventium sine votis" del titolo 17 (libro II) del CIC 1917, nel citato paragrafo non sono menzionati. Ma il Ministero per gli Affari Sociali e la Corte amministrativa applicano la norma citata dell'ASVG anche ai membri di queste società , perche essi - riguardo al sostentamento - sono nella stessa situazione dei religiosi. Infatti, dietro alle norme canoniche è riconoscibile lo stesso concetto di sostentamento, di cura degli anziani e degli ammalati negli istituti religiosi (Ordini e Congregazioni) e in queste Società di vita apostolica, su cui gli organi austriaci dovevano giudicare. In questi casi gli organi austriaci interpretavano la norma citata dell'ASVG in modo estensivo, perché il concetto canonico di sostentamento non era limitato agli istituti enumerati nella legge[55]. Anni fa il legislatore austriaco ha varato la norma citata corrispondente al desiderio della Chiesa, ma nel corso del tempo si è visto che il testo non copre tutti i casi e così l'interpretazione del Tribunale e del Ministero ricorre alla "ratio legis", la quale in questo caso corrisponde al concetto canonico che vale anche per le Società di vita apostolica.

Il citato giudizio della Corte amministrativa non applica direttamente norme di diritto canonico. Ma interpretando una norma che era inserita in una legge austriaca corrispondente al desiderio della Chiesa, il Tribunale ricorre al principio che sta alla base dei testi legislativi, al concetto canonico.

---

[55] Cfr. H. SCHWENDENWEIN, *Österreichisches Staatskirchenrecht*, Essen 1992, 347.

L' USO DEL DIRITTO CANONICO NEI TRIBUNALI AMMINISTRATIVI DELLO STATO IN FRANCIA

Prof. P. Jean-Paul Durand, O.P.

Un anno fa, la Facoltà di Diritto Canonico dell'Institut Catholique ha festeggiato il I Centenario d'erezione per Decreto del Papa Leone XIII. Il P. Angelo Urru O.P., Decano della Facoltà di Diritto Canonico della Pontificia Università San Tommaso d'Aquino, ha onorato con la sua presenza la nostra Facoltà a Parigi[1]. Oggi, quest'ultima, attraverso la mia presenza, è felice di partecipare alla celebrazione del Centenario della Facoltà di Diritto Canonico dell'Angelicum. Queste commemorazioni accademiche offrono l'occasione di evidenziare la politica della Santa Sede, lo testimoniano le decisioni di papa Leone XIII per lo sviluppo e la protezione delle facoltà ecclesiastiche, ed in particolare per la promozione degli studi del diritto canonico per i quali si raccomanda l'uso del metodo universitario. Tutti sappiamo quanto è importante che i fedeli, chiamati ad essere titolari di un ufficio ecclesiastico, possano beneficiare di una formazione canonica sufficientemente conforme al metodo universitario; ciò dovrebbe premunirli contro i rischi del positivismo e dell'autoritarismo.

La *responsabilità di governo* e *la cultura* si sostengono vicendevolmente in modo prezioso: da un lato, il compito di governare richiama la cultura all'attualità nella lotta in favore della giustizia, ad una concezione della giustizia che non sia ideologica. Dall'altro lato, la cultura richiama l'autorità di governo alla consapevolezza che è al servizio delle persone in vista dello sviluppo inte-

---

[1] Cf J.P. DURAND, *Introduction au Colloque du Centenaire de la Faculté de Droit Canonique de l'Institut Cathloique de Paris,* in *L'Année Canonique* 38 (1995-96); *Transversalité*, (Revue de l'Institut Catholique de Paris) N° 58, juin-juillet 1996.

grale di ogni essere umano concreto, come già ha richiamato l'enciclica *Populorum Progressio* di Paolo VI. Ma non mi è stato chiesto di parlarvi del diritto canonico propriamente detto, e neppure del suo insegnamento, poiché il tema della conferenza è un tema di diritto ecclesiastico, e nel nostro caso un tema di diritto statale francese sulla libertà religiosa e la religione.

Per parlare dell'uso del diritto canonico nei tribunali amministrativi dello Stato in Francia, propongo due riflessioni: in una prima parte, richiamerò il contesto del diritto ecclesiastico francese, contesto dal quale dipende l'uso del diritto canonico nella giurisprudenza amministrativa di questo Stato. In una seconda parte, insisterò sulle origini, sulle radici della giurisprudenza francese, specialmente sulle radici della giurisprudenza amministrativa, cercando di evidenziare l'uso che essa fa del diritto canonico.

Posso subito affermare che il diritto canonico è ugualmente usato da parte della giurisprudenza di diritto privato, giurisprudenza tuttora chiamata giurisprudenza civile: questa ha pure le sue peculiarità, che sono particolarmente segnate dalle sentenze della Corte di Cassazione. Le particolarità giurisprudenziali amministrative sono altre, esse sono marcate essenzialmente dalle sentenze del Consiglio di Stato. Quindi ci si vuole interrogare sulle difficoltà che il diritto canonico incontra in Francia, in quanto diritto pubblico della Chiesa Cattolica. Tale carattere pubblico può essere percepito nel regime di separazione francese? In Francia il regime di separazione dei culti e dello Stato ha ridotto i culti, dal 1905, ad un'esistenza di fatto e dunque di diritto privato. Questo è vero per i culti come per le loro congregazioni religiose e per le loro collettività religiose (le comunità religiose non congregazioniste). Questa differenziazione esistente fra diritto pubblico e diritto privato è molto importante.

I - Il diritto canonico in un contesto di laicità francese

Gli storici del diritto francese potrebbero essere di nuovo interrogati sulle varie fluttuazioni del grado di autorità del diritto canonico nel diritto francese durante l'evoluzione di quest'ultimo, se la religione cattolica sia stata, o non sia più, la religione ufficiale, spesso quasi la sola religione ufficiale dello Stato francese. Non si possono ignorare le vicissitudini del gallicanesimo di cui hanno parlato così bene Martimort e Gaudemet.

La Repubblica Francese è ufficialmente laica in virtù della Costituzione del 1946 prima e del 1958 poi. Questa "laicità" dello Stato ammette la convivenza di diversi regimi per i culti. Questo principio è meno vero per le

Congregazioni religiose: per queste ultime il Consiglio di Stato cerca, quando se ne presenta l'occasione, di offrire alle Congregazioni interessate i miglioramenti di un regime speciale derivante dalla legge del 1° luglio 1901: è il caso, avvenuto dieci anni fa nelle regioni in cui questa legge non è neppure applicabile per principio, come la Guiana francese e l'Alsazia-Mosella.

Ritornando ai culti, il regime di separazione esige ovunque in Francia, da parte del pubblico potere, il rispetto della neutralità di confessione, la neutralità dello Stato repubblicano. Inoltre la cultura laica, come pure una certa mentalità francese, resistono alle richieste di aiuto pubblico reclamato per attività che hanno un oggetto essenzialmente religioso: ovvero quando tali attività non partecipano legalmente ad una missione di diritto pubblico. Se questa partecipazione esiste, come per i cappellani militari o degli ospedali pubblici o delle scuole pubbliche, queste attività essenzialmente religiose possono beneficiare, in certe circostanze, di sussidi pubblici, perché tali attività, benché essenzialmente religiose, partecipano ad un servizio di interesse pubblico. Il regime di separazione dei culti e dello Stato è attualmente in vigore nella maggior parte del territorio francese. Le Congregazioni religiose hanno la possibilità di beneficiare di un regime privilegiato per il riconoscimento legale: basta un decreto del Primo Ministro dopo il parere conforme del Consiglio di Stato. Accanto al regime di separazione dei culti e dello Stato, sussistono effettivamente altri regimi per i culti e in teoria pure per le loro Congregazioni: si tratta di qualche regime locale di cui godono certi culti per ragioni storiche. Si tratta soprattutto delle disposizioni di diritto pubblico concernenti oggi quattro culti in Alsazia-Mosella (il culto cattolico, luterano, della Riforma ed ebraico); e pure il regime civile per il clero cattolico nella Guiana francese; le disposizioni civili per il clero protestante nell'isola della Réunion e, infine, alcune altre particolarità civili in qualche regione sempre dell'oltremare francese.

Questi culti non sono separati dallo Stato francese; ma tale Stato è *divenuto* uno Stato laico. Però i culti partecipano al servizio pubblico in territori dove diversi regimi legali sono ancora in vigore. In Francia è interessante notare diversi casi in cui le istituzioni religiose collaborano ancora oggi con lo Stato laico: da un lato, quando non sono separati dallo Stato, i culti, o alcuni fra loro, appartengono al servizio pubblico dello Stato per esercitarvi il culto. In questo caso il diritto canonico riceve solo l'autorità che il diritto francese decide di accordargli. Dall'altro lato, quando i culti sono separati dallo Stato, certe attività essenzialmente cultuali possono a volte partecipare ad un servizio di interesse pubblico, come nel caso delle "aumôneries" dei servizi pubblici dello Stato. In tal caso, il diritto canonico rimane un semplice fatto di diritto privato.

Inoltre, quando lo Stato conclude un contratto d'associazione con una scuola cattolica, l'insegnamento impartito in questa scuola partecipa alla missione del servizio pubblico dell'educazione nazionale francese: la scuola offre agli allievi, ai genitori, alla società e allo Stato il suo specifico che le deriva dall'essere cattolica. Per quanto riguarda il diritto canonico che regge il carattere cattolico della scuola e l'esercizio della tutela del Vescovo o dell'Istituto, il diritto canonico rimane un fatto di diritto privato che la giurisprudenza francese fa rispettare in nome del rispetto delle tendenze ideologiche legittime di tutte le istituzioni a servizio dei valori.

Per meglio situare il posto tenuto dal diritto canonico nel contesto francese, ritorno al fatto della scomparsa del confessionalismo cattolico in Francia. Certo, il regime riservato dallo Stato al culto cattolico in Guiana, riposa ancor oggi su una Circolare del 1828 del re Carlo X. Questo re ha regnato in un regime monarchico, dove lo Stato francese era ufficialmente cattolico dal 1815 e che è rimasto tale fino al 1830. Ma non si può affermare che ancora oggi lo Stato francese sia in Guiana uno Stato di confessione cattolica.

Il confessionalismo cattolico di Stato in Guiana è stato evocato recentemente da parte di qualche sociologo della storia, ma senza una sufficiente considerazione per i criteri giuridici.

Nel diritto costituzionale francese, la Repubblica è una: quanto alla sua laicità, essa partecipa all'unità costituzionale del regime repubblicano francese, così instauratosi nel 1946.

La Guiana francese conosce ai giorni nostri un regime locale amministrativo dello Stato francese che favorisce un solo culto, quello cattolico; lo Stato competente non è più uno Stato cattolico in Guiana, perché è il medesimo Stato repubblicano laico, come lo è ovunque sul territorio francese.

Mancando un regime confessionale cattolico in Francia, il diritto canonico ha oggi più autorità nel diritto positivo francese? Io credo di sì.

In passato, il diritto canonico aveva avuto molta autorità sull'antico diritto francese? Dopo la negoziazione condotta sotto il pontificato di papa Leone X conclusasi con il Concordato di Bologna del 1516 con la Francia, l'autorità del diritto canonico era rimasta limitata. Tale debole autorità è poi scomparsa a partire dalla promulgazione sotto il regno di Luigi XVI della Costituzione civile del clero del 1790. Prima della Rivoluzione del 1789, il diritto canonico aveva avuto autorità sul vecchio diritto francese solo a condizione di essere stato debitamente ammesso dalle autorità gallicane del Regno di Francia, un regno dove la religione cattolica era tuttavia la religione ufficiale del Regno.

Essendo la Repubblica Francese laica dal 1946, lo Stato di conseguenza, non è più confessionale, ma ufficialmente "neutro" nei confronti di ogni dottrina religiosa. Le cerimonie ufficiali nella Cattedrale di Nôtre-Dame a Parigi per celebrare la memoria dei Presidenti della Repubblica defunti, come per il Generale de Gaulle, i Presidenti Pompidou e Mitterrand, sono state delle cerimonie richieste alla Chiesa Cattolica da parte dello Stato francese, e con il consenso esplicito o implicito del Capo di Stato defunto. Nonostante questo, il Presidente della Chiesa riformata di Francia, il Pastore Stewart, ha criticato la cerimonia religiosa a Nôtre-Dame per il Presidente Mitterand, una cerimonia che il Pastore ha giudicato attentatrice della laicità dello Stato.

In ogni caso, laddove lo Stato francese non è separato dal culto cattolico, come in Guiana e in Alsazia-Mosella, il diritto canonico è riconosciuto, almeno, come diritto interno di un culto che partecipa ad un servizio di interesse pubblico. Il culto privilegiato per ragioni storiche ha ricevuto protezioni di diritto pubblico da parte dello Stato francese: ad esempio l'inserimento nel bilancio pubblico dei culti, per remunerare i vari ministri divenuti pubblici agenti di questo Stato. E altri strumenti, come il dotarsi, per lo Stato, di qualche persona morale di diritto pubblico presso certe istituzioni religiose dei quattro culti privilegiati in Alsazia-Mosella sempre per ragioni storiche: queste persone morali sono degli edifici pubblici del culto: quello che noi chiamiamo "menses", "fabriques", ecc. Ma in Alsazia-Mosella, le persone morali di diritto canonico non hanno però ricevuto la personalità nel diritto francese, neppure quella di diritto privato.

Infine in regime di separazione, l'art. 4 della legge del 9 dicembre 1905 applica un principio, sul quale ritornerò nella seconda parte: è il principio del rispetto, da parte dell'ordine pubblico francese, delle regole proprie di organizzazione generale di tutti i culti esistenti. È sufficiente che tali regole particolari non siano in opposizione all'ordine pubblico repubblicano. Nella nostra seconda parte, rifletteremo sul significato di tale rispetto dal punto di vista della giurisprudenza amministrativa francese. Questo rispetto riguarda dunque anche il diritto canonico, per il culto cattolico.

In questo quadro generale della laicità francese, il diritto canonico non ha dunque autorità sul diritto repubblicano dello Stato. Il ristabilimento delle relazioni diplomatiche tra la Francia e la Santa Sede avvenuto nel 1921, non ha modificato il regime del diritto canonico nei confronti del diritto repubblicano francese. La giurisprudenza francese sia di diritto amministrativo, che di diritto privato, deve limitarsi a interpretare il diritto francese in vigore nel quadro dell'ordine costituzionale repubblicano. Questo ordine deve esso stesso rispettare gli impegni internazionali che la Francia ha debitamente concluso.

Dopo avere richiamato tale quadro generale[2] vorrei terminare questa prima parte evocando un episodio per illustrare il contesto della separazione: una celebrazione eucaristica per la quale non è possibile ricevere sovvenzioni pubbliche dirette.

Durante la fase preparatoria del viaggio di S. Santità lo scorso settembre in Francia, dei cattolici avevano proposto ad alcuni Comuni interessati di finanziare l'organizzazione di una parte delle celebrazioni eucaristiche presiedute dal Papa. Il Consiglio Municipale della città di Reims, per esempio, ha accettato di votare una sovvenzione pubblica per una di queste celebrazioni. Questa decisione dell'amministrazione municipale non teneva sufficientemente conto dell'art. 2 della legge del 9 dicembre 1905 riguardante la separazione delle Chiese dallo Stato. L'art. 2 inizia con queste parole: "*la Repubblica non riconosce, non stipendia, né sovvenziona alcun culto*" (art. 2 § 1 a). Infatti la decisione della città di Reims del 26 marzo 1996 è stata annullata dal giudice del Tribunale amministrativo di Châlons en Champagne il 18 giugno 1996. Come il Tribunale amministrativo ha qualificato la celebrazione della S. Messa presieduta dal Pontefice prevista per il 22 settembre 1996 nella base aerea, situata a fianco della città di Reims? Certo, tale celebrazione eucaristica appartiene ad un contesto generale, un contesto non strettamente confessionale, cioè il "contesto generale della commemorazione nazionale del battesimo di Clodoveo (Clovis)": ma questa S. Messa, precisa il Tribunale amministrativo, s'iscrive "nel quadro della visita pastorale del Papa in Francia". Tale S. Messa, secondo il Tribunale amministrativo, ha dunque conservato "un carattere essenzialmente religioso". La città di Reims si è difesa: prima di tutto, richiamando che la legge del 1905 sulla separazione delle Chiese dallo Stato possiede anche un articolo 1: esso stabilisce che la Repubblica francese garantisce il libero esercizio dei culti, mediante il solo rispetto dell'ordine pubblico.

La città di Reims, votando la sovvenzione pubblica per la celebrazione della S. Messa, non aveva dunque assicurato semplicemente il libero esercizio del culto? Il Tribunale amministrativo ha respinto questa prima argomentazione. E ha tenuto a ricordare che il regime francese della separazione consiste soprattutto nella non sovvenzione di un culto, cioè in questo caso, di una

---

[2] Per un approfondimento dell'argomento si veda J. - P. DURAND, *Droit civil français ecclésiastique et droit public eccesiastique*, in P. VALDRINI (Dir.), *Droit canonique*, Paris 1989, pp. 515-731.

cerimonia "che conserva un carattere essenzialmente religioso". In seguito, l'amministrazione della città di Reims aveva insistito con un altro argomento per difendere la sua delibera: l'interesse locale per la visita del Papa a Reims, in ragione della pubblicità per la vita intellettuale e culturale, insieme alle risorse economiche, che la visita del Pontefice ha la possibilità di procurare alla città di Reims. Anche qui, il Tribunale amministrativo ha giudicato che questi vantaggi scontati, non potevano "giustificare maggiormente la presa a carico della città di Reims di una spesa relativa all'esercizio di un culto". La città di Reims aveva risposto ancora al Tribunale insistendo sulla sua preoccupazione di sostenere il dispositivo di sicurezza. Il Tribunale ha allora evidenziato le voci previste nella delibera di spesa per scartare dalla difesa questo terzo argomento. Infatti la sovvenzione, che avrebbe raggiunto la somma da 1,2 a 1,5 milioni di franchi, era solo per finanziare gli impianti tecnici da installare per la S. Messa del Papa: podio, tettoia, ascensore, tinteggiature, decorazioni e rivestimenti del suolo.

Questo semplice episodio è palesemente simbolico, poiché riguarda una messa pontificale. Ma s'iscrive in una giurisprudenza amministrativa costante. Il diritto canonico non riceve un trattamento particolare nel regime francese di separazione, essendo ritenuto nient'altro che l'insieme delle regole di organizzazione generale in vigore all'interno del culto cattolico. Tali regole - canoniche - sono debitamente dettate dalle autorità cattoliche competenti e non dallo Stato francese.

D'altronde, la giurisprudenza amministrativa concernente le sovvenzioni pubbliche versate per attività culturali comportanti degli aspetti religiosi, è stata purtroppo più severa nella decisione del Consiglio di Stato in data del 9 ottobre 1992, presso il Comune di Saint-Louis contro l'Associazione induista Shiva Soupramanien di Saint-Louis[3]. Ma la severità di questa sentenza è stata, a ragione, molto criticata: infatti è l'attività che ha un oggetto essenzialmente religioso che non può ricevere finanziamenti pubblici. Le collettività pubbliche non potrebbero più sovvenzionare, per esempio, i campi della gioventù degli Scouts di Francia, movimento ufficialmente cattolico che assume pure un'attività educativa e culturale?

Detto questo, quale uso fa del diritto canonico la giurisprudenza amministrativa francese?

---

[3] Cf A. ASHWORTH, in *La semaine juridique* (JPC), 24 (1993) 227-232.

II - A proposito delle origini di una giurisprudenza amministrativa costante (1910-1920)

Tratterò adesso solo della giurisprudenza francese che ha interpretato il regime di separazione. Abbiamo visto nella prima parte, che il regime di separazione non riconosce al diritto canonico la sua autorità di diritto pubblico. Il diritto canonico incontra dunque una difficoltà di *receptio* da parte del diritto francese in regime di separazione. Il diritto canonico ha conservato almeno una minima autorità? Desidero interessarmi a questa difficoltà.

Oggi, la giurisprudenza amministrativa francese, nata tra il primo ed il secondo decennio del nostro secolo non è cambiata su questo punto. Durante detto periodo, la giurisprudenza amministrativa e la giurisprudenza di diritto privato si sono divise i compiti secondo i loro rispettivi criteri di ripartizione delle competenze[4] per trattare la difficoltà della *receptio.* Le due giurisprudenze hanno sostenuto la stessa dottrina riguardo all'uso fatto dai tribunali francesi, delle diverse regolamentazioni che ogni culto si è potuto dare, per esempio l'uso del diritto canonico Latino e Orientale per la Chiesa Cattolica romana.

Però nel 1920 già s'imponeva la laicità. Ma come è stato possibile questo, dato che la proclamazione di questo principio sarà inserito ufficialmente nella Costituzione del 1946? Certo, il principio costituzionale della laicità della Repubblica Francese non era stato ancora proclamato. Tuttavia, le principali leggi laiciste erano state già votate: legge del 1° luglio 1901 sulla libertà d'associazione; legge del 9 dicembre 1905 sulla separazione delle Chiese dallo Stato; legge del 2 gennaio 1907 sul libero esercizio del culto.

Col principio costituzionale della laicità, le Costituzioni del 1946 e del 1958 hanno confermato l'evoluzione legislativa del regime di separazione. Dicevo che il principio costituzionale della laicità si applica, a partire dal 1946, all'insieme dei culti in Francia senza pertanto modificarne le disposizioni legislative, regolamentari e giurisprudenziali: infatti, la Francia non è più uno Stato confessionale, e questo ovunque sul suo territorio. D'altronde, io faccio

---

[4] Cf le note 2 - 7 pubblicate da Dalloz nel 1912 con decreto della Camera civile della Corte di Cassazione dei giorni 5 e 6 febbraio 1912, p. 121 e dove sono commentati i criteri di ripartizione delle competenze nel Consiglio di Stato e nella Corte di Cassazione nel campo che concerne la presente esposizione.

risalire l'inizio ufficiale della laicità in Francia al momento della promulgazione nel 1802 del Concordato che non ripristinava la religione cattolica al rango di religione di Stato o come lo era stata dal 1516 al 1790. Ricordo di nuovo che la neutralità religiosa dello Stato laico proclamata nel 1946 non vieta allo Stato di far coesistere tra loro vecchi regimi locali aventi dei servizi pubblici cultuali, e il regime della separazione instaurato all'inizio del XX secolo.

La nascita della giurisprudenza amministrativa francese, per quanto riguarda l'uso del diritto canonico e degli altri diritti religiosi, è stata motivo di fierezza per i governanti francesi degli anni Venti. Diverse cancellerie accusavano la Repubblica Francese di venir meno ai suoi doveri e alle tradizioni giuridiche: per esempio con l'abrogazione unilaterale del Concordato nel 1905 e la mancanza di garanzie giurisprudenziali a proposito del libero esercizio del culto fin dal 1905.

Verso la fine della prima guerra mondiale e soprattutto dalla fine delle ostilità, il Governo francese e la Santa Sede ricercano maggiormente dei mezzi per migliorare le loro relazioni. Si interrogano per precisare meglio le condizioni giuridiche che possano garantire il rispetto del diritto francese della separazione, del diritto canonico e delle Istituzioni della Chiesa Cattolica in Francia. Il Governo francese invano spererà in una *receptio* canonica delle leggi Statali-laiciste. Le trattative fino al 1924 arriveranno comunque a concludere diverse intese a proposito delle loro rispettive interpretazioni dei problemi giuridici che via via andavano ponendosi[5]. Saranno ristabilite nel 1921 le relazioni diplomatiche dopo essere state interrotte nel 1904. Nel 1921, un promemoria permette di stabilire, tra le due parti, la procedura della *prenotifica* per la nomina dei vescovi delle sedi diocesane. Nel 1923 - 1924, l'intesa su uno Statuto-tipo per *associazioni civili diocesane cattoliche*, permette di regolare il contenzioso a proposito delle associazioni civili cultuali, associazioni previste dal titolo IV della legge del 9 dicembre 1905, e rifiutate da papa Pio X.

All'inizio degli anni Venti, il Governo francese ha potuto comunicare alla Santa Sede gli sviluppi della sua giurisprudenza, sia amministrativa che di diritto privato, dal 1910 al 1920. Il Segretario generale del Quai d'Orsay, M. Fromageot, aveva redatto qualche appunto di sintesi. Stando ad una nota del 1924, attribuita a Canet, destinata al Presidente del Consiglio dei Ministri del tempo - nota che ho potuto studiare - tali appunti sono stati comunicati al Cardi-

---

[5] J. - P. DURAND, *Le modus vivendi et les diocésaines (1921-1924). L'hypotèse d'un accord diplomatique en forme simplifiée*, in *L'Année Canonique* 35 (1992) 199-234.

nale Segretario di Stato Pietro Gasparri attraverso il rappresentante diplomatico francese, M. Doulcet. Soprattutto tale documentazione ha contribuito a far conoscere meglio come la giurisprudenza, soprattutto amministrativa, intendeva far uso delle regolamentazioni religiose proprie di ciascun culto esistente, e sottoposto unilateralmente, in Francia, al regime di separazione. Ai principi contenuti in questa costruzione giurisprudenziale, vorrei consacrare l'essenziale di questa seconda parte del presente studio.

Faccio uso dei quattro appunti stampati che ho potuto ottenere dagli archivi personali di un ecclesiastico francese, e che sono forse il famoso rapporto Fromageot, trasmesso dal diplomatico francese Doulcet, a nome del Ministero degli Affari Esteri francese, al Cardinale Segretario di Stato di S. Santità Benedetto XV. Tale nota è stampata col seguente titolo in lingua italiana: "Num III. Nota rimessa dal Signor Doulcet all'Eminentissimo Signor Cardinale Segretario di Stato" [pp.46-49]. Chiamerò il documento: nota Doulcet (D). Per pronunciarsi sulla natura esatta di tale documento, bisogna attendere il momento delle conferme autorizzate dal Vaticano e dal Quai d'Orsay. A mio parere, si tratta di un messaggio autentico di M. Doulcet, emissario della Francia a Roma, prima della riapertura dell'ambasciata di Francia presso la Santa Sede il 18 maggio 1921. M. Jonnard fu nominato Ambasciatore di Francia presso la Santa Sede il 10 marzo 1921 e Mons. Cerretti arrivò a Parigi il 6 agosto dello stesso anno come nuovo Nunzio. Faccio risalire la nota Doulcet agli inizi degli anni Venti, prima della cerimonia di canonizzazione di Giovanna d'Arco. Nella nota Doulcet, l'ultima menzione di giurisprudenza citata porta la data del 23 gennaio 1920 e si tratta di una sentenza del Consiglio di Stato riguardo all'affare Barraud; tale sentenza era "non ancora pubblicata", come si precisa a pagina 49.

La giurisprudenza amministrativa non accorda al diritto canonico uno statuto privilegiato e nemmeno un trattamento discriminatorio. Ogni regolamentazione religiosa propria ai diversi culti è qualificata dalla legge di separazione del 1905 art. 4 e dalla giurisprudenza delle "regole d'organizzazione del culto". La base legale della giurisprudenza sia amministrativa che di diritto privato comprende soprattutto elementi che di seguito cercheremo di evidenziare.

La legge del 1905 ha previsto la creazione di associazioni cultuali di diritto privato per sostituire gli enti pubblici del culto soppressi dalla stessa legge del 9 dicembre 1905: sono delle associazioni civili dichiarate che devono avere esclusivamente come oggetto l'esercizio del culto, per il mantenimento del culto stesso. Il papa Pio X ha temuto che, in tali associazioni civili cultuali, l'esercizio del culto cattolico potesse essere sottomesso alle oscillazioni dei giochi della maggioranza. In ogni caso la coesione cattolica della diocesi, come quella della parrocchia, rischiavano entrambe di essere indebolite da molteplici "feudalità" civili in seno alle quali il ministero ordinato episcopale o presbiterale sarebbe stato facilmente *diluito* in mezzo agli altri associati. Per questo gli Statuti tipo delle associazioni diocesane del 1924 scartano come oggetto l'esercizio del culto, per conservare solamente il mantenimento del culto nella categoria dell'associazione civile accettata dal Papa e dall'Episcopato francese.

Ma prima che le negoziazioni tra la Francia e la Santa Sede arrivino a limitare in questo senso l'oggetto delle associazioni diocesane, c'è stato bisogno di valutare, con la giurisprudenza, la base legale delle associazioni diocesane, di sapere quali fossero le garanzie offerte o meno dalla giurisprudenza, affinché l'associazione cultuale fosse in grado di rispettare le regole d'organizzazione generale di ogni culto interessato, poiché l'associazione diocesana appartiene, per il diritto francese, al gruppo delle associazioni cultuali.

Se fossero esistite delle garanzie giurisprudenziali, sarebbero state sufficienti? Benedetto XV e poi Pio XI hanno voluto continuare ad esaminare i dossier delle associazioni cultuali, dossier che erano stati chiusi da Pio X per mancanza di garanzie sufficienti perché la Chiesa Cattolica li utilizzi o anche solamente perché possa legalmente adattarle alle esigenze del diritto canonico. Si sa che Pio XI dovrà ottenere almeno il parere dell'assemblea plenaria del Consiglio di Stato del 13 dicembre 1923, perché siano così interpretati i termini scelti per gli Statuti-tipo delle associazioni diocesane: un'interpretazione certamente *autorizzata*, ma senza un contesto politico favorevole al voto di una disposizione legislativa che avrebbe potuto completare le leggi laiche iniziali.

Il principio del rispetto, da parte del diritto francese, delle regole d'organizzazione generale del culto, di cui le associazioni cultuali si propongono d'assicurare l'esercizio, è un principio che appare dunque nell'articolo 4 della legge del 9 dicembre 1905. Qualche anno fa, ho dovuto ricordare in Francia che il principio del rispetto - dell'ordine pubblico - superava, per importanza, il valore del semplice articolo 4[6]. L'articolo 4 è solo un articolo di circostanza. Invece il principio del rispetto delle regole religiose è la base legale che cerca di garantire il libero esercizio del culto nel regime di separazione francese dal 1905. L'articolo 4, si sa, mirava a lasciare un anno di tempo ai diversi culti, affinché i loro enti pubblici - enti che sarebbero dovuti scomparire dopo il 1905 - potessero trasferire i loro beni alle nuove associazioni cultuali da crearsi secondo la procedura della dichiarazione, conforme alle disposizioni del titolo

---

[6] Cf *ibid.*, 202-203.

IV della legge del 1905[7]. Bisognava evitare, grazie all'affermazione del rispetto delle regole generali proprie ai culti, di commettere degli errori tra le diverse associazioni che potevano ormai fondarsi liberamente, e di commettere delle ingiustizie tra i culti o tra le istituzioni o comunità di un medesimo culto. Le regole religiose proprie a ogni culto non dovevano essere violate in questo frangente; come la giurisprudenza si preoccuperà di fare in seguito soprattutto a proposito dell'applicazione dell'art. 4 consacrato al trasferimento dei beni cultuali. D'altra parte, la situazione francese era andata complicandosi con il rifiuto di Pio X, nel 1906 e 1907, di permettere ai cattolici di "dichiarare" delle associazioni cultuali. C'è stato bisogno di completare la legge del 1905 con la legge del gennaio 1907, in particolare per facilitare le condizioni del libero esercizio pubblico del culto, specialmente per gli edifici cultuali che dovevano essere trasferiti allo Stato o ai Comuni, per mancanza di associazioni cultuali cattoliche che li accogliessero al momento della scomparsa degli enti pubblici del culto. Altrimenti, come rispettare il principio dell'art. 1 della legge del 9 dicembre 1905 secondo il quale - come ho detto - "*la Repubblica assicura la libertà di coscienza*" e garantisce "*il libero esercizio dei culti*"? Per questo, la legge del 2 gennaio 1907 afferma all'art. 5 che "*in mancanza di associazioni cultuali*" (è il caso del culto cattolico) "*gli edifici adibiti all'esercizio del culto, così come i mobili che li allestiscono, continueranno, salvo il caso di destinazione ad altro uso previsto dalla legge del 9 dicembre 1905, a essere lasciati a disposizione dei fedeli e dei ministri del culto per la pratica religiosa*".

Nel 1920, la nota Doulcet è in grado di affermare che tali disposizioni legislative del 1901, 1905 e 1907 sono state oggetto di interpretazione giurisprudenziale: a seconda dei casi, o da parte della giurisdizione civile della Corte di Cassazione o da parte della giurisdizione amministrativa del Consiglio di Stato. Stando alla nota Doulcet, l'interpretazione giurisprudenziale è ormai acquisita e concorda interamente. I suoi principi sono cinque:

---

[7] "Alla scadenza di un anno a partire dalla promulgazione della seguente legge, i beni mobili e immobili delle "menses", "fabriques", i consigli presbiterali, i concistori e gli altri edifici pubblici del culto saranno, con tutti gli oneri e le obbligazioni, e con le loro particolari destinazioni, trasferiti per mezzo dei loro rappresentanti legali, alle associazioni che, conformatesi alle regole di organizzazione generale del culto di cui esse si propongono d'assicurarne l'esercizio, si saranno legalmente formate seguendo le prescrizioni dell'art. 19, per l'esercizio di tale culto nelle ex circoscrizioni dei sopraccitati enti" (art. 4 della legge del 9 dicembre 1905).

I principio:

L'associazione cultuale deve "*conformarsi alle regole di organizzazione generale del culto*". Cosa significa? La nota Doulcet riassume la giurisprudenza del Consiglio di Stato a tale proposito: "...risulta che per avvalersi dei diritti riconosciuti dalla legge ad una simile associazione, essa deve, non solo conformarsi alla dottrina religiosa di una Chiesa, ma pure alle regole relative alla sua organizzazione, alla sua costituzione e alla sua amministrazione". Infatti, come il Commissario del Governo Chardenet analizza magistralmente nel 1910[8], il Consiglio di Stato ha dovuto pronunciarsi in quell'anno, per la prima volta, su questo problema, sul modo in cui una associazione cultuale luterana potesse ricevere i beni di un ex edificio pubblico protestante solo se l'associazione si fosse conformata alla fede luterana e alle regole relative all'organizzazione di questo culto. La nota Doulcet riassume così la sentenza del Consiglio di Stato del 9 dicembre 1910:

"Quando un'associazione i cui membri si dicono uniti per la fede al culto luterano, non accetta nessun legame con i concistori, i sinodi e gli ispettori ecclesiastici istituiti in conformità con la costituzione della Chiesa luterana in Francia, essa non è conforme alle regole dell'organizzazione generale del culto luterano in Francia e quindi non può reclamare l'attribuzione dei beni della Chiesa luterana" (p. 47)[9].

II principio:

In esso viene precisato come la giustizia amministrativa constati la conformità o meno al culto cattolico di un'associazione cultuale: per questa constatazione, la nota Doulcet riporta la giurisprudenza del Consiglio di Stato (p. 47): "*...per quanto concerne il culto cattolico, la gerarchia della Chiesa Cattolica, costitutiva della sua unità, è una regola fondamentale della sua organizzazione generale alla quale nessuna associazione fondatasi in vista dell'esercizio del culto cattolico può trasgredire, senza perdere il carattere d'associazione cultuale cattolica*". Nella sentenza del Consiglio di Stato del 28

---

8 Cf Conclusioni del Commissario governativo Chardenet, sulla sentenza del Consiglio di Stato del 9 dicembre 1910, in *Lebon*, 1910, nota 1, pp. 907-931.

9 Cf Dalloz, 1912, III, 25, *Recueil du Conseil d'État*, 1910, p. 931.

luglio 1911[10], è scritto quanto segue: "Un prete cattolico che non si sottometta affatto all'autorità del suo vescovo non è un ministro del culto cattolico, e un'associazione che non ammetta per nulla l'organizzazione della Chiesa Cattolica romana, che non ammetta neppure la sua gerarchia e le regole di sottomissione e obbedienza che comporta, un'associazione che abbia a sua disposizione un prete al quale sia stato vietato di celebrare il culto cattolico, una simile associazione non si conforma alle regole d'organizzazione generale del culto cattolico e nello stesso tempo si trova nell'impossibilità di assicurare l'esercizio del culto conformemente alle regole della Chiesa" (p. 47 della nota Doulcet).

Secondo la giurisprudenza stessa del Consiglio di Stato nella sentenza del 28 luglio 1911, ancora la nota Doulcet commenta: "non ci si può considerare in conformità alle regole di organizzazione del culto cattolico seguendo le prescrizioni dell'art. 4 della legge del 9 dicembre 1905 e valersi in questo campo di diritti di un'associazione che non riconosca la gerarchia ecclesiastica, e che si mantenga proprietaria di una Chiesa Cattolica nonostante la decisione contraria del vescovo" (p. 47-48).

Da parte sua e nello stesso senso, la sentenza della Corte di Cassazione del 5 febbraio 1912[11] aveva tratto le stesse conclusioni per un'associazione - cito la nota Doulcet - "che non è riconosciuta dall'autorità diocesana e che fa appello, per la celebrazione del culto ad un prete non approvato dal vescovo. Simili associazioni [aggiunge la nota Doulcet], non possono reclamare l'attribuzione di una parrocchia o dei beni di una *fabrique"* (p. 48).

III principio:

"*Un'associazione cultuale* [precisa la nota Doulcet], *deve essere e mantenersi in misura da raggiungere il suo obiettivo conformemente alle regole d'organizzazione generale del culto di cui intende assicurarne l'esercizio*" (p. 48). Secondo la sentenza del Consiglio di Stato del 14 febbraio 1913[12] la nota Doulcet riporta ancora: "Non può essere così per un'associazione che sia nell'evidente impossibilità di ottenere l'aiuto di un ministro del culto approvato dall'autorità diocesana". Secondo la sentenza del Consiglio di Stato del 5 dicem-

---

[10] Cf Dalloz, 1912, III, 33.

[11] Cf Dalloz, 1912, I, 121.

[12] Cf. Dalloz, 1914, III, 9; in *Recueil du Conseil d'État*, 1913, p. 204.

bre 1913[13], riportata pure nella nota Doulcet (p. 48), non può avvenire così per un'associazione che, formatasi nel 1906 in applicazione della legge del 9 dicembre 1905 e facente appello al Vicario parrocchiale, veda poi lo stesso Vicario venir privato del titolo dal vescovo. "In casi simili [sottolinea la nota Doulcet], se dei beni fossero stati attribuiti ad una simile associazione, l'attribuzione dovrebbe essere dichiarata nulla" (p. 48).

IV principio:

E' quello che riguarda il rispetto del diritto canonico in materia di designazione del parroco assegnato per un edificio di culto: tale questione è situata nella nota Doulcet in vista dell'applicazione dell'art. 5 § 1 della legge del 2 gennaio 1907 che afferma il principio di continuità dell'assegnazione di un edificio di culto in mancanza di un'associazione cultuale che lo possegga, assegnazione accordata per legge al culto che già godeva dei luoghi prima della separazione del 1905. Cito la nota Doulcet che si appoggia ora su una sentenza della Corte di Cassazione del 6 febbraio 1912[14]: "... *che in mancanza di associazioni cultuali, gli edifici assegnati all' esercizio del culto devono, secondo l'art. 5, § 1 della legge del 2 gennaio 1907, continuare ad essere lasciati a disposizione dei fedeli e dei ministri del culto per la pratica della loro religione*", e ne risulta che, sotto il nuovo regime di separazione, l'assegnazione degli edifici religiosi deve essere lasciata al culto che, in regime concordatario, vi veniva anteriormente celebrato.

Nello stesso modo, la nota Doulcet s'appoggia sulla sentenza della Corte di Cassazione del 5 febbraio 1912[15] per dichiarare di conseguenza, per ciò che riguarda la Chiesa Cattolica, che la destinazione degli edifici religiosi deve essere lasciata "all'esercizio del culto praticato secondo le regole della Chiesa Cattolica da preti che riconoscano la gerarchia cattolica e facciano parte di essa" (p. 49). Nel caso in cui si sollevi un conflitto tra due preti a causa dell'occupazione di una Chiesa Cattolica, l'attribuzione di quest'ultima deve essere esclusivamente riservata a colui che si sottomette alle regole d'organizzazione generale del culto di cui si propone d'assicurarne l'esercizio, soprattutto a quelle

---

[13] In *Recueil du Conseil d'État*, 1913, p. 1212.

[14] Chambre civile, in *Dalloz*, 1912, I, 123.

[15] Cf Chambre civile, in *Dalloz*, 1912, I, 121.

della gerarchia ecclesiastica, e che rimane in comunione con il suo vescovo; la nota Doulcet rinvia alle due sentenze, citate sopra, della Corte di Cassazione del 1912.

A questo punto la nota Doulcet rinvia alla sentenza del Consiglio di Stato del 23 gennaio 1920: l'affare Barraud all'epoca non ancora pubblicato[16]; la nota Doulcet prosegue così nella stessa linea il ragionamento giurisprudenziale, in questo caso di diritto amministrativo: "...allo stesso modo l'assegnazione dell'uso di una chiesa destinata al culto cattolico ad un prete sul quale pesa un interdetto del vescovo, non realizzerebbe le regole di organizzazione generale del culto cattolico e deve essere annullata in quanto viola l'art. 5 della legge del 2 febbraio 1907".

V principio:

La competenza del diritto canonico deve essere rispettata in materia di occupazione e di polizia dei luoghi di culto che beneficiano della continuità di assegnazione prevista dalla legge del 2 gennaio 1907. La nota Doulcet fondandosi sulla giurisprudenza amministrativa precisa quanto segue: "L'occupazione e la polizia delle chiese lasciate a disposizione dei fedeli e dei ministri del culto in assenza di associazioni cultuali e in conformità dell'art. 5 della legge del 2 gennaio 1907, devono essere conformi alle regole di organizzazione generale del culto". La nota Doulcet illustra tale principio basandosi su due sentenze del Consiglio di Stato: "Per questo un sindaco non può validamente immischiarsi nella regolamentazione delle sonerie religiose di una chiesa o imporre certe sonerie civili" (sentenza del Consiglio di Stato del 24 febbraio 1912)[17], [...] o pretendere di regolamentare l'uso di una chiesa" (sentenza del Consiglio di Stato dell'11 aprile 1913)[18].

Conclusione

Ho citato pochissimo la giurisprudenza di diritto privato della Corte di Cassazione dalla nascita della giurisprudenza francese, dal 1910 al 1920, che

---

[16] Pubblicato in *Lebon*, 23 gennaio 1920, pp. 75-76.

[17] In *Recueil du Conseil d'État*, 1913, p. 392.

[18] In *Recueil du Conseil d'État*, 1913, p. 392.

riguarda il rispetto del diritto canonico nel regime di separazione.

Nel 1964 la Corte di Cassazione, evocando direttamente il diritto canonico nelle sue motivazioni, aveva suscitato una discussione dottrinale che al momento aveva animato il professor Dauvillier. La Corte di Cassazione però, da parte sua, non aveva precisato a quale titolo il diritto canonico possa essere applicato dai tribunali di diritto privato statale francese. Tuttavia, la sentenza della Corte di Cassazione del 13 marzo 1964 dichiarava che, nella fattispecie, era legittimo tener conto del diritto canonico. Al contrario, la sentenza della Corte d'Appello di Chambéry del 15 gennaio 1964 affermava che "...le giurisdizioni civili rette dal principio della laicità dello Stato non sono tenute a dare al diritto canonico valore legale". La sentenza della Corte di Cassazione del 13 marzo 1964 confermava la sentenza della Corte d'Appello di Lione del 12 febbraio 1963 che sosteneva la seguente posizione giurisprudenziale: "Visto che, se la legge di separazione ha inteso togliere valore di legge di diritto pubblico alle regole della disciplina dei culti riconosciuti anteriormente, specialmente per quanto concerne la Chiesa Cattolica, al diritto canonico, non ha tuttavia dichiarato illegale questa regolamentazione [...] che conserva per ogni culto il valore di un regolamento interno [...], e quindi all'occasione, il potere giudiziario non può prendere in considerazione le conseguenze giuridiche che derivano da tale situazione di fatto, così come lo farebbe per ogni altra organizzazione di diritto privato, il cui regolamento interno diventa un elemento di valutazione. Bisogna allora confrontare i testi che fondano il regime di contratto di aiuto dato dallo Stato all'insegnamento privato con il fatto giuridico che, nei termini della giurisprudenza della Corte di Cassazione, risulta dall'insieme delle istituzioni della Chiesa Cattolica..."[19].

Ma è piuttosto nella giurisprudenza amministrativa che si trova fin dall'inizio - dal 1910 - la più grande precisione riguardo al rispetto delle regole cultuali in senso stretto, soprattutto di diritto canonico. Rileggendo per intero ogni sentenza, che la nota Doulcet citava nel 1920, e studiando le conclusioni dei Commissari del governo in base alle sentenze del Consiglio di Stato, posso proporre le seguenti osservazioni, per comprendere meglio su quali principi

---

[19] In Dalloz, 1963, p. 213. Cf la nota del professor J. Dauvilliers a riguardo della sentenza della Corte d'Appello di Chambéry nel 1964, in *Dalloz*, 1964; J. - P. DURAND, *République française et Église Catholique: méconnaissance des réalités ou conflit de doctrine?*, in ID. (Dir.), *État contemporaine et liberté religieuse: quel interlocuteur pour l'Eglise catholique?*, in *Le Supplément* (*Revue d'éthique et de théologie morale* N° 175), dicembre 1990, pp. 47-77.

riposi la giurisprudenza amministrativa a proposito dell'uso del diritto canonico. Nel caso di litigio tra due associazioni cultuali, per esempio, per l'attribuzione di beni provenienti da un ex ente pubblico di culto, il Commissario del Governo Chardenet precisava nel 1910 come dovesse procedere la giurisprudenza per porsi nei confronti del diritto canonico o nei confronti di ogni altra "regola" religiosa propria al culto considerato. Il ragionamento di Chardenet suppone la conoscenza non solo dell'art. 4 della legge del 9 dicembre 1905, ma anche dell'art. 8[20]. Riteniamo, in ogni caso, l'aspetto saliente del suo ragionamento che è l'unico che ci interessi: "...il giudice investito della contestazione, non ha bisogno di attendere, per esempio, [scrive Chardenet (p. 914)], il parere o la decisione del vescovo". E una volta conosciuta la decisione canonica, non resta al giudice della Repubblica che conformarsi alla decisione: "...dovendo in qualche modo solo prenderne atto e registrarlo". Per Chardenet il giudice, in ogni caso, non deve soprassedere nel deliberare, finché la decisione del vescovo non gli sia nota (p. 915). Per Chardenet: "...con l'art. 8, si è voluto indicare che il potere di valutazione del giudice non può essere così limitato e il legislatore ha disposto che il giudice debba tenere conto di tutte le circostanze di fatto. Bisogna intendere che con queste parole si sia voluto fare tabula rasa dell'art. 4, che si sia voluto ammettere che il giudice possa attribuire i beni a un'associazione che non si conforma alle regole di organizzazione generale del culto di cui si propone di assicurare l'esercizio? Assolutamente no! Sarebbe contrario alla legge, poiché l'art. 4 esiste ancora. Il legislatore ha voluto soltanto dire che il giudice non deve

---

20 "Se un ente ecclesiastico non ha, nei termini fissati dall'art. 4, proceduto alle attribuzioni prescritte sopra, vi si provvederà per decreto. Alla scadenza del termine, i beni da attribuire, saranno sotto sequestro fino all'attribuzione. Nel caso in cui i beni attribuiti in virtù dell'art. 4 e del § 1 del presente articolo saranno reclamati sia dall'inizio che in seguito, da diverse associazioni formatesi in vista dell'esercizio dello stesso culto; l'attribuzione che ne sarà fatta dai rappresentanti dell'ente o per decreto, potrà essere contestata davanti al Consiglio di Stato, deliberante in contenzioso, il quale si pronuncerà tendendo conto di tutte le circostanze di fatto. La richiesta sarà introdotta davanti al Consiglio di Stato entro un anno a partire dalla data del decreto o della notificazione, all'autorità prefettizia, da parte dei rappresentanti legali dell'ente pubblico di culto, dell'attribuzione effettuata. Tale notificazione dovrà essere fatta entro un mese. L'attribuzione potrà essere ulteriormente contestata in caso di scissione nell'associazione garantita, di creazione di una nuova associazione in seguito a una modifica nel territorio della circoscrizione ecclesiastica nel caso in cui l'associazione attributaria non sia più in grado di adempiere il suo obiettivo" (art. 8).

solo ricercare se l'associazione, a favore della quale è stata fatta l'attribuzione, si conformi o meno alle regole d'organizzazione generale del culto, ma che deve pure valutare tutte le altre circostanze di fatto dalle quali potrebbe risultare che tale associazione non era capace di accogliere i beni, e questo nell'interesse dell'esercizio regolare del culto, nell'interesse dei fedeli, cioè che il giudice può essere condotto così, considerate le circostanze, ad attribuire i beni ad un'altra associazione, che può aver stimato più qualificata al fine di assicurare l'esercizio del culto, ma a condizione che questa associazione si fosse conformata alle regole dell'organizzazione generale del culto, di cui si era proposta d'assicurare l'esercizio, ciò che è la condizione essenziale, primordiale di ogni attribuzione. Possiamo avere il minimo dubbio su questo punto? Le discussioni che si sono avute davanti alla Camera dei Deputati lo dissipano presto...".

Chardenet cita, a questo punto, l'autore dell'emendamento del futuro art. 8, il deputato Cruppi che dichiara il 23 maggio 1905: "...il Consiglio di Stato delibererà tenendo conto di tutte le circostanze di fatto [...] ce ne sarà una molto importante, sapere se l'associazione che reclama i beni si è conformata alle regole di organizzazione generale del culto...". Aristide Briand, relatore della futura legge di separazione precisa il 25 maggio 1905 che si tratta di combinare i due testi, i futuri art. 4 e 8 con uno scopo ben preciso: "...i nostri colleghi (Caillaux e Cruppi) [...] volevano solo con questo periodo *'tenendo conto di tutte le circostanze dei fatti'* assicurare l'indipendenza del giudice di fronte alla valutazione delle cause che sarebbero state loro sottoposte [...] la regola di diritto tracciata dall'art. 4 sarà interpretata attraverso delle considerazioni di fatto [...] siamo tutti d'accordo nel volere nello stesso tempo che le associazioni capaci di attribuzione di beni, siano serie e in grado di assicurare l'esercizio del culto che si propongono. Siamo ugualmente d'accordo per riconoscere al giudice la piena indipendenza nel valutare tutti gli elementi di diritto e tutte le circostanze di fatto che possono incidere nel determinare la sua decisione...".

Chardenet cita Jean Jaurès che contesta il fatto che al giudice non resta che inchinarsi ed iscrivere automaticamente la decisione episcopale, se egli constata che, secondo il vescovo, l'associazione che ne fa richiesta si trova in armonia con le regole generali di organizzazione del culto. No!, dice Jaurès, il fatto dell'armonia non è sufficiente. Cito Jaurès: "Il giudice deve esaminare ancora se tale decisione (episcopale) sia quella che nel limite delle regole di organizzazione del culto, meglio risponde ai desideri e agli interessi dei fedeli cattolici". Secondo Chardenet, il futuro art. 8 è stato votato dopo la presente dichiarazione di Jaurès. Quindi per lui, i due art. 4 e 8 devono combinarsi. "Terrete conto, per esempio, del numero dei fedeli che hanno aderito ad una associazione, della notorietà delle persone che si trovano a capo della associazione, ecc. Queste saranno delle circostanze di fatto". La sentenza del Consiglio di Stato del 9 dicembre 1910 ha seguito i consigli di Chardenet. La nota pubblicata nel 1912 da *Dalloz* sotto questa sentenza (p. 25) commenta le conclusioni di Chardenet che afferma che il Consiglio di Stato è sovrano; che dopo aver considerato le decisioni del vescovo, il Consiglio di Stato non era vincolato dalla decisione della autorità ecclesiastica. Resta ancora al Consiglio di Stato di tener conto di tutte le circostanze di fatto. La nota pubblicata da *Dalloz* nel 1912 aggiunge questo diritto del Consiglio di Stato a non essere sottomesso alla decisione dell'autorità ecclesiastica: "... è stato uno dei motivi che hanno determinato la Chiesa Cattolica a non costituire delle associazioni cultuali". Si capisce così anche perché la Santa Sede e l'episcopato francese hanno cercato tutt'al più la strada degli Statuti-tipo dell'associazione civile diocesana; la giurisprudenza amministrativa non è giunta in realtà ad offrire sufficienti garanzie per un rispetto costante del diritto canonico da parte del giudice.

Per questo modesto contributo al colloquio del centenario, ho dunque scelto di evocare le origini storiche di una giurisprudenza nel suo aspetto soprattutto amministrativo[21].

Mi sia permesso terminare con un'altra evocazione storica, quella dell'arcivescovo di Avignone, Monsignor Latty, allora vescovo di Châlons sur Marne in occasione della visita *ad limina* il 2 maggio 1912. Monsignor Latty domandò a Sua Santità Pio X: "Santissimo Padre, vi augurate un Concordato di unione o di separazione?". Mons. Latty nota che il Santo Padre si affrettò a rispondere "di separazione". Secondo Mons. Latty, il desiderio del papa Pio X era che la Chiesa si ricostituisse da sola in totale indipendenza, senza alcuna partecipazione dello Stato. Mons. Latty era egli stesso partigiano della separazione, ma di una separazione negoziata. Mons. Latty si augurava che la legge del 1905 "si elimini attraverso una trasformazione fino ad arrivare ad un nuovo Concordato"[22].

---

[21] Cf B. JEUFFROY - F. TRICARD (Dir.), *Liberté religieuse et régimes des cultes en droit français. Textes, pratique administrative, jurisprudence*, con prefazione di Msg. J. DUVAL, Paris 1996, 1265 pp., coll. *Droit civil ecclésiastique*.

[22] Cf P. LATTY, *Aspects canoniques et théologiques d'un épiscopat: Monseigneur Latty (1844-1925)*, Mémoire de licence, Faculté de Droit canonique de Paris, 14 mai 1996, p. 55 (dactyl.).

DECISIONI DEI TRIBUNALI ECCLESIASTICI E INTERPRETAZIONE DEL DIRITTO MATRIMONIALE

Prof. Mons. José M. Serrano Ruiz

San Tommaso d'Aquino, che abita all'Angelicum come nella propria casa, parlando della legge dice testualmente: '*...illius operis iusti quod ratio determinat quaedam ratio praeexsistit in mente... et hoc si in scripto redigatur vocatur lex*'[1] con ciò alludendo alla prima origine della legge non nella lettera scritta ma nell'esistenza viva della persona umana, del 'giusto' o della persona 'giusta' (nel senso più alto della parola)[2]. Infatti la nobiltà della legge viene in qualche modo oscurata dal suo bisogno di essere '*quaedam rationis ordinatio ad bonum commune*', ancora secondo il Magistero del nostro Angelico precettore[3] e per tanto di non poter prendere in considerazione il caso concreto. E' la grande servitù della legge: grande come ogni altra caratteristica della legge stessa, ma servitù senz'altro: poiché la miglior legge sarebbe quella impossibile fatta per il caso singolo, a sua volta e per di più, inaccessibile nella sua estrema e singolare irripetibilità non meno *a priori che a posteriori*. Ecco l'importanza e la difficoltà di ogni ermeneutica del testo legale. Ed ecco anche come attraverso l'interpretazione, la legge riacquisti ancora nuovo valore, efficacia e vita. Per dirla perfino con parole rivelate attraverso l'interpretazione si compie

---

[1] *Summa Theol.*, II-II, q. 57, art. 1 ad 2.

[2] Come farò notare anche più avanti a proposito della citazione di Betti, a cui anche Mons. Herranz ha fatto riferimento nella sua introduzione al presente Simposio. Mi preme però enfatizzare l'aspetto di ulteriore incarnazione della norma non solo nella sua astratta *giustizia*, ma nell'incarnazione personalizzata della coscienza del giusto.

[3] *Summa Theol.*, I-II, 90, art. 4 in c.

l'ultimo "iota" della legge[4] e lo spirito comunica alla lettera la prima sua resurrezione[5].

Già dall'inizio si intravede che tra le molteplici finalità o giustificazioni che può trovare il fenomeno interpretativo legale, noi propendiamo per quello più vicino all'*applicazione* del testo normativo che è, senz'altro, quello più collegato all'attività giudiziale. Mi si consenta però far riferimento ad altri due aspetti dell'interpretazione della legge non molto lontani -anzi molto collegati in quanto svolti intorno allo stesso istituto- alla missione del giudice.

Il primo di *per sé* rientrerebbe più da vicino nella sfera della funzione legislativa, poiché è ben conosciuto che alla comunità qualche volta interessano di più le leggi certe che quelle giuste. Questa nota essenziale - *certezza del diritto*[6]- trova nell'interpretazione una doppia corrispondenza: da una parte la chiarificazione del linguaggio con la conseguente precisione concettuale; dall'altra un avvicinamento tra i due valori -chiarezza e giustizia- che non necessariamente, qualunque sia il senso del brocardo frequentemente invocato, devono escludersi a vicenda. Il secondo è l'interpretazione *dottrinale* a carico dei *iurisperiti*. Questa elabora i concetti dottrinali astratti e cerca di inserire la norma nell'ambito dell'ordinamento giuridico e farla attenta anche alle circostanze culturali e sociologiche nelle quali è nata ed è chiamata ad operare. Poiché il giudice si pronuncia attraverso l'argomentazione e le deduzioni è inutile insistere sull'importante contributo che tale interpretazione della norma può recare al lavoro giudiziale. Dell'una e dell'altra missione dell'interpretazione, concorrenti entrambe alla certezza e alla giustizia del diritto nella cornice della sentenza giudiziale, avremo occasione di ritornare più volte, anche in modo implicito.

La decisione giudiziale in genere si sforza di essere un'interpretazione *quasi necessaria* con la necessità logica della ragione, la stessa che abbiamo visto essere *ordinatio* all'origine e che felicemente ritroviamo dopo nell'applicazione, essenziale traguardo del tramite processuale. La definizione stessa di sentenza la riporta ad essere la conclusione dedotta dalla legge generale e dal fatto singolo, in uno schema dialettico che cerca una risposta prima incerta

---

[4] Cf *Mt* 5, 18.

[5] Cf *II Cor* 3, 6.

[6] Sul fondamento intrinseco di questa caratteristica del *'faenomenon iuris'* e la sua giustificazione tomista, si può vedere il classico I. GRANERIS, *Philosophia iuris*, Torino 1943, pp. 99-100.

nel contraddittorio e che alla fine arriva alla certezza morale (cf can. 1608)[7]: dimostrazione, *Ordinatio,* quindi, *rationis per eamdem rationem operans*.

Lo stesso San Tommaso - e prima di lui Aristotele[8]- sembra incoraggiare questo sforzo dell'*interpretazione per l'applicazione*, in quanto mai si può escludere che la norma sia in grado di prevedere casi singoli nei quali il bene comune esiga una soluzione diversa da quella stipulata dal testo legale[9]; così come l'enfatizzare certe circostanze che la legge per forza ha dovuto sorvolare. Poiché essendo la legge una disposizione della ragione ordinata al bene comune non si potrà mai escludere che questo bene comune, precedente alla legge stessa, che si ritrova insito nella sua essenza per identificarla prima ancora di giustifi-

---

[7] Sulla natura della sentenza giudiziale si può vedere per esempio: E. GOMEZ ORBANEJA - V. HERCE QUEMADA, *Derecho Procesal Civil*, vol. I, Madrid 1969, pp. 295 ss.

[8] *Ethica ad Nicomachum*, l. V, c. 10 (in G. MICHIELS, *Normae generales Iuris Canonici*, vol. I, Parisiis 1949, p. 564, n. 1).

[9] *Summa Theol.*, II-II, q. 120, art. 1 in corp.: "... *quia humani actus, de quibus leges dantur, in singularibus contingentibus consistunt, quae infinitis modis variari possunt, non fuit possibile aliquam regulam legis institui quae in in nullo casu deficeret: sed legislatores attendunt ad id quod in pluribus accidit, secundum hoc legem ferentes; quam tamen in aliquibus casibus servare est contra aequalitatem iustitiae et contra bonum commune quod lex intendit. [...] In his ergo et similibus casibus malum esset sequi legem positam: bonum autem est, praetermissis verbis legis, sequi id quod poscit iustitiae ratio et communis utilitas. Et ad hoc ordinatur epiekeia, quae apud nos dicitur aequitas...*". E ancora: "... *leges quae sunt recte positae in aliquibus casibus deficiunt, in quibus si servarentur, esset contra ius naturale. [...] Unde Iurisperitus dicit (D.I,3, de leg. Senatusque - consult., 25): 'Nulla ratio iuris aut aequitatis benignitas patitur ut quae salubriter pro utilitate hominum introducuntur, ea nos duriore interpretatione contra ipsorum commodum producamus ad severitatem'. Et in talibus etiam legislator aliter iudicaret: et, si considerasset, lege determinasset*" (ID., q. 60, art. 5, ad 2 -cf. anche, I-II, q. 96, art. 6 in corp.). Da notare, oltre la citazione di Modestino, che S. Tommaso nel suo testo impiega quasi le stesse parole che il giureconsulto romano Ulpiano adoperò nel ben conosciuto frammento che servì da base a tutta la costruzione, senz'altro *aequa et in favorem communis utilitatis* dell'*error communis*(cf. D. I, 14, 3). Per una applicazione quanto mai coraggiosa di queste idee nell'interpretazione postconciliare del diritto matrimoniale si può vedere la sentenza coram Anné, molto citata, del 25 febbraio 1969 (in *SRRD* 61 [1969] p. 184).

carla, esiga qualcosa di speciale da tenere presente nella disposizione *generica*[10]. Così mai sarà legge -né potrebbe essere riconosciuta tale, in *toto* o in parte- una disposizione che faccia a meno del bene comune[11]. In quanto alle circostanze, averle presenti è come avvicinare il valore protetto dall'ordinamento al fatto, unico *esistente* nelle previsioni astratte legali, nel quale queste vanno illuminate ed esaltate. Farlo con profondità e rigore nelle controversie giudiziarie è dovere oltre che passione del giudice.

A proposito dello studio dottrinale del fenomeno interpretativo mi riconosco debitore di due testi fondamentali, a cui ho fatto riferimento, non senza diletto, nella preparazione di questo lavoro. Si tratta delle celebrate opere di Emilio Betti[12] e di Gommaire Michiels[13].

Dalla prima, che come è ben noto si occupa della teoria generale del negozio giuridico, vorrei desumere qualche idea che, anche se si direbbe non molto pertinente e assai lontana dalle nostre odierne riflessioni, è nondimeno rilevante. E lo è quasi per paradosso poiché è evidente il carattere prevalentemente *privatistico* della '*Teoria generale del negozio giuridico*'; è invece qualifi-

---

[10] È evidente che l'argomento ha maggior forza ancora nella norma canonica, veicolo di comunione e di salvezza trascendente ed operante in ogni momento dell'esistenza umana. Donde l'importanza nell'ordinamento ecclesiale di nozioni come 'equità', 'salvezza delle anime', ecc.

[11] Negli ordinamenti secolari a questo compito assolvono in qualche modo i precetti costituzionali, anche essi espressione suprema e solenne del bene comune. Nell'ordinamento canonico, l'assenza, tanto discussa, di dettati formalmente costituzionali, non deve essere ostacolo alla validità dei principi. Ma è evidente che la loro applicazione comporta la garanzia di una ulteriore interpretazione qualificata: e cioè in che consista il bene comune, soprattutto nella sua considerazione più alta e universale, e quali siano le sue esigenze. Lo stesso S. Tommaso è chiaro e preciso a riguardo: cf *Summa Theol.*, I-II, q. 96, art. 6 in corp. et ad 2. Può considerarsi come esempio di interpretazione dichiarativa somma quella riferita agli impedimenti matrimoniali nel can. 1075 .

[12] *Teoria Generale del negozio giuridico*, Torino 1960, cap. VI, pp. 329-373. Inoltre c'è un altro libro specifico sulla nostra materia che sviluppa le stesse idee: E. BETTI, *Interpretazione della legge e degli atti giuridici*, Milano 1971.

[13] *Normae generales Iuris Canonici*, vol. I, Parisiis 1949, pp. 469-640.

catamente vincolante e pubblico[14] il termine *a quo* -cioè la legge- dell'interpretazione nel caso di cui ci occupiamo. Afferma dunque il Betti[15], e del resto è ovvio, che i limiti d'interpretazione del contenuto negoziale sono più ristretti nelle disposizioni *mortis causa*[16] che negli accordi *inter vivos*. Anche se dopo torneremo sull'argomento, senz'altro l'interpretazione giudiziale deve partire dal principio che la legge è sacra per tutti e molto di più per il giudice[17] che ne è riverente cultore e interprete, ma in nessun modo è artefice della norma, nemmeno nel senso di modificarla per una presunta migliore applicazione della stessa. Le parole dunque e la mente del legislatore sono la cornice e i limiti dell'interpretazione del giudice che sebbene, come dicevamo, fa recuperare alla norma la sua finalità ultima d'incarnarsi nella vita[18], nondimeno non lo può fare con l'ampio spazio di disponibilità propria del legislatore.

L'altra è la componente sociologica e storica che lo stesso Betti afferma

---

[14] E questo in più di un senso, come si vedrà meglio in seguito.

[15] Cf *l. cit.*, *passim*.

[16] Dal tempo ormai lontano dei miei studi romanistici, mi è sempre molto interessata l'idea del testamento come disposizione normativa vincolata all'ultima, e pertanto immutabile, volontà. Il concetto è specialmente evidente nell'*istitutio haeredis* davanti ai *comitia curiata*, una sorte di corpo legislativo. Per quanto riguarda la 'forma del matrimonio'; cf J. M. SERRANO RUIZ, *Visión personal del matrimonio: cuestiones de terminología y de fondo para una relectura de las causas canónicas de nulidad*, in *Curso de Derecho matrimonial y procesal canónico para profesionales del foro (XI)*, Salamanca 1994, pp. 17-53.

[17] In modo che la celebre espressione di Ulpiano, secondo la quale il giureconsulto è sacerdote (D. I, 1, 1, 1), abbia una prima ed appropriata applicazione al magistrato. Così è stato riconosciuto nei rispettivi messaggi alla Rota Romana da Paolo VI (cf *AAS* 57 [1965] 234) e da Giovanni Paolo II (*ibid*, 71 [1979] 423).

[18] Certo non è solo la sentenza giudiziale a raggiungere questo effetto. Ogni passo del tessuto giuridico e sociale rimanda alla norma implicita o esplicita che lo regola. Ma, come anche vedremo, l'interpretazione giudiziale rimane nello stesso ambito pubblico e partecipa di una peculiare stabilità che non posseggono altre figure interpretative.

essere importante nella funzione interpretativa[19] e che non sarebbe giusto limitare alle convenzioni tra privati essendo come è un dato di consistenza oggettiva.

C'è ancora l'aspetto -dato non trascurabile- di quanto il giudice, attraverso la propria funzione interpretativa, abbia contribuito lui stesso a generare la norma nella dinamica della creazione di nuove leggi[20]. E neanche possiamo dimenticare che l'interpretazione giudiziale parte da una sorta di *handicap* che può condizionare il suo vero valore. Cioè ogni decisione della Magistratura presuppone un conflitto che va risolto attraverso un dibattito in contradditorio; ragion per cui chi cercasse una limpida trasmissione concettuale del contenuto del precetto o dei termini con i quali questo si esprime nel testo legale dovrebbe fare molta attenzione alla sorgente di siffatta interpretazione per non allungare o modificare indebitamente le possibilità e la portata di essa[21]. La stessa legge canonica ha ben presenti queste limitazioni dell'interpretazione ed applicazione giudiziale quando definisce accuratamente la forza della decisione dei giudici, anche se di estrema stabilità come è la '*res iudicata*'[22], concependola

---

[19] Cf *ibid.*, pp. 336-337; 349-350. Questo aspetto che si direbbe lontano dalla normativa intorno al matrimonio è e si è dimostrato invece di singolare importanza, specie in questo tempo di transizione culturale accelerata e di rinnovamento conciliare che stiamo vivendo.

[20] Basterebbe ripercorrere tutto il titolo sul consenso matrimoniale nel Codice vigente e confrontarlo con il precedente e la Giurisprudenza Rotale intercodiciale, per renderci conto della portata di questo contributo dell'interpretazione giudiziale alla redazione finale del nuovo Codice. Per il resto le stesse note delle Fonti del Diritto comune canonico vigente e la sua accoglienza generosa di Sentenze Rotali come punto di riferimento per cogliere la *mens legislatoris* confermano *a posteriori*, se ce ne fosse bisogno, l'affermazione appena fatta.

[21] Cf J. M. SERRANO RUIZ, *Recherches prometeuses in Jurisprudence*, in *Revue de Droit Canonique* 32 (1982) 111.

[22] Cf can. 1642 sulla '*res iudicata*'. A prescindere dalle peculiarità del diritto matrimoniale è da notare che l'espressione '*facit ius inter partes*' e l'impossibilità di una impugnazione diretta segnano allo stesso tempo la forza -quasi legislativa- e il limite -tra i contendenti nel processo- dell'interpretazione giudiziale. Il Codice precedente era ancora più deciso quando parlava che tale decisione si presumeva 'vera e giusta' oltre che munita della presunzione '*iuris et de iure*' (can. 1904).

alla stregua di una disposizione vincolante, sì, ma limitata negli effetti ai due litiganti ed ancora al caso concreto a cui si riferiva la relativa controversia giudiziaria[23].

Ancorché molto opportune nelle nostre circostanze, sono molto importanti queste osservazioni perché inseriscono nel cuore della norma canonica -anzi nel cuore di ogni norma- il bisogno di una apertura all'interpretazione. Fatta questa introduzione -che sembra doverosa prima di addentrarci nel tema- subito dobbiamo accingerci ad ulteriori precisazioni che lo delimitino nella cornice segnata dal titolo.

É già tempo di cercare di inserire la '*interpretazione giudiziaria*' tra i tipi che vengono riconosciuti dalla dottrina come propri della 'interpretazione della legge': e cioè, se si tratta di una interpretazione autentica o dottrinale; esplicativa o dichiarativa; *stricta* o *lata*; grammaticale o letterale o logica; sistematica; analogica; storica, ecc.[24]. Ognuna di queste specie dell'interpretazione avrebbero qualcosa in comune con l'interpretazione giudiziaria che secondo i casi privilegerebbe l'una o l'altra. Mi preme soprattutto insistere sul fatto che dovendo il giudice dare le sue risposte attraverso una seria argomentazione, e non per più o meno giustificate ragioni di convenienza od opportunità, sarà più consona all'interpretazione giudiziale quella più fondata nelle legittime deduzioni della ragione.

Nel nostro caso si tratta anzitutto di prendere in considerazione il can. 16 che tratta *ex professo* dell'interpretazione e che altrettanto precisamente si occupa dell'interpretazione per mezzo di *sentenza giudiziale*: "*L'interpretazione per mezzo di sentenza giudiziale o per atto amministrativo in un caso particolare non ha forza di legge e vincola solo le persone e i casi per cui è stata data*".

Prima di proseguire -non vorrei fosse un'allegato *Cicero pro domo sua*- farei riferimento alla diversità dell'interpretazione giudiziale nei confronti dell'interprete della disposizione amministrativa. Questa, da una parte, in forza dello stesso tenore del provvedimento ammetterà senz'altro una maggiore elasticità di ermeneutica; per di più sempre sarà più alla portata dell'interessato il ricorso all'autore del precetto; ed infine, sarà facile l'intervento di quell'istituto così proprio dell'ordinamento canonico che è la dispensa senza cessazione della

---

[23] Così esplicitamente il can. 16, § 3: '*personas atque... res pro quibus data est*'.

[24] Cf G. MICHIELS, *op. cit.*, p. 476-483.

legge e pertanto senza bisogno d'interpretazione più o meno forzata. Risvolti tutti che sono altrettante esigenze di rigore e precisione nell'interpretazione giudiziaria della legge applicabile.

Si direbbe che con la espressa menzione della possibilità d'interpretare la legge a mezzo di sentenza giudiziale e dei suoi limiti, il precetto legale viene incontro a tutti i nostri bisogni di riflessione sull'argomento. E nonostante ciò subito la specificazione '*diritto matrimoniale*' rimette in piedi non poche osservazioni. Queste dovranno essere tenute presenti, poiché tra le molteplici figure d'interpretazione, mi è stato affidato il compito di riflettere sull'interpretazione giudiziale nelle Cause matrimoniali dei Tribunali ecclesiastici.

Una prima ed evidente constatazione è che il trattamento dell'interpretazione a cui abbiamo fatto riferimento si occupa dell'interpretazione della '*legge ecclesiastica*'[25], così il titolo I delle Norme generali del nostro testo legale. Ed è proprio questo termine -lex ecclesiastica- e il concetto in esso sottinteso quello che ci deve fare estremamente cauti nell'applicazione al diritto matrimoniale. Infatti questo, come è risaputo, in buona parte, appartiene al diritto naturale e al diritto divino positivo che la Chiesa e la legge *stricto sensu* ecclesiastica sono chiamate a proclamare e salvaguardare, in nessun modo a cambiare e nemmeno a interferire se non con le massime garanzie di certezza e sacro rispetto[26].

Per di più le cause matrimoniali non versano su aspetti per così dire periferici o accidentali del matrimonio stesso, ma proprio sulla sua essenza, sul suo fondamentalissimo essere o non essere, e ciò è senz'altro radicalmente ancorato al diritto naturale e al diritto divino positivo. E allora può azzardare il giudice ecclesiastico un'interpretazione in così delicate norme?[27]

Ma in contrario ben possiamo riconoscere che le decisioni dei Tribunali ecclesiastici in diritto matrimoniale sono tante e tanto frequenti che difficilmente si potrebbe trovare uno spazio così aperto all'interpretazione, all'applicazione della legge ai casi singoli come il patto coniugale. Fino al punto che il numero

---

25 Cf il Tit. I del Lib. I del CIC.

26 Cf J. M. SERRANO RUIZ, *Nuova nozione d'impotenza dell'uomo*, in *Quaderni romani di diritto canonico*, Roma 1978.

27 Il problema è tanto importante che porta a domandarsi se le decisioni dei giudici ecclesiastici, soprattutto quelle definitive, non sono a modo loro, veri *luoghi teologici*. Un'eccessiva enfasi su questo punto va comunque ridimensionata alla luce dei cann. 1643 e 1645.

e qualità delle sentenze della Magistratura ecclesiale -in tutto il mondo- sull'argomento ben potrebbero ritenersi come uno dei luoghi più appariscenti d'interpretazione del diritto matrimoniale canonico.

Vogliamo infine alludere agli altri limiti che sono propri delle decisioni ecclesiastiche in materia matrimoniale, che sono comuni a qualsiasi altra decisione giudiziale, ma che nel contenzioso matrimoniale rivestono una peculiare importanza. Mi riferisco al contraddittorio e alla situazione conflittuale da cui si parte nei casi giudiziari.

Quanto al contraddittorio difficilmente si potrà trovare una materia nella quale si possano segnalare variabili così ampie alla contrapposizione delle parti. A prescindere dalla posizione *ex officio* del Difensore del Vincolo, si può arrivare dalla comune aspirazione alla dichiarazione di nullità fino alla più accanita contrapposizione degli interessi delle parti, non sempre mosse da legittimi intenti. Non dubito che questo atteggiamento, partigiano in partenza, può obnubilare non poco i criteri interpretativi e dovrà rendere specialmente attento il giudice per non lasciarsi prendere da posizioni interessate anche se difese da validissimi assertori.

In relazione alla situazione di conflitto che soggiace ad ogni dibattito giudiziario e quindi anche matrimoniale, sono diverse le norme che aiuteranno a trovare una adeguata soluzione. Prima tra tutte la presunzione di validità del vincolo; ma anche il fatto che dopo tanto tempo di esercizio di una giurisdizione ecclesiale che ben può chiamarsi specializzata nei processi matrimoniali, le stesse norme -sostantive e procedurali- da applicare ad essi, hanno previsto con notevole precisione le 'species facti' ricorrenti. Fino al punto che è lecito domandarsi -e non sarebbe difficile trovare la risposta in un analisi storica della Giurisprudenza- se non si tratti di una vera introduzione delle risultanze dei processi nella legge, la formula adibita in determinati precetti legali[28]: cioè veri traguardi raggiunti dall'interpretazione nei casi conflittuali che hanno servito da paradigma alle prescrizioni legali generiche. Il problema è di notevole importanza in un duplice senso. Primo, perché essendo la legge matrimoniale essenzialmente restrittiva e fondamentalista, l'interprete ha trovato non poco giovamento nel vedere introdotte nella norma le conclusioni a cui già si era arrivati attraverso la ragione. Poi anche perché essendo oggi testimone *a posteriori* della validità della dinamica interpretativa si sentirà stimolato a

---

28 Così ad esempio la precisazione nei casi di incapacità nel can. 1095; nella formulazione del can. 1096 sull'ignoranza dell'essenza del matrimonio, ecc.

proseguire con eguale responsabilità e coraggio l'intento che prima di lui altri hanno portato avanti.

Arrivati a questo punto vorrei affrontare il cuore del nostro tema attraverso due direttrici in qualche modo divergenti ma che senz'altro si possono incrociare. E cioè soffermarmi nell'interpretazione della legge in questioni di merito e in questioni procedurali di prova; e nell'interpretazione operata in entrambi i casi dal Tribunale della Santa Sede e dai Tribunali periferici.

In quanto alla prima, basterebbe confrontare il testo attuale del Codice sul consenso matrimoniale (cann. 1055 e 1057) per avvertire le dimensioni e il peso dell' interpretazione giurisprudenziale che lo ha preceduto e anche i campi in cui quella potrebbe ancora rimanere aperta. Vale la pena che ci soffermiamo un istante sui principali.

In riferimento all'incapacità è noto il passaggio dalla estrema genericità della disciplina precedente, senza nessun precetto sostantivo che la definisse, e con solo una allusione indiretta o *en passant* ai casi di *amentia* e *dementia*[29], all'odierna formulazione, perfino troppo analitica del can. 1095[30]. Per di più il volutamente generico '*elementum essentiale matrimonii*' del can. 1101 dovrà avere una logica ripercussione interpretativa anche nelle cause d'incapacità. E penso l'abbia avuta già, sebbene più nella considerazione di esse in se stesse (cioè nella loro formalità di *anomalia psichica in sé*) che negli effetti (di incapacità appunto *alla vita coniugale)*[31]. Infatti i diritti e doveri coniugali a cui

---

[29] Cf can. 1081 (*personae iure habiles*; can. 1089, § 3 (*in amentiam inciderit*); can. 1982 (*defectus consensus ob amentiam*).

[30] Delle tre ipotesi del can. 1095, la prima conserva ancora tutta la precedente dipendenza dalla *teoria dell'atto umano*, estremamente generica anch'essa; la seconda e la terza in qualche modo s'implicano a vicenda, anche se si deve riconoscere che la terza tiene presente in modo particolare la possibilità di mettere in atto gli impegni assunti (?). Ma non sarebbe impresa impossibile trovarle *di fatto* insieme, la seconda come causa, anche se non a livello grave in atto, la terza come effetto necessario.

[31] Forse è questa l'urgenza più impellente che attende alla nostra giurisprudenza e interpretazione: insistere di più e meglio nella specificità unica del patto coniugale per non omettere mai il confronto immediato con le radici della validità o nullità. Questioni come sull'uso di ragione, la discrezione di giudizio, le cause di natura psichica, l'atto di volontà, ecc., vanno subito rapportate al matrimonio, alla loro qualifica come presup-

fanno espresso riferimento i nn. 2-3 del can. 1095 sono in intima connessione con tali elementi essenziali del matrimonio, come del resto l'incapacità lo è nel suo termine -atto insufficiente- con l'esclusione, atto illegittimo invalidante per sottrazione deliberata del nucleo essenziale[32].

Nella prescrizione sull'ignoranza dell'essenza del matrimonio - can. 1096 - è fin troppo evidente l'aggiunta dell'inciso '*cooperatione aliqua sexuali*' in forza di una incerta e alternante interpretazione giurisprudenziale, che ancora non considero sufficientemente compiuta[33].

Forse è vero che i precetti sull'errore circa la qualità della persona e del dolo si sono finalmente espressi con maggior chiarezza più per l'impulso dell'interpretazione dottrinale[34] che di quella giudiziale, fino a poco fa molto

---

posti della *coniugalità* per non perdere mai di vista il nucleo essenziale del problema: cf J. M. SERRANO RUIZ, *La incapacidad relativa como causa de nulidad de matrimonio en el can. 1095, n. 3*, in *Curso de Derecho matrimonial y procesal canónico para profesionales del foro*, Salamanca 1996, pp. 157-174.

32 La differenza cioè sta alla radice: nel caso dell'incapacità per difetto naturale o psichico; nell'esclusione per deliberata mancanza di impegno essenziale in quanto identificante della volontà. Se poi si tiene conto della natura giuridico-morale del matrimonio e del consenso come causa efficiente e necessaria del matrimonio, si vede come la rilevanza giuridica del *deficit* sia la stessa nei casi nei quali manca la natura (incapacità) che quando viene a mancare deliberatamente la volontà (esclusione): cf coram Serrano, del 9 maggio 1980, in *ATRR Dec.* LXXII (1980) 335, n. 6; J. M. SERRANO RUIZ, *Incapacidad y exclusión: afinidades y divergencias entre los dos grandes temas de nulidad de matrimonio*, in *Curso de Derecho matrimonial y procesal canónico*, (6), Salamanca 1982, pp. 175-202.

33 Al di là delle connotazioni sociologiche e culturali che potrebbe avere tale vizio di consenso -oggi quasi mai proposto nei nostri Tribunali- la riflessione sul modo di presentarsi la questione sotto il profilo della natura *personale e interpersonale* del matrimonio mi ha dato modo di fare qualche rilievo che stimo di interesse metodologico: cf coram Serrano, del 25 aprile 1975, in *SRRD* LXVII (1975) 368-375. Cf anche J. M. SERRANO RUIZ, *Sobre el conocimiento que se requiere para la validez del matrimonio*, in *Angelicum* 50 (1973) 357-375; ID., *El carácter personal del matrimonio*, in *Iustus Iudex*, Essen, 1990, pp. 311-329.

34 È ben conosciuto lo sforzo di Fransen, Freisen, Flatten, ecc. Sull'impostazione precodiciale del problema e l'abbondante bibliografia su di esso, si possono consultare:

ristretta in materia. Ma è ben conosciuto che l'idea di persona propugnata per la Sentenza coram Canals, del 21 aprile 1970[35] cambiò non poco la linea interpretativa di una norma (oggi can. 1097) di assai difficile, nonché insolita, applicazione. Con questa Sentenza ci troveremo di fronte a un caso d'intervento nell'interpretazione del criterio storico e sociologico che prima vedevamo riconosciuto dal Betti[36]. A proposito però di tale interpretazione e del metodo che la indusse, una sentenza coram Pinto[37] fece interessantissime osservazioni sulla possibilità e limiti dell'interpretazione giudiziaria *dinamica o evolutiva* che si discosterebbe, o si potrebbe discostare, dalla *mens legislatoris* in funzione delle diverse nuove circostanze. Il ragionamento della decisione esclude la possibilità nel diritto canonico -contrariamente a quanto accade nel diritto civile- di una '*voluntas legis*' indipendente dalla volontà del legislatore, d'accordo con la quale -*voluntas legis*- l'interpretazione della legge andrebbe soggetta alla variazione -sociologica, morale, storica- delle parole e dei termini adoperati. Anche se d'accordo nel caso con il criterio della Sentenza coram Pinto citata[38] nondimeno

---

Il dolo nel consenso matrimoniale, Città del Vaticano 1972; V. REINA DE, *Error y dolo en el matrimonio canónico*, Pamplona 1967.

[35] Cf *SRRD* LXII (1970) 370 ss.

[36] Cf E. BETTI, *op. cit.*, pp. 329-373. Ed infatti nella Sentenza si legge: "*Utcumque tempora post tantum progressum scientiarum, post immania bella, post undique revindicatam hominum libertatem et dignitatem, maxime post Concilium Vaticanum II, nimis mutata sunt...*" (in *SRRD* LXII [1970] 372).

[37] Cf *SRRD* LXV (1973) 734-736.

[38] Il punto principale in questione è la *mens legislatoris* chiaramente conosciuta e giustificata nella specie concreta (cf P. GASPARRI, *Tractatus canonicus de matrimonio*, vol. II, Parisiis 1892, p. 16) che respingeva senza ombra di dubbio precisamente le ipotesi dopo prospettate. E in questo senso in una mia decisione ho sostenuto che il problema dell'*error redundans in identitatem personae* nel nuovo indirizzo va rimandato al precetto generico del consenso, senza insistere nel forzare l'interpretazione della norma. E ciò già nella precedente disciplina, tanto ristretta. Infatti essendo il consenso coniugale un accordo intimamente ed essenzialmente interpersonale non può esistere quando tale accordo viene essenzialmente viziato per una trasmissione falsata dell'identità di qualsiasi dei due consenzienti. Poiché la relazione interpersonale, molto di più con le caratteristiche del patto coniugale, esige il sincero darsi e accettarsi dei nubendi nella loro reciproca identità (cf coram Serrano, Decreto del 28 maggio

penso che il rigore nel ricorso alla *'mens legislatoris'* vada ridimensionato nel diritto matrimoniale in forza dei principi che all'inizio abbiamo posti come fondamento di ogni intento interpretativo e molto di più nel caso del matrimonio, e cioè il diritto naturale e la norma suprema del diritto ecclesiale -bene comune- anche nell'interpretazione di quello[39]. Infatti se al giudice va riconosciuto il diritto e dovere di applicare la legge, non è lui -né solamente né in primo luogo- l'arbitro del riconoscimento della verità vincolata alla progressiva scoperta della vera natura della realtà, al progresso della scienza, alla più chiara percezione delle esigenze del diritto naturale.

In quanto al dolo (can. 1098) -oltre le osservazioni fatte in precedenza parlando dell' errore- a mio avviso, un'altra importante missione attende ancora all'interpretazione. E cioè sempre in accordo con le esigenze del caso singolo, *relativizzare*, alla stregua di ciò che è stato fatto con la violenza[40], la 'qualità della persona', che la lettera della norma, forse in un modo troppo perentorio, richiede sia *ex suapte natura*, gravemente perturbatrice del consorzio della vita coniugale.

A proposito dell'esclusione (can. 1101) e in quanto essa è paradigma *a contrario* dell'essenza del patto coniugale, il già detto inciso '*elementum matrimonii essentiale*' aprirebbe la porta ad aspetti personali del matrimonio stesso, fino a oggi troppo nell'ombra dietro le cosiddette note essenziali, astratte

---

1982, in *ATRR Dec.* LXXIV [1982] 308-325).

39 Cf la già più volte citata Sentenza coram Annè, del 25 febbraio 1969, dove a proposito della '*communio vitae*', oggi -e allora- concetto fondamentale nel diritto matrimoniale canonico, si legge che nel determinare tale nozione si deve aver presente oltre al diritto positivo canonico, anche il diritto naturale, il dato culturale e le circostanze esistenziali. Anzi, commentando la stessa decisione, Di Iorio afferma che nelle tre ipotesi che allora potevano esser messe a confronto -ideale etico, aspirazione di *iure condendo*, vigenza immediata- detta Sentenza ha reso vigente ed operante, già prima del nuovo Codice, tale posizione in forza del diritto naturale (cf *Il Diritto Ecclesiastico* 81 [1970/P.II] 212, nota 1).

40 Infatti il dolo non è che una figura di sottile violenza esercitata alle radici dell'*atto volontario*: cf J. M. SERRANO RUIZ, *El dolo en el consentimiento matrimonial*, in *Revista Española de Derecho Canónico* 29 (1973) 175-185.

o concettuali. Sotto questo profilo non solo il '*bonum coniugum*'[41] e la '*communio vitae*', ma anche e quasi direi soprattutto il nucleo essenziale del patto e del consenso e cioè la *mutua donatio et acceptatio* tra i coniugi: che altro non è se non il diritto-dovere coniugale rilevante in sé, prima di ricevere la sua qualifica come indissolubile, fedele e ordinato alla procreazione[42]. Tale nucleo portante della relazione interpersonale, l'atteggiamento e disponibilità mutua delle persone, richiama una maggiore e più decisa attenzione. E ciò già prima della nuova legge, in quanto il diritto e dovere coniugale è stato sempre il nucleo naturale ed essenziale del patto. Molto di più quando la nuova legge lo mette giustamente e più chiaramente in primo piano con il suddetto inciso collegato con l'odierno can. 1055. Più delicato sarebbe il passo, in nessun modo irrilevante, se siano o meno da includere tra questi elementi essenziali del matrimonio anche gli aspetti personali -sincerità, coscienza, responsabilità, ecc.- del patto fino ad oggi troppo rimasti in ombra dietro le qualità dogmatiche e istituzionali[43].

Per quel che riguarda la *condicio* credo che in un modo o in un altro si stia facendo strada la convinzione che l'istituto è da tenere il più lontano possibile dal concetto e dalla realtà del matrimonio canonico, patto se mai c'è qualcuno, alieno alle riserve e alle restrizioni mentali[44]. La legislazione orientale, erede di un'altra tradizione che ha privilegiato molto di più il carattere sacro e sacramentale a scapito, giustamente, della concezione contrattualista, ci è già arrivata (cf can. 826-*CCEO*). Ed è da augurarsi che pure la disciplina occidentale -anche attraverso la giurisprudenza poiché la legge esiste nel vigente can. 1102- riesca a ridare al matrimonio il suo genuino carattere di *mutua donatio et acceptatio* assoluta, totale e senza riserve. Il che potrà avvenire attraverso due strade: un'insistenza sul tradizionale criterio della giurisprudenza, d'accordo con il quale

---

41 Cf J. M. SERRANO RUIZ, *Il "bonum coniugum" e la dottrina tradizionale dei "bona matrimonii"*, Città del Vaticano 1996, pp. 137-154.

42 Cf coram Serrano, del 31 marzo 1979, in *ATRR Dec.* LXXI (1979) 150; ed anche J. M. SERRANO RUIZ, *El acto de voluntad por el que se crea o frustra el consentimiento matrimonial*, in *Revista Española de Derecho Canónico* 51 (1994) 567-589.

43 *L. cit.*

44 Cf J. M. SERRANO RUIZ, *Il consenso matrimoniale condizionato*, in *La nuova legislazione matrimoniale canonica*, Città del Vaticano 1986, pp. 161-182.

è molto difficile provare la *condicio*[45]; e una remissione che si sta già avverando del tema della *condicio* -in diritto canonico matrimoniale sempre improprio anche come costruzione dottrinale- all'esclusione di un "*elementum essentiale matrimonii*" e per lo più dell'indissolubilità[46].

La *coazione* deve alla giurisprudenza le nozioni di *metus relative gravis* e di *timore reverenziale* che tanto hanno contribuito a chiarire l'essenza e la portata della legge di fronte ad una dizione come *timore grave* di per sé troppo generica e non facile da applicare sempre in ogni circostanza. Oltre ciò credo che sia da riconoscere alla giurisprudenza il merito di una sempre più chiara tendenza a trasferire la nozione di *coazione -metus* nel Codice- da un ambito solo psicologico -*mentis trepidatio*- a quello, molto più congeniale al diritto, di privazione di libertà in una scelta essenzialmente libera per sua propria natura[47]. Di qui l'impossibilità di ignorare la giurisprudenza al momento di valutare l'origine di quella Risposta della Commissione per l'interpretazione del 16 novembre 1986[48], nella quale si dichiarava che la norma sulla coazione era applicabile anche ai matrimoni dei non cattolici: con ciò affermando di conseguenza che la libertà per il matrimonio era richiesta dal diritto naturale e non da una norma positiva della Chiesa[49]. Ed invero penso che questo sì, sia un caso di contributo molto significativo di una interpretazione evolutiva veramente paradigmatica e fedele ai *signa temporum*. Infatti è chiaramente apprezzabile il passaggio da una posizione che si potrebbe chiamare *tutioristica*, vincolata alla legge positiva[50]; ad una posizione ponte che insiste sull'indubbio fondamento nel

---

[45] Si veda ad esempio: coram Di Felice, del 19 giugno 1984, in *ATRR Dec.* LXXVI (1984) 346-356.

[46] Cf *ibid.*, p. 348, n. 3.

[47] Cf coram Serrano, del 6 dicembre 1974, in *SRRD* LXVI (1964) 756; ed anche la coram Serrano, del 19 luglio 1991, in *ATRR Dec.* LXXXIII (1991) 479-481.

[48] Cf *AAS* 79 (1987) 1132.

[49] Su questa *vexata quaestio*, cf F. X. WERNZ - P. VIDAL - PH. AGUIRRE, *Ius Canonicum: Ius matrimoniale*, vol. V, Romae 1946, pp. 634-635.

[50] Senza entrare nel dibattito teorico, tutte le decisioni si riferiscono alla eccezione prevista can. 1097, al principio generico sul valore dell'atto giuridico del can. 103-

diritto naturale[51]; ad un più chiaro e preciso discorso che tiene direttamente conto della legge naturale e della dignità della persona e della sua libertà, soprattutto nel disporre dei suoi destini nel patto coniugale, d'accordo anche con l'insegnamento conciliare[52].

Inoltre c'è una legge dichiarativa su un punto concreto -la *Declaratio* della Congregazione per la Dottrina della Fede del 13 maggio 1977 sulla vera portata dell'impotenza maschile e la non necessità del *verum semen* per configurare la capacità sessuale al matrimonio- che merita un lieve commento interpretativo. La giurisprudenza non potendo, com'è ovvio, toccare la legge anche se contro una ben assodata posizione della Rota sul *verum semen*, affrontò il problema della sua retroattività. Problema non indifferente per chi giustamente pensi che poiché la nozione e la realtà dell'impotenza sessuale appartengono alla natura stessa dell'uomo, trattasi nel caso di una norma di diritto naturale. Quindi la retroattività non di meno comporta insolubili situazioni di matrimoni dichiarati nulli e che dovrebbero rivivere con imprevedibili e quasi inimmaginabili conseguenze personali e sociali. Il tema di indubbio interesse teorico e metodologico attende un studio approfondito che magari porti ad applicazioni degne di attenzione anche in altri campi[53].

Accanto a questi accostamenti giurisprudenziali a punti rilevanti della legge e della dottrina di *merito*, abbiamo detto che avremo aggiunto anche qualche riferimento ai problemi procedurali intorno alla prova.

Cominciamo da una osservazione che ci sembra appropriata. Il can. 1545 afferma che le presunzioni possono essere *a iure* - cioè stabilite dalla legge - per esempio la validità del matrimonio nel dubbio; la sua consumazione se gli sposi hanno coabitato dopo il consenso, ecc. -o *ab homine*- se dedotte dal giudice con la sua argomentazione: circostanze, credibilità delle persone, ecc. Ci sarebbe da aggiungere, almeno come tipo qualificato di queste ultime, le

---

CIC/17: cf per esempio coram Solieri, del 7 marzo 1922, in *SRRD* XIV (1922) 51.

[51] Cf coram Ewers, del 15 marzo 1969, in *SRRD* LXI (1969) 284.

[52] Cf le Sentenze citate *supra* alla nota 47.

[53] Sul suggestivo argomento si possono vedere le Sentenze: coram Raad, del 9 e 15 marzo 1978 e del 22 aprile 1980; coram Stankiewicz, del 7 ottobre 1980; coram Serrano, del 17 febbraio 1986.

presunzioni *giurisprudenziali*, che sebbene ignorate dalla legge nel canone citato nondimeno derivano dalla secolare e costante attività del Tribunale Apostolico. Vediamone per *summa capita* alcune:

- intorno all'*incapacità*: l'antecedenza al matrimonio e la gravità della causa o anomalia psichica, sola o in concorso;
- per l'*errore* sulla qualità, il *dolo* e la *condicio*: il dubbio antecedente, la stima della qualità stessa e la reazione quando si scopre la verità della circostanza prevista;
- per l'*esclusione*: la confessione del presunto escludente, la causa dell'esclusione e le circostanze;
- per la *coazione*, le circostanze delle persone, l'avversione e i mezzi di coazione, ecc.
- Per l'*error communis* nelle questioni di forma, l'*error communis de iure et de facto;* la distinzione tra *errorem et ignorantiam*; l'errore *communis speculativus et practicus*, ecc.

Quanto fin qui è stato detto corrisponde alla giurisprudenza nel senso più abituale della parola: e cioè a quelle decisioni dei Tribunali Apostolici, nel nostro caso della Rota, che anche il nuovo Codice riconosce fonte di diritto (can. 19). Ma avevamo anche detto che avremmo fatto un leggero accenno alle decisioni dei Tribunali periferici.

Il primo punto che bisogna tener fermo è la distinzione tra supplenza della legge e la sua interpretazione. La norma del can. 19 si riferisce all'assenza della norma e non specificamente alla sua interpretazione. E' vero che in tante occasioni sarà difficile distinguere tra supplenza e interpretazione; ma di per sé i concetti sono diversi, poiché il primo suppone l'assenza di norma; il secondo precisamente e decisamente la sua presenza che ha bisogno di chiarimenti per essere applicata al caso concreto.

Già nel can. 20 (*CIC*/1917), nel quale non si parlava esplicitamente di *giurisprudenza* come fonte di supplenza della norma ma di stile della Curia, Michiels diceva che le Curie diocesane erano autonome e che non erano tenute a uniformare il loro stile allo stile della Curia Romana[54]. Molto di più trattandosi della magistratura alla quale bisogna riconoscere una qualificata autonomia ed indipendenza. Sotto questo profilo non c'è dubbio che i Tribunali inferiori aiutano l'interpretazione della norma in diversi modi.

La prima per il fondamento razionale e la consistenza argomentativa

---

[54] Cf G. MICHIELS, *op. cit.*, p.630.

della propria applicazione. Non è il nostro un sistema nel quale si preveda a priori la forza di un Tribunale superiore che con una o varie sentenze possa obbligare -o che anche giustifichi in modo incontrovertibile- un'interpretazione. Ogni interpretazione nel sistema canonico, venga da chiunque , ha l'importanza e la autorità che le comunicano le sue ragioni. Tra esse, una in più, certamente avrà una forza particolare l'*auctoritas institutionalis* dell'organo che la pronuncia così come il numero e la somiglianza delle decisioni addotte, ma senza che ciò debba essere di per sé determinante e, ancora meno, decisivo.

La seconda si potrà dedurre dalle costanti citazioni che le Sentenze rotali fanno dei precedenti gradi di giurisdizione e, nella misura in cui li approvano, in modo da quasi incorporarle alla giurisprudenza qualificata del Tribunale Apostolico[55]. Un aspetto concreto di questa osmosi tra i diversi gradi di giurisdizioni può essere la presenza nelle decisioni rotali degli autori e dei testi -specie in psicologia- che ci sono arrivati attraverso le sentenze dei tribunali inferiori. Vorrei ancora sottolineare che introdurre la giurisprudenza dei Tribunali periferici nel largo e profondo alveo della giurisprudenza rotale non significa necessariamente assumere tutte le conclusioni a cui sono arrivati tali tribunali né far propri gli argomenti adoperati per pervenire alle suddette conclusioni: inserire non vuol dire meccanicamente approvare ma anche giudicare e magari censurare. Nondimeno i problemi suscitati dai tribunali periferici sono la materia 'super qua' su cui lavora la Rota, e metterli con forza in evidenza, di per sé arricchisce e aiuta l'evolversi della giurisprudenza che chiusa in se stessa non avrebbe una così larga ed esistenziale portata.

A questo riguardo si pensi al modo con cui sorge negli ordinamenti secolari la questione costituzionale, la quale pur essendo di una solennità e gravità estreme, muove i primi passi dall'umile fatto o conflitto giuridico sorto in qualsiasi circostanza; e senza questo nascere alla 'base' il lungo percorso della legittimità non potrebbe iniziare il suo cammino. Fino a tale punto siamo servitori, noi giudici rotali, delle risoluzioni dei nostri colleghi operanti nei Tribunali periferici.

Oltre i casi concreti, sulla questione in generale, nei volumi delle Decisione Rotali si può leggere una elaborata decisione coram Raad, del 14

---

[55] Penso che sia un lavoro da farsi -di ricerca e di impostazione metodologica e dottrinale- questo rispecchiarsi della giurisprudenza di base nelle sentenze rotali.

aprile 1975[56] che diffusamente si trattiene a valutare il problema della relazione tra la giurisprudenza dei Tribunali inferiori -nel caso il Tribunale di Montreal- e la giurisprudenza Rotale. Lasciando da parte il tenore della decisione sulla dibattuta questione dell'incapacità relativa, il Ponente afferma: "La giurisprudenza per sé non ha forza di legge né in diritto canonico né in diritto civile, se si escludono forse i sistemi anglosassoni.[...] Forse per questa 'forma mentis' gli esempi e i principi della giurisprudenza canonica in Canada, America (USA), Inghilterra e Australia si discostano dalla giurisprudenza Rotale [...] La giurisprudenza dei Tribunali inferiori non si rifiuta, specialmente quando si tratta di circostanze assolutamente nuove, rimanendo salvo il diritto dei Tribunali della Santa Sede di riformare questa giurisprudenza se è necessario"[57]. Forse nella citata decisione -nella quale si fa riferimento esplicito al can. 20 del Codice abrogato sulla supplenza della legge- non si è tenuta abbastanza chiara la distinzione alla quale abbiamo già fatto prima riferimento tra supplenza e interpretazione. Ma si allude chiaramente alla possibilità, ed anche necessità, di accogliere nei Tribunali della Santa Sede le decisioni dei Tribunali inferiori e non sempre per rigettarle.

Vorrei prima di finire alludere a due casi che certamente possiamo riconoscere come emblematici nell'evoluzione della giurisprudenza e che non di meno sono nati nei Tribunali inferiori. Mi riferisco alle due ben conosciute e citatissime sentenze coram Anné, del 25 febbraio 1969[58] sull'incapacità; e coram Canals, del 21 aprile 1970 sul *error redundans in identitatem personae*[59].

Orbene, circa la prima, che sviscera magistralmente il problema dell'omosessualità come causa di nullità di matrimonio, non deve riconoscere questo aspetto, anche se molto importante, come il più rilevante della sua ben meritata fama, bensì il fatto di aver collegato l'omosessualità stessa con la comunione di vita coniugale. E' infatti l'inserimento di questa nel consenso al di là di un preteso accordo di volontà che sarebbe finito nel suo spessore collegato alla capacità d'intendere e di volere, di un atto singolo ed istantaneo. Questo aspetto però dell'incompatibilità essenziale tra una forma grave di

---

[56] Cf *SRRD* LXVII (1975) 255-265.

[57] *Ibid.*, pp. 263-265.

[58] Cf *SRRD*, LXI (1969) 184 ss; ed anche *supra* le note 9 e 39.

[59] *SRRD* LXII (1970) 370 ss.

omosessualità e la comunione di vita coniugale -anche se non con la profondità e rigorosa argomentazione logica con cui venne affrontato dal Ponente- si era già suscitato nei primi gradi di giurisdizione della Causa. Onde ben possiamo dire che dobbiamo al Tribunale di Montreal -e non solo alla Rota Romana- l'aver approfondito un così rilevante argomento.

Sulla seconda -alla quale ci siamo già riferiti ampiamente prima- c'è anche da segnalare che due decisioni -*Molinen.* e *Senonen.* del 26 maggio 1966 e del 22 aprile 1968[60]- avevano già aperto il campo a quello che si è chiamata la rivoluzione copernicana nell'interpretazione dell' allora can. 1083 (oggi can. 1097): e cioè ad un concetto di identità di persona che non si ferma alla sola e ridotta individualità fisica, ma esige di prendere in considerazione aspetti psicologici, etici e sociali che prima erano stati espressamente scartati.

Mi sia lecito aggiungere, concludendo, che tra le funzioni che la Rota ha ricevuto dal Motu Proprio 'Pastor Bonus' sulla Curia Romana[61], vengono messe insieme due che toccano da vicino le nostre riflessioni. Si dice tassativamente che la Rota Romana, oltre ad accogliere la tutela dei diritti dei fedeli nelle ultime istanze, deve badare anche ad una sollecita attenzione per l'unità della giurisprudenza da raggiungere attraverso le sue Sentenze e al servizio dei Tribunali inferiori. L'interpretazione di questo precetto assolutamente nuovo nella normativa della Rota, costituisce certamente una sfida per il Tribunale Apostolico, ma propone anche ai Tribunali inferiori un invito a servirsi di questo sussidio. Credo che le due alte missioni che il supremo Legislatore ha affidato al Suo Tribunale saranno delle tracce importanti per una feconda e vivificante comunione e comunicazione al ministero dell'amministrazione della Giustizia nella Santa Chiesa.

---

[60] Citate nella sentenza coram Pinto, del 12 novembre 1973 (*SRRD* LXV [1973] 734-736).

[61] Cf *Pastor Bonus*, art. 126.

PER UNA INTERPRETAZIONE PIÙ ADEGUATA DELL'ESCLUSIONE DELLA PROLE D'ACCORDO CON IL CRITERIO PERSONALISTICO DEL MATRIMONIO

Dott. Don Luc J.G. De Maere

Presentazione dell'argomento

Il titolo scelto per questa comunicazione si divide essenzialmente in due elementi: 'l'esclusione della prole' e 'una visione personalistica del matrimonio'. Ambedue hanno bisogno di qualche spiegazione preliminare, prima di introdurci pienamente nell'argomento.

Partiamo da *una visione personalistica del matrimonio*[1]. Questo determina l'approccio specifico della realtà matrimoniale che verrà a partire dal personalismo. Ma di quale personalismo stiamo parlando? Si tratta effettivamente di un termine non sempre abbastanza precisato che ha tanti significati quanti sono gli autori che lo usano[2]. Esso trova le sue origini nel tardo Ottocento e nel primo Novecento, quando, dall'opposizione al panteismo si sviluppò una corrente qualificata dalla difesa della dignità suprema della persona umana, la quale si andò poi rapidamente degradando, diventando sinonimo di individualismo.

È stato Emmanuel Mounier, intorno agli anni Trenta, insieme al gruppo

---

[1] Ad alcuni autori non piace questa terminologia (e.g.: J. M. SERRANO, *Acerca del carácter personal del matrimonio: digresiones y retornos*, in: *A swing of the pendulum. Canon Law in Modern Society*. W. ONCLIN Chair 1996, Leuven 1996, p. 23); ma, a nostro parere non sarebbe sufficiente usare la parola 'personale', perché non esprime in modo soddisfacente il legame con la teoria del personalismo.

[2] E. Mounier dice a questo proposito: "Nous savons tous les inconvénients que nous acceptons en laissant appliquer une étiquette telle que «personnalisme» à un groupe de recherches et de volontés qui désire rester ouvert en même temps que vigoureux. Le mot n'y fait rien. Dès qu'il y a mots, il y a batailles de mots, malentendus de mots, verbalisme, confusion" (E. MOUNIER, *Qu'est-ce que le personnalisme?*, Parigi 1946, p. 9).

del periodico *Esprit*, a riprendere il termine. A causa delle critiche anteriori, ha dovuto distinguere severamente tra persona ed individuo, al punto di contrapporre i due termini. In questa maniera la persona perde quasi il suo statuto individuale e rischia di ridursi al suo aspetto comunitario. Il vero personalismo invece unirà sempre le due caratteristiche fondamentali della persona[3]: individuo e comunità, tra i quali nasce una tensione fertile che incita l'uomo a trascendere continuamente se stesso. Si può dire che il personalismo è proprio un'anti-ideologia, in quanto esclude *ab ovo* ogni forma sia di individualismo che di collettivismo.

A questa visione di base Lucien Laberthonnière aggiungerà sul piano teologico che l'essenza del personalismo consiste nel considerarci tutti come figli di Dio, voluti da Lui per noi stessi. Chiunque ha lo spirito personalistico sarà anche conscio della libertà personale, tanto di se stesso quanto degli altri. Responsabilità personale, inseparabilità di diritti e di doveri, autorità di tutto ciò che è vero sono i punti salienti di questo approccio. È questo il personalismo che ritroviamo nei testi del Vaticano II. Non si tratta minimamente di incitare i nubendi alla ricerca dell'auto-soddisfazione, ma al contrario di esortarli all'avventura dell'auto-donazione. Ogni altro ragionamento rimarrà necessariamente estraneo all'insegnamento conciliare.

Finora abbiamo delineato la prospettiva nella quale vorremmo considerare la tematica. Ma bisogna anche puntualizzare l'argomento stesso. *L'esclusione della prole* è un tema molto ampio, essendo già trattato da tanti autori sia prima sia dopo la promulgazione del Codice vigente. Non soltanto non è possibile, ma non è perfino auspicabile di presentarlo qui in modo esauriente. Quando si parla del capo di nullità del matrimonio comunemente indicato col termine *exclusio boni prolis*, si pensa soprattutto all'aspetto procreativo o talvolta persino all'aspetto educativo nel senso fisico-naturale[4]. Molto di rado

---

[3] È chiaro che non possiamo essere d'accordo con la visione di Luis Vela che dichiara: "De persona cum eius essentiali ad comunionem et communitatem vocatione, non de individuo, Personalismus agit" (L. VELA, *De Personalismo in Iure matrimoniali novi Codicis*, in *Periodica* 79 [1990] 39).

[4] E.g.: "Synodus Vaticana secunda docet: «Intima communitas vitae et amoris coniugalis a Creatore condita suisque legibus instructa, foedere coniugum seu irrevocabili consensu personali instauratur. Ita actu humano, quo coniuges sese mutuo tradunt et accipiunt, institutum ordinatione divina firmum oritur»(Gaudium et spes, n. 48). Bonum prolis formaliter sumptum, seu in suis principiis, i. e. potestas, facultas, ius actum coniugalem recte peragendi, generandi, conservandi, educandi prolem, utrique

però si estende l'approfondimento di questo capo di nullità all'aspetto dell'educazione religiosa e morale. Infatti, quest'ultimo campo viene spesso considerato come un'estensione illecita del principio della nullità del vincolo matrimoniale per l'esclusione del bene della prole.

L'approccio personalistico è certamente presente nell'attuale trattazione sia dottrinale che giurisprudenziale, non soltanto dell'aspetto procreativo, ma anche dell'aspetto del *bonum physicum prolis*. L'atto coniugale significa per i coniugi, allo stesso tempo, un atto di auto-donazione e di collaborazione col Creatore, non escludendo una forma di procreazione responsabile mediante i metodi naturali. Quest'atto trova la sua naturale continuazione nella conservazione in vita della prole[5]. Ci si può meravigliare che nel periodo postconciliare non sia stato fatto uno sforzo maggiore per approfondire il contenuto del dovere dei genitori in relazione all'educazione dei loro figli per stabilire se questo dovere abbia un carattere giuridico ed essenziale o piuttosto integrativo e morale, cioè se quest'obbligo parentale possa toccare o meno la validità del consenso matrimoniale.

In questa sede vorremmo dunque esaminare quale potrebbe essere l'influsso della visione personalistica tipica del Concilio Vaticano II (schematizzata poc'anzi) sull'eventuale integrazione del *bonum spirituale prolis* nella figura giuridica dell'esclusione del bene della prole in genere. Il motivo immediato della scelta di questa problematica è stato l'incontro che abbiamo avuto con un giovane divorziato per il quale l'atteggiamento prettamente ostile della moglie

---

parti ex contractu competens, hac lege divina pertinent ad elementa ipsius matrimonii constitutiva, ut in cann. 1013, §1, 1081, §2 et 1086, §2 sancitur" (coram Anné, diei 16 julii 1968, in *Monitor Ecclesiasticus* 93 [1968] 408-409, n. 2); "[...] Ceterum nec desunt rotales sententiae arctum ligamen denotantes finem primarium inter et formalis obiecti matrimonii determinationem. Fatendum tamen est statim multas easque serias difficultates induci posse hac de ratione, dum per se saltem finis primarii matrimonii exclusio haud sit eiusdem causa nullitatis. Etenim ipse c. 1013 par. 1 definit: «Matrimonii finis primarius est procreatio atque educatio prolis», et nullo modo apparet ratio cur modo arbitrario restringatur finis iste ad procretionem, dum etiam educatio solum videatur similiter ut matrimonii finis primarius. Nec quisquam intendit invalide contrahere positivo voluntatis actu exclusionis educationis prolis" (coram Lefebvre, diei 2 martii 1974, in *Monitor Ecclesiasticus* 100 [1975] 123, n. 3).

[5] Cf A. STANKIEWICZ, *L'esclusione della procreazione e dell'educazione della prole*, in *La simulazione nel consenso matrimoniale canonico*, pp. 149-174 (passim); C. BURKE, *Personalism and the bona of Marriage*, in *Studia Canonica* 27 (1993) 401-412 (passim).

per ciò che concerne la religione cattolica in genere e l'educazione della futura prole secondo questa religione in particolare, sarebbe stata la ragione principale della separazione. Quest'uomo ha poi introdotto il suo libello aggiungendo anche l'esclusione del bene della prole[6]. Siccome dalla loro unione è nato un figlio voluto dai due genitori, sarà chiaro che l'esclusione presunta riguarda unicamente l'educazione della prole. Questo caso concreto mi ha stimolato ad abbordare la tematica. Ciò che viene qui proposto non pretende di essere la soluzione unica e definitiva, ma vuole proporre alcuni elementi che potrebbero essere utili a coloro che vogliono approfondire il problema nel futuro.

La dottrina prima del Vaticano II

Lo studio di Huizing[7] ha richiamato l'attenzione sul fatto che, fra gli autori, si è sempre discusso della questione se l'educazione morale fosse inclusa nell'oggetto del matrimonio. Qui vogliamo soltanto evidenziare che, dall'inizio dell'era cristiana, alcuni grandissimi autori della teologia morale e del diritto canonico ci hanno fornito degli argomenti in favore di questa tesi.

Iniziò con Sant'Agostino, il quale ha introdotto la teoria dei tre beni del matrimonio (*fides*, *sacramentum* e *prolis*), sottolineando che quest'ultimo bene contiene essenzialmente tre elementi, cioè "ut [proles] amanter suscipiatur, benigne nutriatur, religiose educetur"[8]. Vediamo che non soltanto l'aspetto strettamente procreativo e l'aspetto educativo-naturale vengono menzionati, ma anche l'aspetto educativo-religioso. La stessa idea è presente in San Tommaso[9], per esempio là dove insegna:

---

6 Cf Tribunale diocesano di Namur, C.N.M. Prot. N. 95/05. Dec. *pro validitate*.

7 P. HUIZING, *Bonum prolis ut elementum essentiale obiecti formalis consensus matrimonialis*, in *Periodica* 51 (1962) 657-722. Questo lavoro rimane sempre di grande utilità, anche nel periodo postconciliare. Si veda anche: S. MASTROTTO, *L'educazione della prole come elemento essenziale dell'oggetto formale del consenso matrimoniale*, Dissert. PUG, Romae 1983.

8 S. AGOSTINO, *De Genesi ad litteram*, lib. IX, c. 7, n. 12, in: *Patrologia Latina* 34, 397.

9 L'Aquinate riprende anche il ragionamento del Vescovo di Ippona, per quanto concerne il valore del matrimonio tra la Santissima Vergine e S. Giuseppe, basandosi sulla presenza dei tre beni nel loro matrimonio (cf S. TOMMASO, *Summa Theologica*, p. III, q. XXIX, art. 2, resp.).

"Non enim intendit natura solum generationem prolis, sed etiam traductionem et promotionem, usque ad perfectum statum hominis, inquantum homo est, qui est virtutis status"[10].

O ancora:

"In prole non solum intelligitur procreatio prolis, sed etiam educatio ipsius, ad quam, sicut ad finem, ordinatur tota communicatio operum, quae est inter virum et uxorem, in quantum sunt matrimonio coniuncti"[11].

Considerando quanto detto in precedenza, non è facile capire su che cosa si sia basato Mons. Stankiewicz per concludere che:

"la comune e costante dottrina rigettava categoricamente il tentativo di considerare il «bonum spirituale» della prole come essenziale all'oggetto formale del consenso, ritenendo che la condizione dedotta in patto di educare la prole «in infidelitate» o «in haeresi vel in aliis delictis» non era contro la sostanza del matrimonio"[12].

Per provare questo punto di vista cita autori senz'altro importanti, come Wernz-Vidal-Aguirre[13], Gasparri[14] e Staffa[15]. Non manca però di menzionare nello stesso contesto che, tanto nel periodo precodiciale[16] quanto nel periodo del

---

[10] S. TOMMASO, *Summa Theologica*, p. III, Suppl., q. XLI, art. 1, resp.

[11] S. TOMMASO, *Summa Theologica*, p. III, Suppl., q. XLIX, art. 2, ad 1.

[12] A. STANKIEWICZ, *L'esclusione della procreazione ed educazione della prole*, in *La simulazione nel consenso matrimoniale canonico*, Città del Vaticano 1990, p. 170.

[13] F. WERNZ - P. VIDAL - PH. AGUIRRE, *Ius matrimoniale*, vol. V, Romae 1946^3, p. 655.

[14] P. GASPARRI, *Tractatus canonicus de matrimonio*, vol. II, Città del Vaticano 1932^2, p. 85.

[15] D. STAFFA, *De conditione contra matrimonii substantiam*, Romae 1955^2, p. 25.

[16] Cita F. SCHMIER, *Iurisprudentia canonico-civilis seu ius canonicum universum iuxta quinque libros Decretalium*, t. III, Salisburgo 1716, lib. 4, tract. 3, cap. 5, sect. 3,

Codice pio-benedettino[17], ci sono stati dei propugnatori dell'essenzialità dell'educazione morale della prole in rapporto alla validità del consenso matrimoniale. Vedremo che anche dopo la promulgazione del Codice di Giovanni Paolo II rimarrà quest'opposizione tra difensori ed oppositori di detta tesi.

La giurisprudenza tradizionale

Tradizionalmente la giurisprudenza rotale rimane molto esitante nel valutare il proposito di educare la prole al di fuori della religione cristiana. In una sentenza coram Jullien, del 16 ottobre 1948, si legge in modo molto sintetico:

> "Voluntas educandi prolem in haeresi, quamvis impia, turpis ideoque in se, tamen non est contra substantiam matrimonii, quia non excludit simpliciter conservationem et educationem

---

nn. 56-60; F. SCHMALZGRUEBER, *Jus ecclesiasticum universum*, t. IV, Roma 1844, lib. 4, tit. 6, n. 150. Questi autori parlano dell'esclusione del bene spirituale della prole nel contesto della *condicio*.

[17] Cita M. CONTE A CORONATA, *De matrimonio et de Sacramentalibus*, Roma 1957^3, p. 625, dove si legge: "Quod dicitur de positivo actu voluntatis contra bonum prolis valet non solum quando excluditur prolis procreatio sed etiam quando excluditur prolis educatio christiana, si agitur de matrimonio christiano, quia etiam ista intentio seu voluntas est contra bonum prolis". Rinvia ad A.C. Jemolo, M. Timlin e F.M. Cappello. Quest'ultimo tratta del nostro argomento sia nell'articolo *De fictio et simulato consensu* sia in quello *de consensu sub conditione*. Nel primo articolo fa l'elenco dei casi possibili e dice: "6° Quae huc usque dicta sunt de prole vitanda, *per se* applicari debent, *speculative* loquendo, etiam pacto seu intentioni prolem *non educandi* aut educandi *extra religionem christianam* (quod profecto idem est ac non educare) [sic], si utraque vel saltem una pars sit baptizata" (F.M. CAPPELLO, *De matrimonio*, Roma 1950^6, n. 600). Nell'altro articolo distingue fra genitori cattolici e non-cattolici e conclude: "Quare si contrahentes sint *catholici*, ambo vel saltem unus, et pactum ineant, in actu celebrationis matrimonii vel antea, de sobole educanda in haeresi vel schismate, ita distinguendum: vel partes intendunt contrahere verum matrimonium, ita ut non escludant obligationem educandi *catholice* prolem nascituram, vel excludunt positive huiusmodi obligationem et nonnisi hac posita exclusione volunt nuptias inire. Si *primum*, matrimonium valet; si *alterum*, quod tamen non praesumitur, matrimonium est nullum" (*ibid.*, n. 631, 4).

> prolis (prout voluntas abiiciendi prolem, uti supra visum est); ideoque non irritat matrimonium, neque iure naturali, neque iure positivo"[18].

Può sembrare una specie di *petitio principii*, perché non illustra nessuna ragione per restringere l'aspetto educativo del bene della prole a livello puramente fisico.

Troviamo un rinvio molto prudente alla tendenza opposta in una decisione coram De Iorio del 27 marzo 1968, nella quale scrive:

> "Turnus coram Bejan hanc iurisprudentiam neque amplectitur neque repudiat. Infrascripti Patres quoque a quaestione evolvenda atque solvenda se abstinent, cum in casu id non sit necessarium. Tamen non praetereunt plures veteres, praesertim theologos et quidem magnae notae, docuisse pactum de prole in haeresi educanda irritare matrimonium, cum hoc institutum sit non modo ad homines propagandos seu multiplicandos, sed etiam, immo potissimum, ad veros Dei cultores comparandos"[19].

Si nota qui una certa apertura, diremmo quasi una simpatia anche per coloro che vogliono promuovere una più ampia lettura del contenuto del *bonum prolis*. Ma il Ponente non ha sviluppato questa tematica, perché non c'era un bisogno immediato di pronunciarsi.

Un'apertura maggiore ed una simpatia più esplicita si trovano nel n. 5 di una sentenza coram Raad, del 20 marzo 1980, pochi anni prima della promulgazione del Codice vigente, che inizia così:

> "Inter onera essentialia habetur prolis educatio. 'Matrimonii

---

[18] *SRRD*, vol. 40, p. 356. Simili posizioni si trovano in qualche sentenza di Brennano Canestri.

[19] *SRRD*, vol. 60, p. 253. Parla di una coram Bejan, del 29 ottobre 1966, dove si legge: "Ex doctrina et iurisprudentia scimus voluntatem instituendi prolem in haeresi, quamvis impiam, ideoque irritam in se, non esse tamen contra substantiam matrimonii, quia non excludit simpliciter conservationem et educationem prolis. [...] Sed abstinendum censuerunt Patres DD. ab evolvenda hac quaestione." (*SRRD*, vol. 58, p. 765).

finis primarius est procreatio atque educatio prolis' (c. 1013 §1), 'et nullo modo apparet ratio cur modo arbitrario restringatur finis iste ad procreationem, dum etiam educatio solum videatur similiter ut matrimonii finis primarius' (sent. coram Lefebvre, in causa Octavien., d. 1 martii 1974, n. 3)"[20].

Poi continua e cita non soltanto S. Agostino e S. Tommaso, ma anche Sanchez e Cappello, la *Casti connubii* di Pio XI e la *Gaudium et spes* del Vaticano II. L'insieme ci offre una buona piattaforma per un'ulteriore approfondimento.

L'insegnamento del Vaticano II

In un articolo sull'esclusione del bene della prole, Mons. Stankiewicz rimanda ad un decreto del suo collega Mons. Serrano del 21 giugno 1985, dove dice che la nuova visione dello *ius ad procreationem*, secondo l'ispirazione del Vaticano II e della nuova legge canonica, non cambierà mai la sostanza ontologica del matrimonio e formula una regola d'oro, cioè "optima erit interpretatio et applicatio, quae sibi proponat priora magis complere quam inficere"[21].

Sarà evidente che la visione personalistica del matrimonio che troviamo nei documenti dell'ultimo Concilio non è in grado di inficiare l'interpretazione tradizionale del contenuto del bene della prole, nel senso di negare il diritto dei coniugi *ad actus per se aptos ad prolis generationem*, ma questa visione può invece essere completata sul piano dell'educazione. Infatti, una decisione negativa non dice altro che: *non constat de nullitate matrimonii in casu*, non implica dunque che il matrimonio sia certamente valido e non esclude, dall'altra parte, che nel futuro la giurisprudenza si possa pronunciare con maggior chiarezza.

Prima di continuare, bisogna definire quale sia questa nuova ispirazione che troviamo nei testi conciliari. Vogliamo accennare soltanto a qualche testo-chiave della Costituzione pastorale sulla Chiesa nel mondo contemporaneo *Gaudium et spes* e della Dichiarazione sull'educazione cristiana *Gravissimum educationis*.

Dopo aver proclamato che il matrimonio è un atto umano *quo coniuges*

---

20 *Monitor Ecclesiasticus* 105 (1980) 178 ss.

21 *Il Diritto Ecclesiastico* 96 (1985/II) 393.

sese mutuo tradunt atque accipiunt, il n. 48 della *Gaudium et spes* osserva che questo vincolo *non ex humano arbitrio pendet*. E continua dicendo:

> "Indole autem sua naturali, ipsum institutum matrimonii amorque coniugalis ad procreationem et educationem prolis ordinantur iisque veluti fastigio coronantur. Vir itaque et mulier, qui foedere coniugali «iam non sunt duo, sed una caro» (Mt. 19, 6), intima personarum atque operum coniunctione mutuum sibi adiutorium et servitium praestant, sensumque suae unitatis experiuntur et plenius in dies adipiscuntur. Quae intima unio, utpote mutua duarum personarum donatio, sicut et bonum liberorum, plenam coniugum fidem exigunt atque indissolubilem eorum unitatem urgent".

Segue direttamente la conclusione che l'amore coniugale ha delle conseguenze immediate a livello parentale:

> "Germanus amor coniugalis in divinum amorem assumitur atque virtute redemptiva Christi et salvifica actione Ecclesiae regitur ac ditatur, ut coniuges efficaciter ad Deum ducantur atque in sublimi munere patris et matris adiuventur et confortentur".

Questo *munus* dei genitori deve attuarsi nel compito educativo, aggiunge ancora il testo del n. 48:

> "Coniuges autem, dignitate ac munere paternitatis et maternitatis ornati, officium educationis praesertim religiosae, quod ad ipsos imprimis spectat, diligenter adimplebunt".

Il n. 50 della medesima Costituzione, dopo aver ripetuto il principio della *ordinatio indole sua ad prolis procreationem et educationem*, per ciò che riguarda il matrimonio, sviluppa l'idea che questo compito educativo dei coniugi è una cooperazione all'opera creativa di Dio:

> "In officio humanam vitam transmittendi atque educandi, quod tamquam propria eorum missio considerandum est, coniuges sciunt se cooperatores esse amoris Dei Creatoris eiusque veluti interpretes."

Il ruolo educativo dei coniugi verso i loro figli verrà poi catalogato come primario nel n. 3 della dichiarazione *Gravissimum educationis*:

> "Parentes, cum vitam filiis contulerint, prolem educandi gravissima obligatione tenentur et ideo primi et praecipui eorum educatores agnoscendi sunt. Quod munus educationis tanti ponderis est ut, ubi desit, aegre suppleri possit. Parentum enim est talem familiae ambitum amore, pietate erga Deum et homines animatum creare qui integrae filiorum educationi personali et sociali faveat".

In sintesi, da questa panoramica dell'insegnamento conciliare risulta che c'è una profonda unità tra la visione personalistica dell'unione coniugale e il compito dei coniugi in sede generativa ed educativa. Così anche il loro ruolo di genitori deve leggersi in chiave personalistica. Tale insegnamento si oppone dunque ad una lettura puramente biologica dei loro doveri. La *personarum coniunctio* e la *personarum donatio* fra i coniugi si allarga in questa prospettiva alla relazione con i figli, implicando allora molto di più che non il semplice dono della vita in quanto tale. I genitori cristiani sono tenuti a sforzarsi perché i figli abbiano non soltanto la vita biologica, ma anche la vita soprannaturale. Sono i primi (e primari) collaboratori all'opera creatrice di Dio.

Poco prima della promulgazione del Codice attuale, Giovanni Paolo II aveva già sviluppato queste idee nella sua esortazione postsinodale *Familiaris consortio*[22]. La fecondità dell'amore coniugale non si limita, dichiara il Santo Padre, alla sola procreazione, ma implica tutti gli aspetti del quadro educativo:

> "Amoris autem coniugalis fecunditas non sola circumscribitur filiorum procreatione, licet haec intellegatur modo suo proprie humano: nam dilatatur ac ditatur illis omnibus vitae moralis, spiritalis, supernaturalis fructibus, quos pater et mater invitantur ut liberis suis impertiant ac per eos Ecclesiae et mundo"[23].

Il Pontefice sviluppa poi l'idea che i genitori cristiani sono i primi

---

[22] *AAS* 74 (1982) 81-191.

[23] *Familiaris consortio*, n. 28.

collaboratori all'opera creatrice di Dio e all'amore di Dio Padre, insieme a suo Figlio in quanto Pastore Supremo e alla Chiesa in quanto Madre:

> "Parentum christianum munus institutorium, inhaerens - sicut supra est dictum - in eorum communicatione operae Dei creatricis, novum habet propriumque fontem in matrimonii sacramento, quod eos dicat educationi singulariter christianae filiorum, vocat eos scilicet ad ipsam participandam auctoritatem et ipsum amorem Dei Patris et Christi Pastoris necnon maternum Ecclesiae amorem, ditat eos sapientia, consilio, fortitudine omnique alio Spiritus Sancti dono, unde liberi adiuventur in humana sua et christiana maturatione"[24].

L'idea della graduale maturazione verrà poi applicata, nello stesso documento pontificio, alla vita cristiana ed ecclesiale della prole:

> "Poscit educandi munus ut christiani parentes filiis ea omnia elementa suppeditent, quibus opus est ut eorum personae ratione tum christiana tum ecclesiali gradatim maturescant. Revocent igitur educationis elementa superius memorata curentque ut filiis commonstrent ad quam altas significationes fides atque caritas Iesu Christi eos perducere possint"[25].

Il Sommo Pontefice ribadirà questo argomento nella sua più recente Lettera alle Famiglie dell'anno 1994. Rispondendo alla questione che cosa sia l'educazione, Giovanni Paolo II dice:

> "Quibus rebus constituitur institutio? Ut postulatis his respondeatur, duae praecipuae veritates sunt memorandae: primum, in veritate amoreque hominem ad vivendum vocari; deinde, quemque hominem per sui sincerum donum perfici. [...] Institutio idcirco processus est peculiaris, in quo mutua personarum communio summam habet significationem. *Institutor* est persona quae *spiritualiter «gignit»*. [...] Est vitalis communicatio,

---

24 *Ibid.*, n. 38.

25 *Ibid.*, n. 39.

> quae non modo necessitudinem inter praeceptorem et educandum comparat, verum insuper utrumque in veritatem amoremque penitus inserit, ad postremam scilicet metam ad quam quisque homo a Deo Patre, Filio et Spiritu Sancto vocatur"[26].

Qui vengono messi in luce due elementi essenziali: il compito educativo è intimamente legato all'insegnamento della verità ed esso richiede una vera e propria auto-donazione. Così i coniugi continuano e completano la *traditio suiipsius* della loro relazione coniugale nell'educazione dei loro figli, inspirandosi alle sorgenti della Verità.

Non farà dunque meraviglia che nella medesima Lettera l'educazione strettamente religiosa sia stata considerata come una specie molto particolare di apostolato nel seno della 'chiesa domestica':

> "Procul dubio inter munera omnino necessario familiae obeunda *religiosa educatio* annumeratur, qua videlicet nisa familia veluti «ecclesia domestica» incrementum capit. Religiosa educatio et liberorum catechesis efficiunt ut familia in Ecclesia tamquam *obiectum ponatur verum evangelizationis atque apostolatus*"[27].

Rilevanza personalistica della triade agostiniana

Nelle discussioni postconciliari a proposito dei tre beni del matrimonio, introdotti da Sant'Agostino[28], non manca chi ha espresso il parere che questi impediscono perfino la considerazione del matrimonio come *consortium totius vitae* a causa del loro presunto carattere restrittivo[29]. Mons. Burke si è sforzato

---

26 *AAS* 86 (1994) 899, n. 16.

27 *Ibid.*, p. 902, n. 16.

28 Per esempio nel *De nuptiis et concupiscentia*, l. I, XI, n. 13 (Bibliothèque Augustinienne, t. 23, 84) a proposito della Sacra Famiglia.

29 Cf la nota 2 nell'articolo di C. BURKE, *Personalism and the "bona" of Marriage*, in *Studia Canonica* 27 (1993) 401-412, dove egli cita un certo autore: "The *bona* «do not, of themselves, encourage a consideration of marriage as a *consortium totius vitae*. They impede, in fact, such an understanding by reason of their *restrictive* character» (D.E. FELLHAUER, *The "consortium totius vitae" as a Juridical Element of Marriage*,

di provare che questa triade rimane sempre di grande attualità, anche nel contesto di un approccio personalistico al matrimonio. Prima di tutto egli dimostra che non c'è alcuna opposizione fra il cosiddetto fine istituzionale ed il cosiddetto fine personalistico, cioè fra la *ordinatio ad prolis generationem et educationem* ed il *bonum coniugum*. Da una parte perché tutto questo appartiene integralmente all'istituto matrimoniale, dall'altra perché anche i beni tradizionali sono più che obbligazioni legalistiche: sono dei veri e propri valori.

Con riferimento alle due narrazioni della creazione dell'uomo e della donna che troviamo nel Libro della Genesi, Mons. Burke scopre due aspetti vitali nel matrimonio come viene proposto in queste pagine bibliche, quello procreativo nel primo capitolo e quello relazionale nel secondo e conclude che ambedue rivelano un tenore personalistico. Il matrimonio non è stato istituito unicamente per lo sviluppo della razza umana nella procreazione, ma anche per lo sviluppo delle persone che si sposano[30].

Non soltanto è vero che sia la *ordinatio ad prolis generationem et educationem* che il *bonum coniugum* appartengono all'ordinamento istituzionale del matrimonio, ma si deve dire anche che una comprensione troppo legalistica dei tre beni tradizionali sarebbe perfino erronea, dichiara lo stesso Mons. Burke. Egli sottolinea con fervore che sarebbe un errore assai grave credere che i tre beni appartengano unicamente all'aspetto istituzionale del matrimonio e che contrastino dunque con una visione personalistica. Il vero personalismo proviene dallo stesso istituto matrimoniale e riscoprirà necessariamente il valore personalistico dei *bona augustiniana*, mostrando come rispondano alle aspirazioni più profonde e più personali dell'esistenza e dell'amore umano[31].

---

in *Studia canonica* 13 [1979] 32; emphasis added)".

30 "Par conséquent il découle de l'Ecriture que le dessein de Dieu en instituant le mariage est également personnaliste. Le mariage n'est pas seulement ordonné institutionnellement au développement de la race humaine par la procréation, il est aussi destiné au développement des personnes qui se marient, à leur épanouissement et à l'achèvement de leur destinée personnelle" (C. BURKE, *Personnalisme et divers aspects de la jurisprudence*, in *Revue de Droit Canonique* 45 [1995] 338).

31 "C'est une erreur et une source d'erreurs de classifier les *bona* comme aspects «institutionnels» du mariage, *en contraste avec* une vision personnaliste. Je soutiens que le vrai personnalisme du mariage dérive de son *institution* même: que les trois propriétés essentielles - les *bona* -, de même que les deux fins - *bonum coniugum* et procréation/éducation - sont à la fois institutionnelles *et* personnalistes. On ne peut certes pas réduire le mariage aux seuls *bona* augustiniens; mais on ne peut non plus arriver à

Sempre secondo questo stesso giudice rotale, è sterile continuare la discussione a proposito del primato dei due fini del matrimonio, adesso che siamo di fronte alla formulazione del canone 1055. Secondo lui è meglio superare questo dibattito, sottolineando la complementarità di entrambi i fini[32]. Viene a corroborare la sua tesi il canonista austriaco Helmuth Pree il quale, in uno studio sul matrimonio come realtà relazionale, rileva che si tratta di un insieme di valori e di beni che mettono l'accento talvolta sulla relazione dei coniugi tra loro e dei coniugi alla coppia e talvolta sulla relazione dei coniugi e della coppia con altri (*in casu* i figli)[33].

Un'approccio personalistico al bene della prole

Rimanendo in compagnia di Mons. Burke, scopriamo che i due fini del matrimonio sono intimamente legati fra di loro. Nel dedicarsi generosamente al bene integrale dei loro figli i coniugi contribuiscono grandemente alla realizzazione di quest'altro fine, cioè il *bonum coniugum*, perché l'educazione richiede da parte dei genitori una forma di abnegazione così che li rende più liberi, più

---

renouveler en profondeur la conception du mariage si l'on ne relève pas toute la valeur humaine de ces propriétés, en les réintégrant ou en les redécouvrant dans une optique personnaliste: en montrant comment elles répondent aux aspirations plus profondes et plus personnelles de l'existence et de l'amour humains" (*ibid.*, p. 346).

32 "One can debate about the hierarchy between the ends of matrimony, i.e. whether procreation is still to be regarded as a primary end, or whether - as would appear from c. 1055 - the *bonum coniugum*, the good of the spouses, stands on equal footing. One can also transcend this debate, as I would prefer to do, by considering whether, instead of contrasting these ends, one should not rather see them as interrelated and necessarily connected" (C. BURKE, *Personalism and the "bona" of Marriage*, in *Studia Canonica* 23 [1993] 410).

33 "Le matrimonium in fieri, entendu au sens personnaliste, est par nature *ordonné* au *bonum coniugum* et au *bonum prolis*. Il ne s'agit pas là exactement de deux biens, mais de deux ensembles de biens, ou plus précisément: il s'agit de l'ensemble de toutes les valeurs et de tous les biens impliqués dans le mariage et qui se réalisent dans différentes relations. Ces différentes relations sont indiquées par les mots de «prolis» et de «coniugum». Le bonum coniugum se comprend principalement comme réalisation de la relation des partenaires entre eux et des partenaires au couple; la generatio et educatio prolis par contre (expression de la dimension globale de la fécondité du mariage) comme réalisation des relations couple-tiers et partenaires-tiers" (H. PREE, *Le mariage en tant que réalité relationnelle*, in *Revue de Droit Canonique* 35 [1985] 75-76).

maturi e più atti ad amare[34].

Finalmente, con lo stesso autore vogliamo sottolineare che l'insegnamento della Chiesa, anche in materia matrimoniale, si sviluppa sempre in modo omogeneo e non cambia dunque nel mettere l'accento sull'integrità, sulla perpetuità e sull'esclusività dell'oggetto del consenso matrimoniale. Soltanto, il fatto che non si parla più, in questo contesto, dello *ius in corpus*, ma invece del *sese tradere*, non potrà rimanere senza influsso sulla giurisprudenza[35]. Ci sembra dunque ragionevole chiedere se questa visione non si possa applicare anche alla

---

[34] "In marrying, a couple enter a relationship which is teleologically oriented towards other human beings as well: their possible children. In procreating, spouses not only fulfil the aspirations of mutual love and conjugality, but also acquire a moral duty towards these new persons, a duty to love and care for them - generously and *for their own sake*, and not *merely* as a perpetuation of their conjugal union. Having said this, one can add that the dedication to their children which marriage demands of spouses, tends - precisely in the effect it has of drawing them out of themselves - to contribute powerfully to the "bonum coniugum", to their development and maturing as persons who, in their married life (now, in their *family* life), are growing in worth and character and generosity, because they continue to be involved in the process of *learning* to love" (C. BURKE, *Matrimonial Consent and the "bonum prolis"*, in *Monitor Ecclesiasticus* 114 [1989] 403).

[35] In questo contesto è interessante leggere ciò che Sheehy ha scritto alcuni anni fa: "Hucusque tum Auctores generatim tum ipsa Romana Rota (coram qua perpaucae utique causae hac de re disceptabantur) docebant matrimonium esse invalidum si alterutra vel utraque pars eum contraxerit cum positiva intentione abortum procurandi si per casum praegnantia e matrimonio occurreret. Ratio talis iurisprudentiae fundata est praecise in exclusione ipsius boni prolis, aliis verbis, in positiva exclusione ipsius iuris ad coniugalem actum ad normam can. 1086, §2 Codicis praecedentis. Quae quidem ratio non facile intelligitur. Utique, si quis aliquod accipiat ius, necessario accipit essentiales obligationes e tali iure promanantes - in casu, obligationemtuendi novam vitam ab actu coniugali ortam. Sed minime apparet quomodo illa intentio procurandi abortum construi posset tanquam exclusionem iuris ad ipsum coniugalem actum, qui in casu revera integer remansit. Formulatio in novo Codice introducta possibilitatem saltem admittit dicendi obligationem tuendi in utero vitam e matrimonio ortam elementum esse ipsius matrimonii essentiale, cuius positiva exclusio invaliditatem secumferet. Hac de re, videat evolvenda iurisprudentia" (G. SHEEHY, *Animadversiones quaedam in «matrimonii essentiale aliquod elementum»*, in *Periodica* 75 [1986] 123-124).

questione nostra[36].

Ci sembra interessante leggere tutto questo alla luce delle parole di Gaston Candelier a proposito della simulazione come rifiuto. Egli crede che il rifiuto di uno dei tre beni significhi, nel contempo, un rifiuto della comunità coniugale, un rifiuto del diritto a questa comunità ed un rifiuto di un mezzo per realizzarla in modo adeguato. Per di più è anche un rifiuto della relazione interpersonale con il consorte e del suo diritto, in correlazione al proprio dovere[37].

Argomenti a scapito di una lettura estensiva

Anche gli autori attuali rimangono divisi sulla questione se l'educazione religiosa faccia parte del contenuto essenziale del bene della prole, così che la sua esclusione basterebbe in sé a rendere nullo il matrimonio. Cominciamo con l'elenco e poi lo studio degli argomenti di coloro che si oppongono a questa tesi.

---

36 "The principle by which the teaching of the Church develops in a homogeneous fashion, applies also of course to Church doctrine about marriage. The law of the Church, for its part, taking revealed doctrine as the ultimate norm of justice, continues to care for the integrity, perpetuity and exclusiveness of the object of matrimonial consent. However, since the new Code does not present this object to us any longer as the "ius in corpus", but as the mutual "selfgiving" of the spouses, jurisprudential thinking has clearly to be refined - in a line of continuity - if it is to determine what is the *juridical* content of this spousal "sese tradere"; and by what reserves or exclusions the contracting parties can no longer be said to make a *conjugal* gift of themselves" (C. BURKE, *Matrimonial Consent...*, p. 398).

37 "Le refus du *bonum prolis*, du *bonum fidei*, du *bonum sacramenti*, est refus de la communauté conjugale de vie, refus du droit à cette communauté, refus du moyen de la réaliser comme elle doit être. C'est ainsi qu'on peut expliquer le caractère dirimant de la simulation totale ou partielle, à partir de la description du mariage que présente *Gaudium et spes*. [...] Les biens du mariage - descendance, fidélité, indissolubilité, - ne constituent pas pour les époux, des obligations qui seraient comme objectives et dont la source immédiate se trouverait dans une loi positive. Ces biens caractérisent de manière essentielle, la relation interpersonnelle: c'est dans et par la relation qu'ils sont objets de droit et de devoirs parce que c'est dans et par la relation qu'ils naissent. Droits et devoirs matrimoniaux sont donc corrélatifs: le devoir d'un époux trouve sa source dans le droit de l'autre" (G. CANDELIER, *L'influence du Concile Vatican II sur les chefs de nullité de mariage* (suite), in *Revue de Droit Canonique* 35 [1985] 108-109).

Abbiamo incontrato i seguenti argomenti specifici[38]:

1° essendo il *bonum prolis* di diritto naturale, l'educazione religiosa non può far parte essenziale del matrimonio;

2° essendo la procreazione e/o l'educazione anche possibili fuori del matrimonio, non bastano questi elementi per farne in sé - fuori del contesto familiare cioè - un fine del matrimonio;

3° il fatto che molti genitori investano altre persone con il dovere educativo della loro prole, non comporta un'esclusione invalidante;

4° la fede non è di carattere trasmissibile, neppure nell'ambiente familiare;

5° l'educazione cattolica non si collega alla procreazione in quanto tale, ma al battesimo;

6° la validità della licenza concessa per un matrimonio misto non dipende dalla promessa *de educandi prolem in fide catholica*, ma della *iusta et rationabilis causa* di concederla;

7° la validità dei matrimoni tra battezzati acattolici sarebbe messa in dubbio, perché molto probabilmente escludono l'educazione nella religione cattolica della prole;

8° l'obbligo morale di provvedere all'educazione cattolica dei figli viene già sufficientemente sancito dal diritto penale.

Si capisce subito che non tutti gli argomenti qui proposti sono di uguale rilevanza. Dobbiamo però esaminarli tutti affinché possiamo trarne certe conclusioni globali.

Ad 1°. È chiaro dal canone 1055 che il matrimonio 'naturale' comporti sia la *ordinatio ad prolis generationem et educationem* che il *bonum coniugum*, ma sono anche questi medesimi elementi che diventano essenziali nel matrimonio sacramentale, istituito da Cristo Signore. La Chiesa è molto più esigente per quanto concerne il matrimonio sacramentale, stabilendo delle norme specifiche per la sua validità, come per esempio il carattere irritante dell'esclusione della stessa sacramentalità del matrimonio o l'imposizione della forma canonica. Non

---

[38] Cf A. DE LA HERA, *L'ordonnance du mariage à ses fins*, in *L'Année Canonique* 17 (1973) 555-568; A. STANKIEWICZ, *L'esclusione della procreazione ed educazione della prole*, in *La simulazione del consenso matrimoniale canonico*, Città del Vaticano 1990, pp. 149-174.

sembra dunque impossibile dare un'impostazione particolare anche al bene della prole nata in una famiglia di due cattolici. Si può supporre che i genitori battezzati nella Chiesa Cattolica realizzino in modo sufficiente il fine della *ordinatio ad prolis generationem et educationem* se danno un'educazione puramente umana ai figli o che l'esclusione dell'educazione religiosa da una o ambedue delle parti non invalidi in sé il loro matrimonio?

Ad 2º. Tanti infatti formano - soprattutto nella società odierna - delle unioni più o meno informali entro le quali nascono dei figli che poi verranno educati, talvolta dai propri genitori, talvolta da altri. Ma questo non significa che la generazione e l'educazione della prole non trovino il loro contesto normale nell'unione coniugale dei genitori, cioè nel contesto familiare. Tutti i genitori battezzati hanno il grave dovere morale di educare i figli nella religione cristiana e perché questo dovere non potrebbe avere delle implicazioni a livello della validità del loro consenso per coloro che sono uniti nel matrimonio sacramentale?

Ad 3º. Il dovere educativo dei genitori viene chiamato primario dal Legislatore, perche è di diritto naturale per il fatto che essi sono i primi responsabili dell'educazione della loro prole e questa responsabilità primaria non è trasferibile ad altri. L'unica cosa che si può delegare è la cura concreta, per certi aspetti, dell'educazione sia fisica, sia culturale, sia morale, sia religiosa. Ma nel caso che quest'obbligo morale venga trascurato, sono sempre i genitori ad esserne i principali colpevoli.

Ad 4º. La *ordinatio ad prolis generationem et educationem* appartiene *indole sua naturali,* all'essenza del matrimonio, tanto quanto il *bonum coniugum.* Ma questo non significa necessariamente che tocca soltanto il livello puramente naturale di questa realtà. La *evectio ad sacramenti dignitatem* trasforma tutto questo alla luce della grazia divina. Il fatto che i figli posteriormente dovranno far loro la scelta dei genitori ad avere un'educazione religiosa, non toglie nulla all'obbligo morale di quest'ultimi. Non si vede perché si dovrebbe impedire un eventuale obbligo canonico di rilevanza per la validità del loro consenso matrimoniale. Non si deve poi confondere la finalità di un certo tipo di educazione con la riuscita della medesima.

Ad 5º. È vero che la generazione di figli in quanto tale non implica il dovere di dar loro un certo tipo di educazione, almeno nel contesto di un matrimonio naturale (o di altri tipi di unioni, dalle quali risulta almeno l'obbligo di diritto naturale di prendersi cura della prole). Ciò non vale però nel contesto sacramentale, in quanto lì i genitori hanno il dovere di far battezzare i figli (cann. 867 §1; 1366) e conseguentemente di educarli nella fede cattolica (cann. 774 §2, 1136). Perché tutto questo non potrebbe influenzare la validità del consenso dei genitori battezzati?

Ad 6°. Nel caso di un matrimonio misto è chiaro che la validità della licenza non dipende dalla promessa fatta dalla parte cattolica. Ma qui bisogna fare due osservazioni. La prima è che questa licenza è unicamente di diritto ecclesiastico e non esclude di per sé un eventuale obbligo di diritto divino dei genitori. E l'altra osservazione è che la validità dell'atto amministrativo - la licenza dell'ordinario - è totalmente indipendente dalla validità del consenso matrimoniale consecutivo.

Ad 7°. Per i matrimoni degli acattolici vale chiaramente ciò che il Vaticano II ha dichiarato nel n. 5 della *Dignitatis humanae*:

> "Cuique familiae, utpote quae est societas proprio ac primordiali iure gaudens, competit ius ad libere ordinandam religiosam vitam suam domesticam sub moderatione parentum. His autem competit ius ad determinandam rationem institutionis religiosae suis liberis tradendae, iuxta suam propriam religiosam persuasionem".

Ad 8°. La sanzione specifica prevista nel Codice attuale per i genitori cattolici che non impartono un'educazione cattolica ai propri figli, colpisce tutti i genitori cattolici, uniti nel matrimonio sacramentale o meno. Questo fatto non ha nessun'influsso sulla validità del consenso eventualmente espresso da parte loro. In ogni caso, provvedimenti del diritto penale non possono supplire ad eventuali carenze nel campo del diritto matrimoniale.

Conclusione

Abbiamo esaminato gli argomenti di alcuni autori che si oppongono ad una comprensione del contenuto del *bonum prolis* che sia estesa all'educazione religiosa. Ci pare che le ragioni apportate non devono considerarsi ostative. Alcune concernono solo un aspetto periferico della questione, altre non colgono sufficientemente la distinzione sostanziale tra il matrimonio come istituto naturale ed il matrimonio come realtà sacramentale. E nessuno degli argomenti incontrati mette in rilievo l'apporto specifico della visione personalistica del matrimonio, sviluppata durante e dopo il Concilio Vaticano II.

Questa sembra anche essere l'opinione di Mendonça il quale pensa che il bene della prole non può essere ristretto al benessere fisico dei figli, ma deve invece racchiudere anche gli aspetti sociali, culturali, morali e religiosi del compito educativo. Sottolinea che un bambino non è soltanto un essere biologico-fisico, ma una persona con una dimensione morale e spirituale. Il coniuge che per qualsiasi ragione esclude questo diritto all'educazione integrale, esclude pertanto il diritto stesso al *bonum prolis*[39].

Gallagher nel suo studio su matrimonio e famiglia nel Codice postconciliare menziona le proposte avanzate dal Pontificio Consiglio per la Famiglia per completare alcuni canoni nel capitolo sugli effetti del matrimonio. Queste aggiunte parlavano della famiglia cristiana come 'chiesa domestica' (can. 1134) o come scuola principale per l'educazione alla comunione ecclesiale (can. 1136) e consideravano i coniugi come collaboratori della grazia (can. 1135)[40].

Questi punti non sono stati accettati dalla Commissione Plenaria, ma essi illustrano nondimeno l'importanza del ruolo educativo della famiglia cristiana. Bisogna però rilevare che il can. 1136 dice nella versione promulgata: "Parentes officium gravissimum et ius primarium habent prolis educationem tum physicam, socialem et culturalem, tum moralem et religiosam, pro viribus curandi". In questo senso, è molto significativo che una della promesse pronunciate dagli sposi al momento del consenso matrimoniale afferma che essi sono disposti ad accogliere responsabilmente e con amore i figli che Dio vorrà donar loro ed a educarli secondo la legge di Cristo e della sua Chiesa.

Questa nostra comunicazione ha voluto mettere in risalto lo stato della

---

[39] "The right to the «good of offspring» is not to be restricted only to its physical well-being, but should also encompass *social, cultural, moral,* and *religious* upbringing of the child. A child is not merely a biological and physical entity, but a person with a profound moral and spiritual dimension. The wholesome education of the cild ought to comprise these aspects. Therefore, when this right to wholesome education (formation) of the cild is denied in the partnership, for whatever reason, the right to the «good of offspring» itself should be regarded as denied" (A. MENDONÇA, *The Theological and Juridical Aspects of Marriage*, in *Studia Canonica* 22 [1988] 290-291).

[40] Cf C. GALLAGHER, *Marriage and the Family in the Revised Code*, in *Studia Canonica* 17 (1983) 168-169.

questione nel momento attuale, a trent'anni dalla fine del Vaticano II, un Concilio che ha introdotto una visione personalistica del matrimonio e della famiglia. È chiaro che tutte le conseguenze di quest'approccio non sono state ancora messe in pratica e forse c'è bisogno di molto più tempo per riflettere ed indagare sul contenuto di questa rinnovata visione della realtà matrimoniale in un segmento della storia caratterizzato da una secolarizzazione sempre in crescita, nel quale le evidenze di prima non valgono più, cosicché le conseguenze del secondo paragrafo del can. 1055 si fanno sentire non sempre in modo positivo. In un mondo dove il fatto di essere stato battezzato da bambino non influisce più necessariamente sullo stile di vita o sulla convinzione personale dell'adulto, l'aspetto educativo-religioso degli obblighi coniugali diventerà sempre più problematico. Pertanto ci pare che il nostro argomento abbia bisogno di uno studio più approfondito da parte degli autori e di una riflessione più attenta da parte degli operatori di giustizia. Sappiamo infatti che secondo la parola di Ulpiano: *iustitia est constans et perpetua voluntas ius suum cuique tribuendi*[41].

---

41 ULPIANUS, *De iustitia*: *D.* 1, 1, 10.

LO STATUTO DELLE CONFERENZE EPISCOPALI UNA ‘QUAESTIO VEXATA’

Dott. P. Roland-Bernhard Trauffer, O.P.

L’‘Instrumentum laboris’ dal titolo « Lo statuto teologico e giuridico delle conferenze episcopali », del 1° luglio 1987, inviato nel gennaio 1988 a tutte le Conferenze episcopali dal Prefetto della Congregazione per i Vescovi, ha certo ravvivato - come tutti sanno - il dibattito attorno allo statuto delle conferenze episcopali ; ma, d’altra parte, non ha permesso di giungere a risultati concreti, quantunque la valida critica di tutte le conferenze episcopali al documento possa già essere considerata come un assunto positivo[1].

A mo’ d’introduzione ci avvarremo di alcuni aspetti contenuti nella risposta della Conferenza dei vescovi svizzeri[2], che peraltro non si distingue, in

---

[1] Abbiamo potuto visionare già nel 1988/89 le Osservazioni delle Conferenze episcopali di Brasile, Canada, Francia, Germania, Inghilterra e Wales, Irlanda, Italia e Stati Uniti. In una telefonata del 3 ottobre 1996 al Segretario della Congregazione per i Vescovi, si sono voluti chiarire eventuali fatti ignoti e verificare se si potessero possibilmente ottenere informazioni fresche. Ecco le domande poste:
a. Cosa è avvenuto delle Osservazioni delle conferenze episcopali all’‘Instrumentum laboris’, nel quadro del processo di consultazione? È stato redatto un rapporto?
b. È in fase d’elaborazione un nuovo documento, secondo gli auspici del Sinodo straordinario del 1985? Se sì, per quando se ne può prevedere la pubblicazione?
c. Quali sono i problemi più ricorrenti delle conferenze episcopali nell’ambito della nostra ‘quaestio vexata’, lo statuto teologico e giuridico delle conferenze episcopali?
d. Quali problemi vede la Congregazione per i Vescovi nella collaborazione con le conferenze episcopali, in relazione alla ‘quaestio vexata’ dello statuto delle conferenze?
Esito: le questioni sono rimaste senza risposta, ciò non significa che il Segretario della Congregazione non sia stato estremamente cortese e amichevole nell’ascoltarle e riceverle.

[2] Si tratta, evidentemente, di parafrasare e riproporre in sintesi alcuni assunti delle Osservazioni (in francese) della Conferenza dei vescovi svizzeri del 30 novembre 1988.

linea di massima, da commenti più particolareggiati inoltrati da altre conferenze episcopali. Essa offre però, a mio modesto parere, una visuale assai emblematica. Il modo di procedere del seguente esposto ci farà intravvedere ove stia lo 'status quaestionis' nell'elaborazione di uno statuto teologico e giuridico delle conferenze episcopali, appropriato alle esigenze della Chiesa universale e oggetto di consenso a tale livello.

1. Preliminari d'obbligo

1.1 In primo luogo, occorrerà chiarire il *metodo* da applicare.

Non si potrà prendere il via semplicemente dal diritto positivo del CIC, come se esso fosse, in un certo senso, già espressione di una teologia conchiusa. Nel caso lo si facesse, come lo propone l''Instrumentum laboris' del 1987, si giungerebbe inevitabilmente a conclusioni errate. Un'analisi teologica dev'essere infatti nel contempo 'dipendente' e 'indipendente' dalla norma canonica positiva, per il fatto che non tutti i canoni del CIC hanno la stessa valenza 'teologica' ed ecclesiologica.

1.2 In secondo luogo, occorrerà specificare la *terminologia*, evitando sensi plurimi, come è il caso per es. per il concetto di 'collegialità', già impiegato, in determinate circostanze, erroneamente. Anzi si propone qui di sostituirlo con quello, storicamente più neutrale, di 'sinodalità', precisando che la sinodalità in quanto tale, applicata cioè alla dimensione del ministero episcopale, è sempre di diritto divino, poiché emana dal sacramento dell'Ordine. Si cercherà di illustrare come, quantunque le conferenze episcopali - come pure i concili particolari ed ecumenici - non siano di diritto divino, si profilino lo stesso, storicamente, come una forma di 'sinodalità universale'. Di per sé, soltanto il collegio universale dei vescovi è di diritto divino ; in quanto realtà sacramentale esso può assumere però assetti storici caratteristici (concili ecumenici, sinodi ecc.).

A livello ecclesiologico tutte le istituzioni si equivalgono, sia che rimandino alla Chiesa universale, sia che rimandino alle Chiese particolari. Spetta loro una stessa ed unica sinodalità, che a seconda dei casi si manifesta nella sua dimensione universale oppure particolare; specificando che anche la sinodalità particolare è intera, nella misura in cui possiede tutte le prerogative essenziali per essere una realtà teologica vera e propria.

1.3 In terzo luogo, occorrerà delineare il *contenuto* teologico-ecclesiologico.

L''Instrumentum laboris' del 1987 pecca pure per diversi aspetti contenutistici, per es. quando dà alla Chiesa universale una priorità storica e ontologica rispetto alla Chiesa particolare, senza specificarne il perché. Esso tenta inoltre di far emergere una differenza sostanziale di statura teologica tra concili particolari e conferenze episcopali. I due istituti sono certo diversi se visti dal profilo giuridico (malgrado corrispondano alle norme positive del diritto canonico); per quanto riguarda invece il profilo teologico, entrambe le espressioni istituzionali illustrano la stessa ed identica sinodalità episcopale a livello di Chiese particolari.

1.4 Finalmente, occorrerà chiarire il significato e la funzione del magistero episcopale e il concetto di *'potestas'*.

La potestà legislativa ed ordinaria delle conferenze episcopali in rapporto alla Sede Apostolica e ai singoli vescovi non è stata sufficientemente vagliata nel documento del 1987. La potestà legislativa è propria ai vescovi e la Sede Apostolica ne circoscrive, rispettivamente limita, l'estensione applicativa per ragioni di 'opportunità' ecclesiastica.

Il documento tratta pure diversamente 'munus regendi' e 'munus docendi'. Eppure alla base di tutti i munera sta la 'sacra potestas'. Non dovrebbe quindi accadere che sulla base dei tre munera sorgano in un certo senso anche tre diverse potestà. Esiste *de facto* un'autorità dottrinale che compete alle conferenze episcopali, benché non sia possibile qualificarla dal profilo dogmatico ; essa esprime un magistero sinodale ordinario[3].

Con questa scorsa si delineano alcuni risvolti essenziali finora non sufficientemente chiariti. Non ci è noto alcun progetto di statuto teologico e giuridico delle conferenze episcopali posteriore al 1987, ciò sia detto anche a ricordo dell'auspicio del Sinodo straordinario dei vescovi del 1985. Questo fatto sorprende, se si constata l'aspra critica di quasi tutte le conferenze episcopali e la loro richiesta di riformulare per intero l''Instrumentum laboris' proposto. La

---

3 Il documento ritiene che, a causa dell'importanza degli atti magisteriali rispetto agli atti legislativi, si debba prevedere nel diritto positivo il criterio dell'unanimità in caso di votazione, quale premessa per un riconoscimento esplicito della potestà dottrinale della conferenza episcopale. Con ciò sarebbe evidentemente protetta anche la potestà del singolo vescovo.

totalità delle conferenze episcopali affermò il diritto di accedere, nel marasma delle problematiche poste dal mondo odierno, a un ruolo più determinante dal profilo del coordinamento pastorale. La Conferenza episcopale d'Inghilterra e Wales, per esempio, reputò: « ...it is a matter of experience for members of the Conference that recent developments have been extremely helpful in assisting them to act in a collegial manner in an increasingly complex social and ecclesial setting. For senior members of the Conference, any return to the previous situation which they recall (i.e. before the development of the Bishops' Conference) would risk isolating bishops and impeding their ability to respond to contemporary issues in an effective and coherent manner »[4].

2. La 'quaestio vexata'

Ridefinire lo statuto giuridico e teologico delle conferenze episcopali può esser visto senz'altro come una 'quaestio vexata' tra le più importanti e complesse nel girone di discussioni canonistiche ed ecclesiologiche seguite al Concilio Vaticano II. Nessuno ne contesta l'importanza, e l'esortazione del Sinodo straordinario del 1985 le dà spazio in modo particolarmente incoraggiante : « Poiché le conferenze episcopali sono tanto utili, anzi necessarie, nell'odierno lavoro pastorale della chiesa, si auspica che venga più ampiamente e profondamente esplicitato lo studio del loro *status* teologico e soprattutto dottrinale »[5].

Un'ormai vasta bibliografia documenta, già prima di quest'auspicio del Sinodo 1985, quanto il tema delle conferenze episcopali abbia attirato l'attenzione del Concilio e subito dopo. Sarebbe vano ripetere osservazioni, assunti e prospettive legate a nomi come Hamer, De Lubac, Ratzinger, Feliciani, Gouyon, Manzanares, Leisching, Onclin, Rahner, per citare solo i più noti, ai quali fanno

---

[4] Osservazioni della Bishops' Conference of England and Wales, *The Theological and Juridical Status of Episcopal Conferences*, del 6 febbraio 1989. Nostra traduzione : « I membri della Conferenza hanno sperimentato che i recenti sviluppi sono stati di grande aiuto perché essi agiscano in maniera collegiale, in condizioni sociali ed ecclesiali viepiù complesse. Per i membri più anziani della Conferenza, un ritorno alla situazione di cui sono memori, anteriore allo sviluppo della conferenza episcopale, rischierebbe di isolare i vescovi e di impedire loro di rispondere al mondo attuale in maniera efficace e coerente ».

[5] Documento conclusivo, N° II C 8 b).

continuo riferimento gli studi sulle conferenze episcopali[6].

In una seconda, possente tornata di riflessioni, alcuni di questi nomi svaniscono ed altri riemergono. Negli anni ottanta sono da annoverare (stavolta in ordine alfabetico) : Aymans, Dulles, Feliciani, Green (James P. e Thomas J.), Kasper, Komonchak, Legrand, Manzanares, Pottmeyer, Sobanski, Tillard[7]. Presumo che non si desideri in questa sede un compendio dei travasi teologici e canonistici di tutti questi autori e neppure la riproposta di assunti per molti versi già noti.

Mi sembra ora invece giunto il momento di fare una breve pausa personale, ove mi chiedo: perché la Facoltà di Diritto Canonico dell'Università San Tommaso d'Aquino ha invitato uno come me a tenere una conferenza sulla 'quaestio vexata' delle conferenze episcopali ? Il motivo non può essere dato dal contenuto scientifico del mio *curriculum vitae*... perché mi mancherebbero l'attrezzatura scientifica, il tempo, la disponibilità, tutte premesse essenziali per un lavoro *serio*. Perché allora, mi chiedo, è stato invitato non un uomo di scienza, bensì un pragmatico, per di più ancora *incerto*? Allora a quale dei vari assunti dare la priorità, a quale *dar fiducia*, e questo nonostante l'ampia bibliografia sul tema? Benché nel frattempo sia naturale intendere le conferenze episcopali come *autentica espressione della communio ecclesiarum*, è utile ridire, sullo sfondo dell'insegnamento conciliare, che :

---

[6] Ci si limita qui ai soli nomi, perché libri o articoli rilevanti di questi autori sono costantemente citati negli studi sul tema e si rimandano reciprocamente. Offre un quadro aggiornato della bibliografia F. GUILLEMETTE, *Théologie des conférences épiscopales. Une herméneutique de Vatican II*, Montréal-Paris 1994 (Collection Brèches théologiques; 21). In occasione del nostro soggiorno a Roma per la celebrazione del presente Centenario siamo venuti a conoscenza della tesi dottorale di A. W. BUNGE, *Precisiones juridicas sobre las funciones de las Conferencias episcopales. Aportes del Magistero de Juan Pablo II*, Diss. ad Lauream in Facultate Iuris Canonici apud Pontificiam Universitatem S.Thomae in Urbe, Romae 1995, che apporta un contributo rilevante ed un aggiornatissimo apparato critico alla nostra questione.

[7] Cfr. nota precedente. Quali specimen valgano *Die Bischofskonferenz. Theologischer und juridischer Status*, a cura di H. Müller e H.J. Pottmeyer, Düsseldorf 1989, con contributi di H.J. Sieben, R. Sobanski, H.J. Pottmeyer, G. Greshake, F.-X. Kaufmann, H. Schmitz, H. Müller, P. Krämer, I. Fürer; *Episcopal Conferences. Historical, Canonical and Theological Studies*, a cura di T.J. Reese, Washington 1989, con contributi di B.E. Daley, E.K. McKeown, G.P. Fogarty, T.J. Reese, T.J. Green, J.A. Komonchak, A. Dulles, L. Orsy, M. Fahey, J.H. Provost.

1. i vescovi non sono individui isolati, bensì in rapporto essenziale con la Chiesa, quella Chiesa universale che esiste attraverso le Chiese particolari;

2. la Chiesa non è un'unità monolitica, bensì per sua stessa natura è 'communio ecclesiarum', comunione di Chiese particolari, che riscuotono uno specifico significato sia dalle circostanze storiche sia dall'attuale compagine della Chiesa Cattolica;

3. le Chiese particolari, per loro natura costituite in 'communio', si prefiggono eminentemente la 'communio' e la 'missio';

4. i vescovi e le conferenze episcopali stanno in un rapporto essenziale con le Chiese particolari, nella visuale della 'communio' e della 'missio', quali vengono praticate nelle varie situazioni della vita ecclesiale.

Si ignorerà qui il giudizio, ampiamente sostenuto e discusso tra l'altro al Colloquio di Salamanca del 1988, sull'ordinamento strutturale delle conferenze episcopali rispetto ai vescovi e alla Sede Apostolica[8]. Il 'locus theologicus' più adeguato alle conferenze episcopali nella 'communio ecclesiarum' viene riflesso dalla formula conciliare «...in quibus et ex quibus una et unica Ecclesia catholica existit»[9]. In questa prospettiva ecclesiologica è possibile sondare il reale significato canonistico della nota massima di Walter Kasper : « Le conferenze episcopali sono iure ecclesiastico, ma cum fundamento in iure divino»[10], asserzione ecclesiologica che costituisce la premessa obbligatoria, già espressa dal Concilio, qualora si voglia qualificare la competenza delle conferenze episcopali come « potestas ordinaria propria» ; competenza cioè attribuita alle istanze ecclesiastiche intermedie aventi un ruolo importante nella costituzione della Chiesa, e ciò malgrado le lacune persistenti nelle norme del Codice.

Sono veramente 'scivolato', fissando alcuni punti a mio avviso importanti, mentre era semplicemente mia intenzione chiedermi perché mai la nostra Facoltà abbia invitato un 'pragmatico' a parlare di questo tema in occasione del

---

[8] Cfr. M. LEGRAND, J. MANZANARES e A. GARCÍA Y GARCÍA, *Naturaleza y futuro de las conferencias episcopales. Actas del Coloquio Internacional de Salamanca*, 3-8 gennaio 1988, Salamanca 1988.

[9] *LG* 23, 1.

[10] Cfr. *Der theologische Status der Bischofskonferenzen*, in « Theologische Quartalschrift » 167 (1987), pp.1-6 : « Die Bischofskonferenzen sind iure ecclesiastico, aber cum fundamento in iure divino ».

suo Centenario. La Facoltà di Diritto Canonico dell'Università San Tommaso si è sempre adoperata a situarsi in un contesto di reale aderenza alla vita della Chiesa. Anche per questo essa è ed è stata frequentata da numerosi studenti provenienti da Paesi dove importa innanzitutto applicare e trapiantare le norme del Codice, e non tanto redigerle ; studenti che giungono da Paesi con una tradizione giuridica in parte diversa da quella dell'Europa continentale.

Che la ragione per invitarmi in questa sede sia forse proprio la conferenza episcopale che servo ormai da parecchi anni, e che presenta certe peculiarità tra le 106 conferenze esistenti?[11] Ne cito alcune :

1. la grandezza relativa (che non significa necessariamente esiguità) della Conferenza dei vescovi svizzeri ;

2. la sua composizione, poiché in Svizzera non esiste provincia ecclesiastica e tutti i presuli sono per così dire di pari grado ;

3. la molteplicità linguistico-culturale;

4. la speciale situazione pastorale. Cito alcuni esempi: a mia conoscenza la Svizzera è il primo Paese ad aver realizzato, a seguito del Concilio, dei Sinodi simultanei in *tutte* le diocesi, sfociati poi su scala nazionale nel cosiddetto 'Sinodo '72' ; il primo Paese ad aver solcato sentieri propri in campo liturgico, per es. formulando proprie preghiere eucaristiche, che nel frattempo hanno ottenuto la 'recognitio' della Chiesa universale ; il primo Paese ad aver intrapreso, per il sacramento della riconciliazione, dei passi ancora contestati in molte regioni, sfociati dopo lunghe trattative nella 'recognitio' della Santa Sede per le celebrazioni penitenziali con assoluzione collettiva ; il primo Paese ad assumere laici pienamente formati dal profilo teologico per la guida della comunità parrocchiale, l'annuncio e la cura pastorale, altrettante attività favorite tra l'altro in cosiddette Chiese giovani, con l'ottenimento di permessi speciali per l'assistenza al matrimonio e di licenze di conferire il battesimo ecc.;

5. gli avvenimenti sopravvenuti in Svizzera a livello di politica ecclesiastica 'personale', che hanno avuto un notevole risalto attraverso i mass-

---

[11] È indicativo constatare, come spesso vien fatto, che nell'*Annuario pontificio* del 1958 erano elencate 41 conferenze episcopali. Nel frattempo sono 106, più 9 riunioni internazionali di conferenze episcopali e, sempre a livello continentale, il Consiglio delle Conferenze episcopali d'Europa (CCEE), il Consejo Episcopal Latinoamericano (CELAM), il Secretariado episcopal de América central y Panamá (SEDAC), la Commissione degli Episcopati della Comunità europea (ComECE) (cfr. *Annuario pontificio 1996*, Città del Vaticano 1996, pp. 1088-1105 ; 1108-1111).

media. La Conferenza dei vescovi svizzeri è stata vivamente sollecitata da diverse nomine episcopali e soprattutto da una che continua a far parlare di sé ;

6. le nomine in sé, che sul piccolo territorio della conferenza seguono procedure assai diverse, secondo il diritto comune e le varie convenzioni in auge (concordato, privilegio, bolla) ;

7. una vicissitudine nell'episcopato ormai nota, provocata dalle spettacolari dimissioni per paternità, a un solo anno dall'ordinazione, del più giovane membro della conferenza ;

8. la situazione ecumenica, non solo per la presenza paritetica della Chiesa riformata, ma anche a causa del Centro ortodosso di Chambésy presso Ginevra; non è forse da sottovalutare che il Patriarca di Costantinopoli, Bartolomeo I, abbia scelto il suo viaggio in Svizzera, dove vi è stato invitato l'anno scorso, per esternarsi in toni virulenti contro il primato del Papa[12];

---

[12] Nel dicembre 1995 il Patriarca ecumenico di Costantinopoli, Bartolomeo I, effettuò una visita ufficiale in Svizzera. Il 14 dicembre ebbe un incontro con la Conferenza dei vescovi svizzeri, invitati dal Patriarca al Centro Dimitrios di Zurigo. Si riportano qui in esteso, nell'originale francese, i passaggi 'incriminati' del discorso (ripresi anche dalla *Documentation catholique* n° 2131, pp. 135-36) : « ...Il serait inadmissible que le primat de l'Eglise soit chaque fois considéré comme le seul responsable de la marche de l'Eglise dans l'histoire. Ni que la responsabilité des autres membres de l'Eglise disparaisse du seul fait qu'ils agissent selon les indications du primat ou d'un corps d'évêques.Je dis cela, car l'idée, selon laquelle le Seigneur en choisissant les douze apôtres confia à l'un d'eux la tâche de les gouverner, n'a aucun fondement dans l'Ecriture Sainte. L'ordre du Seigneur à Pierre d'être le berger des Ses brebis avait le sens de lui réitérer cet ordre, qu'Il avait donné à tous les apôtres, et que celui-ci avait transgressé par le fait de l'avoir renié à trois reprises et d'avoir ainsi coupé son contact avec le Seigneur. Cela n'avait donc pas le sens de conférer à celui-ci une tâche pastorale supérieure vis-à-vis de celle des autres disciples. Le Seigneur '*donna le nom d'apôtres*' (Lc 6,13) à tous Ses disciples à titre égal et sans discrimination aucune ; Il leur donna autorité sur les esprits impurs (Mt 10,1) ; et c'est à tous qu'Il dit '*allez, de toutes les nations faites des disciples*' (Mt 28,19 ; Mc 16,15). Il en découle que chacun de nous, évêques, est tenu personnellement pour responsable de contribuer ou d'entraver la route de la nef de l'Eglise, de la bonne ou de la mauvaise tenue de cette route. [...].

Il n'y a pas de promesse similaire du Seigneur qu'Il sera et collaborera avec un seul, celui que se sépare des autres et qui se place au-dessus des autres.

Selon l'expérience de l'Eglise orthodoxe, le système conciliaire décentralisé a, en outre, l'avantage d'empêcher quelqu'un de s'imposer à l'Eglise en s'arrogeant le pouvoir central qui, en l'occurrence, n'existe pas. Il doit appréhender tous les évêques installés

9. finalmente, la situazione politico-ecclesiastica di un territorio che non solo è stato terreno di Riforma, ma anche terreno di scismi nella Chiesa Cattolica, uno il secolo scorso e l'altro, più recente, nel 1988, a causa dell'arcivescovo Lefebvre.

Ecco dunque circostanze e motivi complessi, che toccano in maniera emblematica il significato e il funzionamento di una conferenza episcopale. Con tali premesse, appare anzi ancora più urgente conferire mandato alla canonistica e alla teologia di circoscrivere, in maniera aperta e dinamica, lo statuto teologico e giuridico delle conferenze episcopali per la Chiesa oggi. Cosa potrebbe infatti un vescovo solo ed isolato al cospetto delle sfide della società contemporanea, che riecheggia per esempio il quadro presentato ?

Tutti sono senz'altro al corrente delle varie riserve avanzate negli ultimi trent'anni contro l'esistenza delle conferenze episcopali. Ne cito due, che evocano diversamente uno stesso timore. La prima è delineata in modo polemico nel 1985 dal cardinale Joseph Ratzinger[13] ed è ripresa nel 1986 da Hans Urs von Balthasar: «Il singolo vescovo appare oggi più che mai pericolosamente limitato nella libertà decisionale dall'alto come dal basso. La decentralizzazione della curia romana ha prodotto inevitabilmente una curializzazione dei singoli ordinariati diocesani; in parecchi Paesi l'apparato diocesano è stato gonfiato come non mai prima [...] Il vescovo è ampiamente coartato dalla necessità di consultare i rispettivi organi per ognuno dei suoi movimenti ed ognuna delle sue decisioni. A ciò si aggiungono in maniera crescente gli uffici permanenti delle conferenze episcopali dell'intero Paese [...] Con ciò arriviamo alla seconda costrizione, dall'alto, tramite la conferenza episcopale [...] É un segreto di Pulcinella che singoli vescovi, quando si può parlare con loro a quattr'occhi, la pensano assai diversamente dalla risoluzione della propria

---

dans les évêchés locaux, entreprise hasardeuse. Etant donné que chaque Eglise dispose d'une organisation complète, l'abolition éventuelle du centre spirituel dont elle relève n'influence pas son fonctionnement. L'inconvénient apparent de l'Eglise orthodoxe, à savoir que, ne disposant pas d'administration centrale, elle manque de pouvoir, s'avère être finalment un avantage, l'Eglise orthodoxe ne s'appuyant pas sur la puissance séculière inexisante, mais sur celle de Dieu. Frères représentants de la Conférence des Evêques Suisses, je soumets à votre charité ces quelques réflexions tirées de notre expérience, considérant ce contact comme l'occasion d'une meilleure connaissance de notre mode de pensée et d'existence».

[13] Cfr. J. RATZINGER, *Zur Lage des Glaubens*, Monaco di Baviera 1985.

conferenza episcopale... »[14]. La seconda riserva che cito viene dal cardinale Paul Gouyon, che già parecchi anni prima si espresse, più sfumatamente: « Il y avait alors des évêques, il n'y avait pas d'épiscopat. Il y a aujourd'hui un épiscopat fortement structuré. Mais la liberté des évêques paraît plus étroite que jadis. Reconnaissons qu'il est difficile de trouver le juste équilibre entre les deux responsabilités en présence : l'évêque, la conférence épiscopale avec son appareil [...] L'idéal demeurera toujours de faire coexister un épiscopat bien structuré et des évêques convaincus de leur liberté pour que se conjuguent, en une heureuse symbiose théologique et pastorale, unité de la Conférence et liberté de chacun de ses membres. Un tel équilibre est-il possible ? On ne peut tout de même pas renoncer à tenter de le réaliser »[15].

Per consolidare la 'quaestio vexata' appaiono necessari, come si vede, ulteriori chiarimenti. Ci prefiggiamo dunque di approfondire per es. due specifiche dimensioni del problema : la *sinodalità* e la *collegialità*.

---

[14] Traduz. da H. URS VON BALTHASAR, *Prüfet alles, das Gute behaltet*, Ostsildern (Schwaben-Verlag), 1986 : « Der einzelne Bischof erscheint heute mehr als je von unten wie von oben in seiner Entscheidungsfreiheit bedrohlich eingeengt. Die Dezentralisierung der römischen Kurie hat unmittelbar zu einer Kurialisierung der einzelnen Ordinariate geführt ; der diözesane Apparat ist in manchen Ländern in einer nie dagewesenen Weise aufgebläht worden [...]. Der Bischof ist durch die Notwendigkeit, für jede seiner Bewegungen, jeden seiner Entschlüsse die zuständigen Organe zu Rate zu ziehen, weitgehend geknebelt. Dazu kommen in wachsendem Masse die permanenten Büros der Bischofskonferenzen des ganzen Landes [...]. Damit kommen wir auf die zweite Knebelung, die von oben, durch die Bischofskonferenzen, zu sprechen. Es ist kein Geheimnis, dass einzelne Bischöfe, wenn man Gelegenheit hat, mit ihnen allein zu sprechen, oft erheblich anderer Meinung sind als die Beschlüsse der Bischofskonferenz ».

[15] P. GOUYON, *Les relations entre le diocèse et la conférence épiscopale*, in *L'Année Canonique* 22 (1978), p. 23. Nostra traduzione : « Nel passato esistevano dei vescovi, non un episcopato. Oggi esiste un episcopato ampiamente strutturato. Eppure la libertà dei vescovi sembra più limitata di prima. Ammettiamo però che è difficile trovare il giusto mezzo tra le due responsabilità in presenza : il vescovo da una parte, la conferenza episcopale con il suo apparato dall'altra [...]. L'ideale sarà sempre quello di far coesistere un episcopato ben strutturato e dei vescovi consapevoli della loro libertà, affinché si coniughino, in una felice simbiosi teologica e pastorale, unità della conferenza e libertà di ciascuno dei suoi membri. È possibile, un tale equilibrio? Non si può non cercare almeno di realizzarlo ».

3. Il concetto dinamico di *sinodalità*

Il concetto di 'sinodalità' evoca l'aggettivo 'sinodale', spesso impiegato nella letteratura teologica e canonistica a partire dal Vaticano II. L'aggettivo 'sinodale' ci conduce a sua volta alla parola 'sinodo', assemblea principalmente costituita da vescovi, convocati a discutere degli affari della Chiesa, chiamati a prendere risoluzioni ed emanare decreti. Sotto quest'aspetto 'sinodo' è sinonimo di 'concilio', e la *sinodalità* diventa un modo di esprimere la *'collegialità'*. La sinodalità è perciò una realtà costitutiva della Chiesa, e comprende due dimensioni: una esterna, cioè la sua configurazione giuridica e istituzionale, e una interna, la *communio*. La dimensione esterna esprime l'interna e la serve. Si capisce che 'communio' e 'institutio' si condizionano reciprocamente. Senza istituzionalizzazione, la 'communio' sarebbe rimasta un tema relativamente astratto, omiletico, e la Chiesa stenterebbe ad avere il realismo e la forza di persuasione necessari per tener testa alla realtà umana in cui si colloca.

Quel che qui ci può interessare è innanzitutto l'**aspetto 'esterno'** della sinodalità, e ciò precisamente in virtù della forma assunta dai rapporti di 'communio' tra le Chiese particolari limitrofe. Lo sviluppo della società pone alla Chiesa tutta una serie di problemi, ai quali si attende che risponda, anche per mezzo delle sue strutture e della sua organizzazione. Quest'esigenza emerge ben prima delle riflessioni d'ordine teologico, che solo in un secondo tempo vengono a sistematizzare lo stato di cose. L'attuale era tecnologica promuove mutamenti assai repentini della società, della cultura, del ritmo di vita, che esigono una risposta sollecita da parte delle massime istituzioni della Chiesa. Così la pastorale delle Chiese particolari è costantemente sollecitata nei suoi vari campi operativi, l'esercizio della carità, l'annuncio, l'insegnamento, la gioventù, insomma in tutte le aree sociali. Però tali temi e altri ancora, come la questione delle vocazioni, certe forme di pastorale specializzata, il rispetto di pace e giustizia su un determinato territorio, il fenomeno migratorio ecc., esulano sempre di più dal perimetro d'una sola diocesi. È evidente che una concezione di 'sinodalità' ridotta a una diocesi non potrebbe in alcun modo favorire una risposta pastorale adeguata ai problemi impellenti della società odierna. Per penetrare nella dinamica di sviluppo della società, urgono soluzioni promosse dall'intero episcopato di un Paese, di una provincia, persino di un continente. Ciò non è nulla di nuovo in sé: non mancano, nella storia della Chiesa, repertori di risoluzioni collettive, prese dai vescovi di un determinato Paese. Nella fattispecie ciò spiega la risonanza e il rapido sviluppo delle conferenze episcopali e dei loro organismi; in ogni Paese, in determinate province e regioni, l'episcopato si è organizzato dandosi delle strutture permanenti.

La Santa Sede ha favorito tale dinamica soprattutto con le disposizioni giuridiche del Codice di diritto canonico del 1983.

4. Il concetto dinamico di *collegialità*

La Costituzione dogmatica sulla Chiesa 'Lumen Gentium' avverte che il fondamento del ministero episcopale è duplice. Da una parte esso è radicato nel dono dello Spirito santo, trasmesso sacramentalmente, dall'altra nella 'communio' con il capo del collegio episcopale e con i suoi membri.

Il Concilio vaticano II ha riaffermato il carattere comunitario della Chiesa, individuandone la 'communio' come elemento costitutivo fondamentale. Per questo esiste tra i vescovi, successori degli Apostoli, un vincolo particolare, la collegialità. La collegialità non è altro che 'communio': *solidarietà*; *fraternità*; *corresponsabilità 'in solidum'*, poiché implica una responsabilità. La conferenza episcopale ne è un'espressione adeguata alla nostra epoca, e rievoca ciò che perdura come elemento costitutivo della Chiesa sin dai tempi apostolici, la 'communio hierarchica', formata allo spirito del Vangelo.

Ad una 'collegialitas effectiva' corrisponde una 'collegialitas affectiva', che si esprime attraverso i vincoli di unità e carità. L''affectus collegialis' non è per nulla un sentimento epidermico, bensì il frutto del sacramento dell'Ordine. Se ora ci domandiamo in che rapporto la collegialità sta con il primato, dobbiamo dire che essa non può divaricare in nessun modo e tantomeno opporsi al primato della giurisdizione. La realizzazione dinamica della collegialità esige un profondo senso di responsabilità nell'esercizio del ministero, con e sotto il successore di Pietro.

La collegialità episcopale riposa su diversi principi. Tre di essi paiono specialmente adatti a descrivere il significato della collegialità per e nella conferenza episcopale, come pure la sua dinamica : il principio della *sussidiarietà*, il principio della *pluralità* ed il principio della *corresponsabilità*.

4.1 Il principio della sussidiarietà[16]

È nota la lunga tradizione del principio di sussidiarietà nella Chiesa, profondamente radicato nella dottrina sociale e volto al rispetto della dignità della persona umana e alla protezione delle piccole comunità. È un principio che nella vita della società si completa con la **solidarietà**. La sua applicazione dev'essere abbastanza oculata perché il 'bonum commune' della Chiesa non venga compromesso da interessi di parte o da improprie autonomie, e questo per non ledere l'unità della Chiesa. Nell'esercizio collegiale della potestà occorre evitare rivalità ed egoismi. Il principio della **sussidiarietà** permetterà alle conferenze episcopali non solo di allestire e trattare organicamente contenuti, temi, preoccupazioni pastorali, ma anche di applicare un modo utile e benefico per superare le molteplici questioni e sfide poste alla Chiesa.

4.2 Il principio della pluralità

Il principio della pluralità risulta essere, sempre di più, un elemento strutturale determinante delle conferenze episcopali, che completa in un certo senso la sussidiarietà ed aiuta a comprenderla. La Chiesa Cattolica non è uniforme, è *una*; ma pur essendo una, è pluriforme, non perché tenda ad atomizzarsi, bensì nella misura in cui è fedele al principio della solidarietà e assume il principio della **complementarità**[17].

La pluralità è legittima e auspicabile. Che essa si realizzi nella pastorale, nella vita liturgica, nell'evangelizzazione, nella spiritualità ecc., è di sprone alla vita della Chiesa. Ai vescovi compete il discernimento tra valori e attese, che possono essere assai diversificate, non solo da continente a continente, da Paese

---

[16] Si intende qui il significato tratto dall'Enciclica *Quadragesimo anno*, del 1931, in particolare: «...siccome è illecito togliere agli individui ciò che essi possono compiere con le forze e l'industria propria per affidarlo alla comunità, così è ingiusto rimettere a una maggiore e più alta società quello che dalle minori e inferiori comunità si può fare. Ed è questo insieme un grave danno e uno sconvolgimento del retto ordine della società » ecc. (N° 86). Cfr. anche il ruolo dell'autorità universale in *Pacem in terris* (1963), N° 141 ; il posto dei corpi intermedi nella società politica, in *GS* N° 75,2 ; la garanzia dell'iniziativa personale e di gruppo, in Giovanni Paolo II, *Laborem exercens* (14 settembre 1981), N° 18,2.

[17] È indicativo a questo proposito *At* 12, 4-7.

a Paese, bensì anche da diocesi a diocesi e persino entro una stessa diocesi. La collegialità è quindi un fattore di **differenziazione**, senza che per questo la **pluralità** intacchi il contenuto dottrinale o la disciplina ordinaria della Chiesa. Unilateralità da una parte e scompiglio dall'altra nuocerebbero all'armonia di fondo della vita della Chiesa e quindi alla collegialità.

4.3 Il principio della corresponsabilità

L'acuta consapevolezza della corresponsabilità di tutti i membri della Chiesa è da annoverare tra i segni dei nostri tempi. Le conferenze episcopali stesse riflettono e garantiscono tale disponibilità a partecipare attivamente alla vita della Chiesa da parte di tutti i suoi membri. Nella misura in cui ogni vescovo è a guida della propria Chiesa particolare e nel contempo membro dell'unico collegio episcopale, egli ha una parte di **responsabilità per tutta la Chiesa**. Ciò significa che ad assumere la responsabilità pastorale per la propria Chiesa particolare non è il vescovo da solo, bensì l'**intero collegio episcopale**. Ogni vescovo porta in un certo senso l'onere dell'altro e lo fa proprio. Collegialità e corresponsabilità dei vescovi con il Papa e sotto la sua autorità significa assumere e realizzare assieme il mandato apostolico della Chiesa intera. Di riflesso ciò richiede una grande apertura, per comprendere l'altro nella sua singolarità e accedere a un'armonia di fondo. Il principio della corresponsabilità, esercitata in comune, dà testimonianza, nella gerarchia della Chiesa, dell'unica fede e dell'autentica carità. Nessun altro meglio di Ratzinger enuncia quest'ottica nel suo noto libro *'Das neue Volk Gottes'. Entwürfe zur Ekklesiologie*: « Si diventa vescovi [...] poiché si entra nella comunità dei vescovi. Ciò significa che il ministero episcopale esiste per sua natura sempre al plurale, in un 'Noi' che solo conferisce un significato proprio al singolo 'Io'. Accedere al ministero ecclesiale, al quale è conferita la cura dell'ordine nella Chiesa di Dio, significa inserirsi in un 'Noi' che come un tutt'uno trasmette l'eredità apostolica. La comunione, l'essere in relazione, l'avere premura per l'altro, l'operare assieme appartiene alla struttura essenziale del ministero nella Chiesa »[18]. Qualche

---

[18] Traduz. da *'Das neue Volk Gottes'. Entwürfe zur Ekklesiologie*, Düsseldorf 1972, p. 57: « Bischof wird man [...] dadurch, dass man in die Gemeinschaft der Bischöfe eintritt. Das heisst : Das bischöfliche Amt existiert von seinem Wesen her immer in der Mehrzahl, in einem Wir, das erst dem einzelnen Ich seine Bedeutung gibt. Eintreten in das geistliche Amt, dem die Sorge für die Ordnung in der Kirche Gottes aufgetragen

paragrafo più oltre si spiega come vada applicata tale corresponsabilità, tale collegialità: « In ultima analisi la collegialità dei vescovi ha la sua ragione d'essere nella fratellanza della Chiesa ed ha senso soltanto se si mette al servizio di tale fratellanza, anzi si compie nella fratellanza e nel senso di fraternità »[19].

5. Un altro aspetto della 'quaestio vexata'

Lo studio di vari articoli e riflessioni erudite sulla nostra 'quaestio vexata' mostra che essi hanno sviluppato in linea di massima temi e concetti ricorrenti. Sono: cognizioni teologiche fondamentali, la rielaborazione della storia, soprattutto conciliare, la sacramentalità e l'origine sacramentale dell'episcopato, la 'communio' gerarchica, la relazione tra sacramentalità dell'episcopato e sacramentalità della Chiesa, le Chiese particolari e le loro peculiarità, le caratteristiche della Chiesa e dell'inculturazione, la missione del vescovo e l'inculturazione in una Chiesa particolare. E ancora : universalità della Chiesa, ministero del collegio dei vescovi nella Chiesa universale, ruolo del Papa nel collegio e

---

ist, heisst, sich einem Wir einfügen, das als Ganzes das apostolische Erbe weiterträgt. Die Gemeinschaftlichkeit, das Einander-Verbunden-Sein, das Aufeinander-Rücksicht-Nehmen, das Meiteinander-Wirken gehört zur wesentlichen Struktur des Amtes in der Kirche ».

19 Traduz. da *ibidem*, p. 58 : « Es gibt Kollegialität der Bischöfe letztlich deshalb, weil es Brüderlichkeit der Kirche gibt, und die Kollegialität der Bischöfe erfüllt ihren Sinn nur, wenn sie dieser Brüderlichkeit dient und wenn sie selbst in Brüderlichkeit und brüderlichem Sinn vollzogen wird.» Per comprendere appieno l'assunto di Ratzinger conviene leggere, più sopra: «Obgleich der christliche Glaube die unendliche Bedeutung des einzelnen herausgestellt hat, der zu ewigem Leben berufen ist, erscheint doch das Ich allenthalben eingeordnet in ein umgreifendes Wir, von dem und für das es lebt. Vielleicht dürfen wir sagen, dass diese pluralische Verfasstheit der christlichen Existenz und des geistlichen Amtes, von der man hier sprechen möchte, in ihrer letzten Tiefe zurückweist auf das Geheimnis des dreifaltigen Gottes, auf ein Gottesbild, in dem der eine ewige Gott unbeschadet seiner unteilbaren Einheit und Einzigkeit dennoch das Wir des Vaters, des Sohnes und des Heiligen Geistes umgreift, das eins ist nicht in der gestaltlosen Einheit einer starren Monade, sondern in der erfüllten Wirklichkeit unendlicher Liebe.» (p. 57). E ancora: «Die Einheit der Kirche beruht auf der Perichorese der 'Kirchen', auf der Perichorese des bischöflichen Amtes, auf dem Sich-Durchdringen des Wir der vielfältigen Lebendigkeit, die in ihr ist und deren Sachverwalterin das im Wir des bischöflichen Kollegiums sich darstellende Amt der Apostelnachfolger ist » (p. 58).

finalmente l'istituto della conferenza episcopale in relazione alla collegialità.

A partire da questi temi cercherò di proporre un'altra ipotesi, partendo dallo speciale contesto in cui ci troviamo e da ciò che considero il nerbo di una Facoltà di Diritto Canonico come la nostra, e cioè di trovarsi in una dinamica di 'servizio'. È implicito nella natura stessa della Chiesa aprire nuovi orizzonti alla considerazione dei valori, donati alla Chiesa sin dagli inizi. Essa ha ed ha avuto per sua natura rilievi fecondi accanto a rilievi superflui, sicché il lavoro di cernita, per risalire alla sorgente, risulta spesso arduo. Spero che nel presente lavoro ciò mi riesca nell'ottica della nostra 'quaestio vexata' e ne scaturisca una certa 'visione' di come essa è percepita nella Chiesa. Le occorre indubbiamente un nuovo, vigoroso impulso, come afferma pure il Papa nella *Tertio millennio adveniente* : « Nella storia della Chiesa, 'il vecchio' e 'il nuovo' sono sempre profondamente intrecciati tra di loro. Il 'nuovo' cresce dal 'vecchio', il 'vecchio' trova nel 'nuovo' una sua più piena espressione »[20]

Mi pongo dunque la domanda: come si muove una conferenza episcopale? Quali sono i criteri decisivi per garantirne il funzionamento? E innanzitutto, per meglio orientarmi: come 'funziona' la Chiesa stessa?

La banalità di questa domanda può far sorridere, eppure interroga tutta la vita della Chiesa; bisogna porla ogni volta che la Chiesa agisce. Come una conferenza episcopale ha la sua ragion d'essere nel servizio in seno alla Chiesa, essa lo attuerà soltanto se vi opera del bene, cioè se ne segue il moto. Proprio per questo, anche quest'istituto ha e avrà sempre bisogno di analisi critica e di rinnovamento.

5.1 Segno e testimonianza

Come sappiamo, la prima funzione di base della Chiesa è la **MARTYRIA**, annuncio credibile del messaggio liberante del Vangelo. A tale concetto si connette la prima parola chiave del Concilio Vaticano II, e cioè *'mysterium'*. La dimensione della Chiesa come mistero mostra che non ne va sempre della Chiesa e della sua volontà propria, ma che essa è *sacramento,* **segno** e strumento di Dio per il mondo. Perciò possiamo forse dire che la conferenza episcopale ha parte all'essenza e alla vita della Chiesa tanto che anche per lei vale il criterio, decisivo, se sia **credibile** ed **evangelica**. Evidentemente essa è tale se parla il

---

[20] GIOVANNI PAOLO II, Esortazione apostolica *Tertio millennio adveniente*, del 10 novembre 1994, N° 18.

meno possibile di se stessa, come deve fare anche la Chiesa, e soprattutto se parla con profondità di Dio e del suo mistero di salvezza per tutti gli uomini e la creazione intera. Alla conferenza episcopale appartiene di annunciare la buona novella. È qui toccata la vena *profetica* della Chiesa; è qui che il cardinale Hamer direbbe : essa deve 'éclairer', nella consapevolezza di dover rivolgersi, con la pretesa di verità del Vangelo, a una società multiculturale e multireligiosa. Com'è che una conferenza episcopale incontra la società odierna ? Con apertura, tolleranza e in maniera dialogica, come già Paolo VI indicò nella prima enciclica del Suo pontificato, *Ecclesiam suam*, affermando che il dialogo fa parte del programma di massima della Chiesa Cattolica oggi e domani: « La Chiesa deve venire a dialogo col mondo in cui si trova a vivere. La Chiesa si fa parola; la Chiesa si fa messaggio, la Chiesa si fa colloquio »[21]. Tra le numerose questioni sollevate dalla società odierna, la conferenza episcopale deve saper offrire alla Chiesa, a partire dalle convinzioni della fede, un servizio di disponibilità al dialogo *ad intra* e *ad extra*.

5.2 Comunità

La seconda funzione di base della Chiesa consiste nella **LEITURGIA**. Ci si può chiedere cosa c'entri con la conferenza episcopale e cosa questa abbia a che fare con la lode riconoscente a Dio. Non si occupa piuttosto di coordinare la pastorale, allestire una strategia d'evangelizzazione ecc. ? Eppure proprio in quest'azione si può intravvedere ed espletare la seconda parola chiave del Concilio: la *'communio'*. È raro trovare - si è tentato di mostrarlo in esteso nella prima parte del presente studio - un altro concetto più spesso impiegato accanto a collegialità e sinodalità, quando si parla di conferenze episcopali. Pare dunque imprescindibile che un loro compito primario sia quello di contribuire ad edificare una comunità credibile nella Chiesa.

Qui si inserisce pure il mandato all'unità, poiché unità significa 'communio' ed è un risvolto fondamentale della salvezza. Il Vaticano II ci mostra come la teologia del sacramento dell'Ordine sia radicata in un'ecclesiologia della 'communio'. Alle conferenze episcopali incombono parecchie responsabilità. La collegialità si preoccupa di promuovere la **'communio universalis'** e il rispetto delle differenze. Si deve garantire e promuovere la 'communio' tra le Chiese e perciò la 'communio universalis'.

---

21 *Ecclesiam suam*, del 6 agosto 1964, N° 65.

Qui si vede come la conferenza episcopale non possa essere intesa come un'istituzione dall'aspetto unicamente pratico. È vero però che, già durante il Concilio, si è tentato di imporre questo significato riduttivo del mandato delle conferenze episcopali.

Occorre qui insistere come proprio la conferenza episcopale rappresenti, dinnanzi alla Chiesa universale, il *sacramento* dell'unità tramite la 'communio' delle Chiese particolari, e ciò ne sia anzi la sua funzione specifica. In essa si incontrano la sacramentalità del ministero episcopale e la sacramentalità della Chiesa. Come la sacramentalità dell'episcopato è strettamente legata alla sacramentalità della Chiesa, che a sua volta si realizza in una dinamica di 'communio universalis', così anche il sacramento dell'Ordine possiede una dinamica di 'communio universalis'. Si può quindi affermare che il *sacramento dell'ordine* unisce i vescovi alla stessa stregua di come la base della loro 'communio collegialis' è la '*communio' delle Chiese* di cui sono pastori[22]. La '*communio collegialis'* si può capire unicamente in relazione alla '*communio ecclesialis'*. Il sacramento dell'Ordine unisce i vescovi in un collegio, perché la loro *missione* è iscritta in una dinamica comunionale delle Chiese.

5.3 Missione

Con ciò accostiamo la terza funzione di base della Chiesa: la *missione*, cioè la **DIACONIA**, nel servizio disinteressato agli uomini. Alla funzione diaconale della Chiesa corrisponde il gesto della mano che distribuisce e che dona. Infatti non abbiamo il diritto, per nessun motivo, di tenere per noi la fede ricevuta da Dio e per la quale lodiamo Dio. Essa ci spinge verso il prossimo, soprattutto verso bisognosi e sofferenti, affinché possano penetrare nella vera vita. Non stupisce quindi che la terza parola chiave del Concilio Vaticano II sia la *'missio'*. Il Concilio asserisce che la Chiesa è missionaria per natura ed è vincolata alla missione affidatale di annunciare il messaggio salvifico di Dio al mondo.

Ciò offre alla Chiesa uno speciale *test* di credibilità. O essa si fa recepire dalla società come Chiesa eminentemente diaconale, oppure si eclissa dall'orizzonte conoscitivo dell'uomo attuale. Tale giudizio incombente sull'avvenire della Chiesa nel mondo implica che essa dev'essere una comunità di servizio che permei la società. Si pensi al fondatore belga della gioventù

---

[22] Cfr. *LG* 19 e 22.

operaia cristiana, il cardinale Josef Cardjin, quando illustra perspicacemente il connubio necessario tra servizio diaconale alla vita degli uomini e responsabilità politica della Chiesa. Egli sviluppa la significativa metafora secondo cui la Chiesa non può occuparsi solamente dei singoli pesci, quando l'acqua in cui stanno, ossia la concreta situazione sociale, economica e politica e le stesse condizioni di vita si sono alterate. In una situazione simile occorre piuttosto che l'acqua stessa, in cui i pesci si muovono, diventi tema del pensare e dell'agire nella Chiesa[23].

Quale istituto della Chiesa meglio della conferenza episcopale, e che includa le Chiese particolari, sarebbe in grado d'assumere oggi questi compiti, riflessi dalle funzioni di base enunciate? La sua autentica 'communio' è direttamente relata alla 'missio'; e 'missio' non soltanto come agire della Chiesa (qualcosa che essa 'fa'), bensì come dimensione di ciò che la Chiesa *è*, tenuto conto che compete specificamente ai vescovi di promuovere, guidare, coordinare e favorire la missione nella Chiesa. Essi lo fanno uniti tra di loro e con il Vescovo di Roma come capo, in modi diversi, in rapporto alle varie dimensioni della 'communio' della Chiesa da una parte, della realtà sociale dall'altra. Perciò i vescovi organizzano, attivano e sostengono efficacemente l'opera missionaria entro e fuori i confini di un Paese; aiutano o promuovono le attività che riguardano l'unità dei cristiani ; si occupano di questioni sociali, di pace e giustizia, dell'aiuto agli esclusi della società. Il **cahier de charges delle conferenze episcopali**, secondo la loro natura, è **espressione della sacramentalità, della communio, della missio** delle Chiese.

Analizzando quanto l'istituto della conferenza episcopale sia interessato dalle tre funzioni di base della Chiesa - martyria, leiturgia e diaconia[24] - non solo

---

[23] Rilevo la metafora da un'eccellente conferenza dell'attuale vescovo di Basilea, Mons. Kurt Koch, tenuta il 18 settembre 1996 a Berna sul tema « Auf dem Weg ins dritte Jahrtausend ». Mons. Koch vi invita ad approfondire le funzioni di base della Chiesa. È lui ad averci dato l'idea di impiegare le funzioni di base anche come criteri per le conferenze episcopali.

[24] È chiaro che queste tre funzioni di base non vanno separate l'una dall'altra, non solo perché nella diaconia avviene un'autentica martyria, ma anche perché proprio la leiturgia, nel senso di accompagnamento liturgico e di servizio alla santificazione della vita umana, è da intendere come diaconia. In questo senso le tre funzioni di base, non appena connesse con le tre parole chiave del Vaticano II, mysterium, communio e missio, costituiscono la triade sonora della vita della Chiesa, dalla quale nessuno va escluso.

per natura, peculiarità, posizione e movente singolari nella Chiesa, ma anche perché tali funzioni sono una costante sfida a svilupparlo ulteriormente, si riconosce l'urgenza di approfondirne lo statuto teologico e giuridico nella direzione proposta, come accennato in apertura del presente esposto.

In *Christus Dominus* n. 38 si afferma che la conferenza episcopale è il luogo di realizzazione comune del 'munus episcopalis'[25]. Ciò conduce implicitamente alla fonte sacramentale di tale 'munus', cioè all'Ordine episcopale. Come avverte *Lumen Gentium* n. 23, le conferenze episcopali trovano il loro 'Sitz im Leben' nella realizzazione della collegialità episcopale, perché la collegialità viene a combaciare sostanzialmente con la realizzazione della 'communio' delle Chiese particolari in seno alla Chiesa universale, che a sua volta rimanda alla sacramentalità del ministero episcopale. La missione episcopale, realizzata nelle conferenze, appare direttamente radicata nel principio sacramentale del mandato episcopale. In tal modo le conferenze episcopali realizzano ciò che possiamo chiamare una *sintesi* tra la missione del vescovo nella Chiesa particolare e la missione del vescovo nella Chiesa universale. Nella fattispecie esse sono per i vescovi il *mezzo più adeguato* per promuovere la particolarità delle loro Chiese e integrarla nella 'communio universalis'. È vero che, come conclude la maggioranza degli studi sulle conferenze episcopali, occorre ulteriormente svilupparne la *posizione e il radicamento ecclesiologici*. Si tratta in particolare di esaminare e raffinare, insomma pure di 'evangelizzare', i principi di sussidiarietà, pluralità e corresponsabilità, sullo sfondo della questione ecclesiologica del rapporto tra Chiese particolari e Chiesa universale, conferenza episcopale e primato, collegialità episcopale ed autonomia delle Chiese.

Un altro campo d'analisi è la competenza e ruolo dottrinali ovvero magisteriali delle conferenze episcopali. Essi ormai sembrano, è vero, indiscussi, e di grande portata[26]. Risulta però altrettanto manifesto che i criteri d'analisi

---

[25] È ciò che sottolineano tra l'altro le conclusioni dell'opera di F. GUILLEMETTE, *Théologie des conférences épiscopales. Une herméneutique de Vatican II*, Montréal 1994; lavoro meticoloso e istruttivo, che indica molti validi elementi di base sulla nostra 'quaestio vexata' e apporta utili piste alla ricerca scientifica.

[26] Forse che la descrizione del *Catechismo della Chiesa Cattolica*, § 887 (con riferimento a *LG* 23), dovrebbe risultare più esplicita, in relazione al significato e all'importanza della competenza - ruolo dottrinali delle conferenze episcopali? Non esistono praticamente questioni o decisioni rilevanti, in un'ottica universale, nazionale

decisivi non sono ancora chiariti in maniera soddisfacente e conclusiva.

A mo' di conclusione propongo una formulazione che potrebbe fare da 'formula lampo' di ciò che si è detto: « ... la potestà della conferenza episcopale non può essere una potestà delegata dai singoli vescovi o dal Papa; piuttosto esprime la potestà originaria, quella della singola Chiesa particolare, che rimanda all'episcopo e scaturisce da Cristo nel suo specifico assetto collegiale »[27]. Tale *flash* mi sembra persino sorretto da un'osservazione ben anteriore del Ratzinger teologo: «...si comprende come significativamente necessario che il ministero episcopale non sia stato valorizzato perché i singoli vescovi sarebbero stati promossi ad altrettanti piccoli papi, magari rafforzati e sostenuti nelle loro pretese monarchiche, ma perché sono stati collocati con rinnovata chiarezza nel vincolo diaconale con tutti i loro fratelli, assieme ai quali guidano la Chiesa di Dio »[28].

Ciò riflette in fondo quel che il già citato ecclesiologo Kehl ha espresso con pertinenza come segue: « Chi veramente vuole per la Chiesa una struttura di 'communio' vivace e duratura deve rinvigorire le 'istanze intermedie' sinodali ; altrimenti ogni discorso sulla teologia della 'communio' resta poco credibile.»[29] Noi tendiamo a questo e lo facciamo sulla base dell'esperienza e del lavoro *per* e *in* una conferenza episcopale. A tutti i costi![30]

---

o regionale, che non siano trattati in un qualche modo dalle conferenze episcopali.

[27] Traduz. da M. KEHL, *Wohin geht die Kirche?*, Freiburg i.B. 1996, p.86: « Von daher kann die Vollmacht der Bischofskonferenz auch nicht eine von den einzelnen Bischöfen oder vom Papst delegierte Vollmacht sein ; vielmehr bringt sie die ursprüngliche, sich von Christus herleitende bischöflich-einzelkirchliche Vollmacht auf ihre spezifische, kollegiale Weise zum Ausdruck ».

[28] Traduz. da *'Das neue Volk Gottes'. Entwürfe zur Ekklesiologie*, p. 59: « Von da aus wird man es als eine bedeutsame Verpflichtung verstehen, dass die Aufwertung des Bischofsamtes nicht dadurch geschehen ist, dass die einzelnen Bischöfe gleichsam zu kleinen Päpsten deklariert wurden, in ihren monarchischen Befugnissen weiter gestärkt und gehoben, sondern dadurch, dass sie in die Querverbindung mit allen ihren Brüdern wieder deutlicher eingefügt wurden, mit denen zusammen sie die Kirche Gottes leiten ».

[29] Traduz. da M. KEHL, *op. cit.*, p. 87: « Wer wirklich eine dauerhaftte und lebensfähige Communio-Struktur für die Kirche will, muss diese synodalen 'Zwischeninstanzen' stärken; sonst bleibt jedes Reden von Communio-Theologie unglaubwürdig ».

[30] Ci sta a cuore ringraziare qui il nostro collaboratore Dott. Giovanni Meier-Grandjean, archivista della conferenza episcopale svizzera, per la traduzione italiana del presente studio.

PRINCIPI DI INTERPRETAZIONE DEL «CODEX CANONUM ECCLESIARUM ORIENTALIUM»

Prof. Don Dimitrios Salachas

Con la Cost. apost. «Sacri canones», del 18 ottobre 1990[1], il Romano Pontefice Giovanni Paolo II ha promulgato il «Codex canonum Ecclesiarum orientalium»[2]. Sono significative queste prime parole con le quali inizia l'atto di promulgazione, sottolineando che i canoni della Chiesa sono sacri, perché, come afferma il can. 1 del VII Concilio ecumenico di Nicea II (787), nell'emanarli, «i nostri santi Padri sono stati illuminati da un solo e medesimo Spirito», e perché stabiliscono «quanto è vantaggioso per noi», cioè riguardano la salvezza delle anime nostre; perciò, affermano i Padri niceni, «gioiosamente accogliamo nel nostro cuore i divini canoni e conserviamo integre le loro disposizioni»[3]. La finalità ultima della disciplina canonica non è solo di garantire l'ordine e la retta organizzazione della Chiesa come «societas perfecta», ma la salvezza delle anime, che deve sempre essere nella Chiesa la *suprema lex*; in questo senso i sacri canoni appartengono alla sacra Tradizione della Chiesa. Il primo atto di ogni Concilio Ecumenico nell'antichità era di confermare i canoni precedentemente emanati; il can. 1 del IV Concilio Ecumenico di Calcedonia (451) afferma: «Abbiamo decretato che i canoni stabiliti dai santi Padri in tutti i concili

---

1 *Acta Apostolicae Sedis* [*AAS*] 82 (1990) 1033-1044: *Enchiridion Vaticanum*: *Documenti ufficiali della Santa Sede* 1990 [*EV*]; 12, EDB, 1992, 507-530.

2 *AAS* 82 (1990) 1033-1363; *EV* 12/1-887.

3 *Conciliorum Oecumenicorum Decreta* [*COeD*] (a cura di G. Alberigo - G.L. Dossetti - PP. Ioannou - C. Leonardi - P. Prodi), EDB 1991, 139; cf anche Cost. apost. *Sacri canones*, in *AAS* 82 (1990) 1033-1034; *EV* 12/507-508.

tenuti fino a questo momento debbano restare in vigore»[4]. Anche le consuetudini ecclesiastiche sono sacre, perché rispondono all'attività dello Spirito Santo. Perciò, il can. 6 del I Concilio Ecumenico di Nicea (325) ordina che «siano mantenute le antiche consuetudini»[5], «perché sono introdotte dai nostri santi padri» (cf. can. 2 del II Concilio Ecumenico di Costantinopoli [381])[6]. In conformità a questa tradizione, il can. 1506 del *CCEO* afferma: «una consuetudine della comunità cristiana, nella misura in cui risponde all'attività dello Spirito Santo nel corpo ecclesiale, può ottenere forza di diritto»; perciò le consuetudini centenarie o immemorabili non sono revocate e restano in vigore (cf. *CCEO*, can. 6, 2°).

La «mens legislatoris» nel promulgare due Codici nell'unica Chiesa Cattolica

Per delineare i principi fondamentali di interpretazione ed applicazione del «Codex canonum Ecclesiarum orientalium», occorre anzitutto conoscere la *mens legislatoris* nel promulgare nella Chiesa universale due Codici, uno per le Chiese orientali cattoliche, e uno per la Chiesa latina. Nella Cost. apost. «Sacri canones», il Pontefice esplicita l'intenzione dei Papi in merito: «Fin dall'inizio - afferma - della codificazione canonica delle Chiese orientali, la stessa costante volontà dei Romani Pontefici di promulgare due Codici, uno per la Chiesa latina e l'altro per le Chiese orientali cattoliche, dimostra molto chiaramente che essi volevano conservare ciò che è avvenuto per provvidenza divina nella Chiesa, cioè che essa, riunita da un unico Spirito, deve respirare come con due polmoni dell'Oriente e dell'Occidente e ardere nella carità di Cristo come con un solo cuore composto da due ventricoli»[7]. Non si tratta di una dichiarazione retorica,

---

[4] *COeD*, 87. È significativo che anche il Papa Giovanni XXIII, nell'indire il Concilio Vaticano II, lo ha inserito nella *continuitas traditionis*, affermando: «Abbiamo ritenuto essere ormai maturi i tempi per offrire alla Chiesa Cattolica e al mondo il dono di nuovo Concilio Ecumenico *in aggiunta ed in continuazione della serie dei venti grandi Concili*, riusciti lungo i secoli una vera provvidenza celeste ad incremento di grazia e di progresso cristiano» (Cost. apost. *Humanae salutis*, in *AAS* 54 [1962] 5-13; *EV* 1/6).

[5] *COeD*, 9.

[6] *COeD*, 32.

[7] *AAS* 82 (1990) 1037; *EV* 12/ 516.

bensì di una conseguenza di coerenza che corrisponde in pieno alla natura della Chiesa, specialmente qual è proposta dal magistero del Concilio Vaticano II in genere, e in modo particolare dalla sua dottrina ecclesiologica, che ebbe la sua più ampia e completa formulazione. Sin dal primo momento dell'*iter* della codificazione orientale, nel 1927, il Papa Pio XI si è rifiutato categoricamente di accettare l'idea allora prevalsa in Curia, cioè di un Codice unico, comune alla Chiesa latina e alle Chiese orientali, e ritenne che la codificazione del diritto canonico orientale non solo era necessaria, ma la annoverò tra gli affari più urgenti del suo pontificato, e decretò di presiederla lui stesso[8]. I Romani Pontefici per rispondere alle preoccupazioni degli orientali e alle loro istanze di evitare il pericolo o anche solo il sospetto di una latinizzazione del diritto di queste Chiese, hanno voluto un Codice tipicamente orientale, che fosse conforme alle particolarità tradizionali di queste Chiese[9]. Parimenti, in questi due ultimi secoli, è chiarissima l'intenzione costante e ferma dei Romani Pontefici, e specialmente dell'attuale Supremo legislatore, a riguardo della fedele custodia e diligente osservanza di tutti i riti orientali che derivano dalle cinque grandi Tradizioni: Alessandrina, Antiochena, Caldea, Armena e Costantinopolitana, alle quali appartengono oggi 21 Chiese orientali *sui iuris*[10].

Quanto alla redazione stessa del *CCEO*, il Papa dà atto che «questo Codice lo hanno fatto gli stessi orientali, secondo i desideri espressi dal nostro predecessore Paolo VI nella solenne apertura dei lavori della Commissione (*AAS*

---

[8] Cf Prefazione al *CCEO*, in *AAS* 82 (1990) 1050; *EV* 12/40.

[9] Cf R. METZ, *La seconde tentative de codifier le droit des Eglises orientales catholiques au XXe siècle, Latinisation ou identité orientale?*, in *L'Année Canonique* 23 (1979) 298-299.

[10] Le 21 Chiese orientali cattoliche sono le seguenti: alla Tradizione Alessandrina appartengono la Chiesa Patriarcale Copta e la Chiesa Metropolitana *sui iuris* Etiopica. Alla Tradizione Antiochena, le Chiese Patriarcali Siriaca e Maronita, e la Chiesa Metropolitana *sui iuris* Siro-Malankarense. Alla Tradizione Armena, la Chiesa Patriarcale Armena. Alla Tradizione Caldea, la Chiesa Patriarcale Caldea e la Chiesa Arcivescovile Maggiore Siro-Malabarese. Alla Tradizione Costantinopolitana (Bizantina), la Chiesa Patriarcale Melchita, la Chiesa Arcivescovile Maggiore Ucraina, la Chiesa Metropolitana *sui iuris* Romena, la Chiesa Metropolitana *sui iuris* Rutena, e le Chiese Bielorussa, Bulgara, Greca, Ungherese, Italo-Albanese, Slovacca, Serba, Albanese e Russa: queste ultime non hanno ancora una chiara struttura di Chiese *sui iuris*.

66 [1974] 246)»[11]. Ovviamente ciò non vuol dire che sono gli orientali i legislatori di questo Codice, ma ne sono gli ordinatori, i compilatori, i redattori[12].

I principi direttivi per la revisione del Codice di diritto canonico orientale, approvati dalla Plenaria della Commissione, e in seguito dal Supremo legislatore, confermano questa intenzione di Paolo VI con questi termini: «1. Ovviamente il Codice deve essere orientale, primo perché esso va diretto agli Orientali, e secondo, perché su ciò esiste una prescrizione conciliare. Infatti, nel decreto *Orientalium ecclesiarum* si afferma che le leggi devono essere orientali, cioè "moribus suorum fidelium magis sint congruae atque ad bonum animarum consulendum aptiores" (*OE* 5). 2. Il Codice orientale dovrebbe ispirarsi ed esprimere la disciplina contenuta: a) nella tradizione apostolica, b) nei canoni dei Concili e Sinodi orientali, c) nelle collezioni canoniche orientali e nelle norme consuetudinarie comuni alle Chiese orientali e non cadute in disuso. 3. In caso di eventuali lacune per completare le fonti di cui al numero precedente e per rendere il futuro Codice conforme alle esigenze attuali si potrà ricorrere, se è necessario, alle altre fonti giuridiche ecclesiastiche»[13].

L'autonomia, la pari dignità dei due Codici e le reciproche incidenze

Questi presupposti si esprimono già nei due primi canoni del *CCEO*. Il can. 1 dichiara: **«i canoni di questo Codice riguardano tutte e sole le Chiese orientali cattoliche, a meno che, per quanto riguarda le relazioni con la Chiesa latina, non sia espressamente stabilito diversamente».** Già in questo canone è chiarissima l'intenzione costante e ferma del Supremo legislatore nella Chiesa a riguardo della fedele custodia e diligente osservanza della disciplina canonica degli orientali.

Per valutare la portata di questo canone bisogna confrontarlo con il can.1 corrispondente del vigente Codice di diritto canonico della Chiesa latina (*CIC* 1983), secondo il quale **«i canoni di questo Codice riguardano la sola Chiesa latina»**. La definizione dei limiti personali dell'efficacia dei due Codici

---

[11] Cost. apost. *Sacri canones*, in *AAS* 82 (1990) 1041; *EV* 12/526.

[12] Paolo VI nella solenne apertura dei lavori della Commissione aveva dichiarato che «viri Commissioni addicti ipsarum legum sunt ordinatores, non auctores seu factores» (*AAS* 66 [1974] 247).

[13] *EV* 5/123-125.

si effettua in modo diverso. Mentre il Codice latino afferma in modo assoluto di obbligare soltanto la Chiesa latina, quello orientale ammette delle eccezioni, le quali però devono essere ammesse espressamente, in quanto «non sembra che il Codice orientale possa obbligare i latini direttamente per la sola natura delle cose in esso regolamentate ("ex natura rei")[14]. Da questa parzialmente diversa formulazione del primo canone nei due Codici, nascono effettivamente dei problemi di interpretazione e di applicazione in materia specie di relazioni interrituali tra cattolici, orientali e latini, dato che si tratti di «duo systemata legalia diversa»[15].

A prescindere per il momento da questi vari problemi, la duplice codificazione capovolge definitivamente un principio in vigore sin dal 1742. La duplice codificazione intende significare che nell'ecclesiologia cattolica, la Chiesa latina non è più considerata sinonimo della Chiesa universale, non prevale sulle altre Chiese cattoliche orientali, e che le leggi della Chiesa latina non sono le leggi universali della Chiesa Cattolica. Non vige più il principio della *praestantia ritus latini*, sancito da Benedetto XIV nella Cost. apost. *Etsi pastoralis* (1742), e nella lettera Enciclica *Allatae sunt* (1755). Secondo quel principio «Ritus enim Latinus propter suam praestantiam, eo quod sit ritus Sanctae Romanae Ecclesiae omnium Ecclesiarum Matris et Magistrae, sic supra Graecum ritum praevalet...», e «Cum Latinus Ritus is sit, quo utitur Sancta Romana Ecclesia, quae est et Magistra aliarum Ecclesiarum, reliquis omnibus Ritibus praeferri debet...»[16]. Nel campo giuridico la *praestantia ritus latini* incideva sull'interpretazione stessa della normativa canonica degli orientali, nel senso che tutto ciò che non era conforme alla *mens giuridica* latina non era pienamente e autenticamente cattolico. La disciplina orientale era ritenuta autenticamente cattolica, solo se conforme a quella latina.

Inoltre, la duplice codificazione intende significare il nuovo *status*

---

[14] P. ERDÖ, *Questioni interrituali del diritto dei sacramenti (battesimo e cresima)*, in *Periodica de re canonica* [*Periodica*] 84 (1995) 318.

[15] F.J. URRUTIA, *Canones praeliminares Codicis (CIC). Comparatio cum canonibus praeliminaribus Codicis Canonum Ecclesiarum Orientalium (CC)*, in *Periodica* 81 (1992) 158.

[16] *CIC Fontes* I, 739; *CIC Fontes* II, 459; cf. I. ZUZEK, *Incidenza del "Codex Canonum Ecclesiarum Orientalium" nella storia moderna della Chiesa universale*, in *Ius in vita et in missione Ecclesiae*, Acta Symposii internationalis iuris canonici, Città del Vaticano 1994, 694-695.

ecclesiologico e giuridico delle Chiese orientali che sono in piena comunione con la Sede Apostolica di Roma, *status* distinto da quello della Chiesa latina. Ciò «consta anche dalle varie forme della costituzione gerarchica delle Chiese orientali, tra le quali risaltano singolarmente le Chiese patriarcali nelle quali i Patriarchi e i sinodi sono partecipi, per diritto canonico, della suprema autorità della Chiesa (iure canonico supremae Ecclesiae auctoritatis participes sunt). A chi apre il Codice immediatamente appare, sotto queste forme delimitate da un solo Titolo, sia il volto proprio di ciascuna Chiesa orientale sancito dalla legge canonica, sia lo *status sui iuris* e la piena comunione con il Romano Pontefice, successore di Pietro, il quale, in quanto presiede alla comunione universale della carità, tutela le legittime varietà e insieme veglia affinché tutto ciò che è particolare non solo non nuoccia all'unità, ma piuttosto la serva (*LG* 13)»[17].

Dunque, la duplice codificazione nella Chiesa Cattolica esprime il concetto cattolico di unità e di comunione universale, e allo stesso tempo di autonomia giuridica, sebbene relativa, delle Chiese d'Oriente e d'Occidente nella linea e nell'esperienza della Chiesa antica, unite, tuttavia, perfettamente nella fede, nella vita sacramentale e nella divina costituzione della Chiesa, *sede romana moderante*, qualora fossero sorti tra loro dissensi circa la fede o la disciplina (cf. *UR* 14).

Questa duplice codificazione nell'unica Chiesa Cattolica ha un fondamento teologico chiaramente formulato nei documenti del Concilio Vaticano II. La Costituzione dogmatica sulla Chiesa (*LG* 23d) si riferisce a varie Chiese, tra cui soprattutto le antiche Chiese patriarcali, in vari luoghi fondate dagli Apostoli e dai loro successori, che durante i secoli si sono costituite in molti gruppi, organicamente uniti dalla propria gerarchia, «i quali, salva restando l'unità della fede e l'unica divina costituzione della Chiesa universale, godono di una propria disciplina, di un proprio uso liturgico, di un patrimonio teologico e spirituale proprio». Conseguenza diretta nel campo giuridico di questo principio ecclesiologico è la dichiarazione solenne dello stesso Concilio nel decreto sulle Chiese orientali (*OE* 5), secondo il quale «... *le Chiese d'oriente come anche d'occidente hanno il diritto e il dovere di reggersi secondo le proprie discipline particolari, poiché si raccomandano per veneranda antichità, sono più corrispondenti ai costumi dei loro fedeli e più adatte a provvedere al bene delle loro anime*». Il suddetto diritto e dovere *se regendi secundum proprias disciplinas* comporta una propria superiore autorità e autonomia

---

[17] Cost. apost. *Sacri canones*, in *AAS* 82 (1990) 1037; *EV* 12/517.

interna, ossia una propria potestà legislativa, amministrativa e giudiziaria, salva restando la suprema autorità della Chiesa universale, che risiede per volontà di Cristo nel ministero del successore di Pietro e nel Collegio dei Vescovi in comunione con lui.

Il *CCEO* è un Codice unico e comune per tutte e sole le Chiese orientali cattoliche, di qualsiasi grado di *status sui iuris*. «Come tale il *CCEO*, secondo il principio di sussidiarietà, lascia ampio spazio allo *ius particulare*»[18]. Infatti, il nuovo Codice si è limitato alla codificazione della disciplina comune a tutte le Chiese orientali, lasciando ai loro vari organismi la facoltà di regolare con un diritto particolare le altre materie, non riservate alla Sede Apostolica[19].

Gli orientali cattolici, perciò, sono tenuti ad osservare i canoni del *CCEO*, «a meno che, per quanto riguarda le relazioni con la Chiesa latina, non sia espressamente stabilito diversamente» (*aliud expresse statuitur*). Questa clausola è stata giustamente aggiunta per effettuare il necessario collegamento fra i due Codici nei casi sempre più frequenti di relazioni interrituali. Tuttavia la clausola ha introdotto in questa materia un'assoluta tassatività. Di conseguenza una clausola simile dovrebbe essere intesa anche per il can. 1 del Codice latino, cioè i canoni del Codice latino riguardano la sola Chiesa latina, a meno che, per quanto riguarda le relazioni con le Chiese orientali, non sia espressamente stabilito diversamente.

Infatti il *CCEO* comprende in modo tassativo delle norme che si riferiscono *expresse* anche ai fedeli latini. Infatti, la Chiesa latina viene espressamente ed esplicitamente menzionata con la formula «etiam Ecclesia latina» in nove canoni (cann. 37; 41; 207; 322, § 1; 432; 696, §§ 1 e 2; 830, § 1; 916, § 5; 1465); il *CIC* in diversi canoni si riferisce anche alle Chiese orientali e ai fedeli orientali (cann. 111, § 1; 112, § 2; 214; 372, § 2; 383, § 2; 450, § 1; 476; 479, § 2; 518; 535, § 2; 884, § 3; 846, § 2; 923; 991; 1015, § 2; 1109; 1127, § 1; 1248, § 1)[20].

---

[18] *Nuntia* 22 (1986) 14.

[19] Cf Principi direttivi per la revisione del *CICO*, in *EV* 5/135. È da notare che il *CCEO* rinvia al «diritto particolare» circa 180 volte.

[20] Cf M. BROGI, *Il nuovo Codice orientale e la Chiesa latina*, in *Antonianum* 66 (1991) 35-61; ID., *I cattolici orientali nel "Codex Iuris Canonici"*, in *Antonianum* 58 (1983) 218-243; ID, *Il diritto all'osservanza del proprio rito (CIC, can. 214)*, in *Antonianum* 68 (1993) 108-119; ID., *Cura pastorale di fedeli di altra Chiesa "sui iuris"*, in *REDC* 53 (1996) 119-131; G. NEDUNGATT, *A New Code for the Oriental Churches*,

Tuttavia, l'effetto del Codice orientale con riguardo ai fedeli latini, non si esaurisce nelle norme che li menzionano espressamente[21]. «Ci sono anche altri canoni in cui, sebbene la Chiesa latina non sia espressamente nominata, essa viene inclusa come una Chiesa *sui iuris*, quantunque diversa dai quattro tipi di Chiese *sui iuris* previsti dal *CCEO* (can. 174). Per esempio il can. 193 tratta della cura pastorale di un vescovo eparchiale per i fedeli di un'altra Chiesa *sui iuris*: un vescovo latino ha il dovere di darsi da fare perché i suoi fedeli orientali "mantengano, coltivino e osservino il proprio rito e abbiano relazioni con la propria superiore autorità". Il *CCEO* riguarda la Chiesa latina, sia nei suoi membri individuali che come collettività, nei cann. 29-41, in merito all'ascrizione ad una Chiesa *sui iuris* e alla conservazione dei riti. Parecchi canoni richiedono unità di azione pastorale da parte dei Vescovi che hanno potere di governo nello stesso territorio, senza riguardo al rito e quindi comprendono anche la Chiesa latina: questo avviene per la disciplina della Chiesa in generale e la promozione dell'unità dei cristiani (*CCEO*, can. 84, § 1); per fissare le offerte per le celebrazioni e le tasse (can. 1013, § 2), e per l'uniformità delle leggi penali (can. 1405, § 3).

I Superiori degli istituti religiosi della Chiesa latina che ammettono candidati orientali nei loro istituti devono osservare il can. 517, § 2 del *CCEO* (che richiede la licenza della Sede Apostolica). La stessa norma vige anche per l'ammissione di candidati orientali in monasteri latini (can. 451)»[22].

Indirettamente vincolano anche i latini, soprattutto quelle autorità ecclesiastiche che hanno potestà di governo su fedeli orientali, tutte quelle leggi che determinano la condizione giuridica della persona «in seno alla comunità ecclesiastica, riconoscendone o negandone l'idoneità a porre determinati atti, come ad esempio la minore o maggiore età, o lo stato libero; essi vanno ovviamente rispettati da qualsiasi superiore ecclesiastico, sia egli orientale ovvero latino»[23]. Inoltre è da notare che nelle Norme generali in ambedue i Codici, ci sono alcuni casi in cui i canoni del *CCEO* possono essere usati per

---

in *Vidyajyoti Journal of Theological Reflection* 55 (1991) 340-343; ID., *Presentazione del CCEO*, in *EV* 12/897-900; I. ZUZEK, *Presentazione del "Codex Canonum Ecclesiarum Orientalium"*, in *Monitor Ecclesiasticus* 115 (1990) 519-612, spec. 606-608.

[21] Cf P. ERDÖ, *Questioni interrituali del diritto dei sacramenti (battesimo e cresima)*, in *Periodica* 84 (1995) 320.

[22] G. NEDUNGATT, *Presentazione del CCEO*, in *EV* 12/899-900.

[23] M. BROGI, *Il nuovo Codice orientale...*, 55.

risolvere dubbi o chiarificare oscurità sorte nei canoni riguardanti la stessa materia nel *CIC*[24].

Il *CCEO* non riguarda le Chiese orientali che non sono in piena comunione con la Chiesa Cattolica. Il can. 1 del *CCEO* dichiara, dunque, che «**i canoni di questo Codice riguardano tutte e sole le Chiese orientali *cattoliche***»; l'aggettivo «cattoliche» fu giudicato necessario, altrimenti potrebbe lasciar credere che il Codice vige anche per le Chiese orientali ortodosse[25]. Il canone corrisponde ai principi direttivi per la revisione del *CICO*, approvati dai membri della Commissione, il 23 marzo 1974, tra i quali viene affermato, sotto il titolo «Carattere ecumenico del *CICO*», che «il futuro Codice dichiarerà di valere solo per coloro che appartengono legittimamente ad una Chiesa Orientale Cattolica»[26].

Regole sussidiarie di interpretazione del CCEO e del CIC

La Chiesa Cattolica è ora dotata di due codificazioni, latina e orientale. Ovviamente il *CIC* non è fonte di interpretazione del *CCEO*, e il *CCEO* non è fonte di interpretazione del *CIC*. Tuttavia, secondo il *CIC*, can. 17 «le leggi ecclesiastiche sono da intendersi secondo il significato proprio delle parole considerato nel testo e nel contesto; che se rimanessero dubbie o oscure, si deve ricorrere ai luoghi paralleli, se ce ne sono, al fine e alle circostanze della legge e alla mente del legislatore (mens legislatoris)»; lo stesso principio stabilisce il *CCEO*, can. 1499.

Il *CIC*, can. 19, stabilisce che, «se su una determinata materia manca una espressa disposizione di legge sia universale sia particolare o una consuetudine, la causa, se non è penale, è da dirimersi tenute presenti le leggi date per casi simili, i principi generali del diritto applicati con equità canonica, la giurisprudenza e la prassi della Curia Romana, il modo di sentire comune e costante dei giuristi». Anche se in modo diverso, il *CCEO*, can. 1501, stabilisce una norma dello stesso tenore: «Se su una certa cosa manca un'espressa prescrizione di legge, la causa, se non è penale, è da dirimersi secondo i canoni

---

[24] Cf J. ABBASS, *Canonical Interpretation by recourse to "Parallel Passages": a Comparative Study of the Latin and Eastern Codes*, in *The Jurist* 51 (1991): 2, 294.

[25] Cf *Nuntia* 10 (1980) 88.

[26] *Nuntia* 3 (1976) 5; 10 (1980) 88.

dei Sinodi e dei Santi Padri, la legittima consuetudine, i principi generali del diritto canonico applicati con equità, la giurisprudenza ecclesiastica, la comune e costante dottrina canonica». Il principio dell'interpretazione canonica per mezzo del ricorso ai «testi paralleli» o «ai testi simili» potrebbe aiutare alla complementarità delle due normative.

I luoghi paralleli possono essere un criterio sussidiario di interpretazione, qualora dovesse rimanere dubbio e oscurità circa il senso della legge in ambedue i Codici oppure qualora su una determinata materia mancasse una espressa disposizione di legge, sia universale sia particolare (lacuna legis).

Per «luoghi paralleli», s'intende «quei luoghi o passi che trattano la medesima materia sotto altro aspetto e in circostanze diverse, ovvero usano le stesse espressioni»[27]. Quanto al Codice latino, Chiappetta osserva che «tali luoghi possono ritrovarsi non solo nel Codice, ma anche in altre leggi vigenti non contenute in esso, com'è ovvio da sé e come risulta implicitamente dal testo del nuovo canone, che, riportando *ad litteram* il canone precedente (CIC 1917, can. 18), fa un'omissione significativa. Non dice più "luoghi paralleli del Codice, ma genericamente "i luoghi paralleli", comprendendo in tal modo sia i luoghi paralleli esistenti nel Codice, sia quelli esistenti in altre leggi»[28]. Altri «luoghi paralleli» per il *CIC* possono trovarsi nel *CCEO*, e viceversa, tenendo specialmente conto che ambedue i Codici sono stati promulgati dallo stesso Supremo legislatore.

Se non ci sono «luoghi paralleli», in caso di «lacuna legis», si può ricorrere «al fine e alle circostanze della legge». Per «fine della legge» non s'intende «quello comune e ultimo di tutte le leggi ossia dell'intero ordinamento canonico - il bene spirituale dei fedeli e della comunità ecclesiale, la salvezza delle anime, la diffusione e l'incremento del Regno di Dio - ma il fine proprio e specifico che ha determinato quella particolare legge, chiamato da canonisti *ratio legis*»[29]. In ambedue i Codici ci sono delle «lacunae legis», per cui questo criterio sussidiario può risolvere i casi concreti, tenendo, anche qui conto che ambedue i Codici sono stati promulgati dallo stesso Supremo legislatore.

Infine, per «mente del legislatore» s'intende «il particolare motivo che,

---

[27] L. CHIAPPETTA, *Prontuario di Diritto Canonico e Concordatario*, Roma 1994, 656.

[28] *L. cit.*

[29] *L. cit.*

nell'esercizio delle sue pubbliche funzioni, lo ha indotto ad emanare una determinata legge con quel preciso significato e contenuto, e la sua attesa circa il modo di comprendere e di applicare la legge stessa. Nel ricercare la "mens legislatoris", giova molto considerare la sua mentalità, i suoi atteggiamenti e i motivi ispiratori di tutta la sua attività di governo, oltre che di quella specificamente legislativa»[30]. La «mente del legislatore», cioè del Romano Pontefice Giovanni Paolo II, appare chiara nelle due sue Costituzioni apostoliche «Sacrae disciplinae leges» e «Sacri canones», con le quali ha promulgato, nel 1983, il *CIC* e, nel 1990, il *CCEO*.

Ad esempio, una specifica «lacuna legis» nel *CIC* si nota in materia di matrimoni misti tra cattolici e battezzati non cattolici, e precisamente circa gli impedimenti e la forma canonica, a cui sono soggetti i cristiani non cattolici. Il can. 1059, mentre stabilisce che, «il matrimonio dei cattolici, anche quando sia cattolica una sola delle parti, è retto non soltanto dal diritto divino, ma anche da quello canonico...», non dice nulla sul diritto da applicare ai battezzati non cattolici, quando si sposano con cattolici, sebbene il can. 11 dichiari che, «alle leggi puramente ecclesiastiche sono tenuti i battezzati nella Chiesa Cattolica o in essa accolti». Questa lacuna specifica in materia di matrimoni misti viene colmata, conformemente ai suddetti criteri di interpretazione della legge, dal *CCEO*, che codifica l'interpretazione e la prassi giurisprudenziale della Rota. In questo caso il can. 780, § 2 stabilisce che, «questo matrimonio, salvo restando il diritto divino, è regolato anche:

1° dal diritto proprio della Chiesa o della Comunità ecclesiale alla quale la parte acattolica appartiene, se questa Comunità ha un proprio diritto matrimoniale;

2° dal diritto al quale è tenuta la parte acattolica, se la Comunità ecclesiale alla quale appartiene è priva di un diritto matrimoniale proprio».

E nel can. 781 stabilisce: « Se talvolta la Chiesa deve giudicare della validità di un matrimonio di acattolici battezzati:

1° per quanto riguarda il diritto a cui le parti erano tenute al tempo della celebrazione del matrimonio, si osservi il can. 780, §2;

2° per quanto riguarda la forma di celebrazione del matrimonio, la Chiesa riconosce qualsiasi forma prescritta o ammessa dal diritto al quale le parti erano soggette al tempo della celebrazione del matrimonio, purché il consenso sia stato espresso in forma pubblica e, se almeno una parte è fedele cristiana di

[30] *Ibid.*, 656-657.

qualche Chiesa orientale acattolica, purché il matrimonio sia stato celebrato con rito sacro».

Non sarebbe logico dire che questa norma vige esclusivamente nel matrimonio tra cattolici orientali e cristiani non cattolici, mentre non vale nel matrimonio tra cattolici latini e cristiani non cattolici.

Tra i canoni dei due Codici, in parecchi, si nota identità o almeno somiglianza. Dei 1546 canoni del *CCEO* un gran numero hanno un canone corrispondente nel *CIC*, specialmente quando si tratta di norme di indole piuttosto dottrinale, di Norme generali o che determinano la condizione giuridica dei fedeli nella Chiesa; ovviamente questi canoni vincolano i fedeli, orientali e latini, in forza del proprio diritto. In altri canoni è possibile un confronto e si suppone quindi una diversità più o meno accentuata; alcuni canoni orientali si rifanno al Codice latino del 1917; diversi altri canoni orientali comprendono delle disposizioni contrarie o del tutto diverse da quelli latini. Ci sono certo dei Titoli nel *CCEO* propri delle Chiese orientali che non hanno corrispondenti nel *CIC*, come sono quelli riguardanti le Chiese orientali *sui iuris* (cann. 55-176), come per esempio le Chiese patriarcali (cann. 55-150), e la disciplina dei sacramenti e sacramentali (cann. 675-895). Tra questi canoni specificamente orientali ci sono parecchi comuni anche alle Chiese orientali che non sono in piena comunione con la Chiesa di Roma, ad eccezione evidentemente di quelli che riguardano i diritti della suprema autorità della Chiesa, cioè del Romano Pontefice; ciò è dovuto al fatto che «... le Chiese orientali che non sono ancora nella piena comunione con la Chiesa Cattolica, sono regolate dal medesimo e fondamentalmente unico patrimonio della disciplina canonica, cioè dai "sacri canoni" dei primi secoli della Chiesa»[31].

Sono da menzionare in modo speciale i canoni che riguardano la celebrazione dei sacramenti dell'iniziazione cristiana e in modo particolare del matrimonio. Anzitutto bisogna notare il principio del *CIC*, can. 112, § 2, secondo il quale «l'usanza, anche se a lungo protratta di ricevere i sacramenti secondo il rito di una Chiesa rituale di diritto proprio, non comporta l'ascrizione alla medesima Chiesa»; infatti il *CIC*, can. 923 stabilisce che «... i fedeli possono partecipare al Sacrificio eucaristico e ricevere la sacra comunione in qualunque rito cattolico». Per di più il *CCEO*, can. 38, aggiunge che «... i fedeli cristiani delle Chiese orientali, anche se affidati (commissi) alla cura del Gerarca o del parroco di un'altra Chiesa *sui iuris*, rimangono tuttavia ascritti alla propria

---

[31] Cost. apost. *Sacri canones*, in *AAS* 82 (1990) 1035; *EV* 12/511.

Chiesa *sui iuris*»; ciò vuol dire che i fedeli orientali che in territori latini sono soggetti alla potestà di governo del Vescovo latino, restano sempre orientali e ascritti alla propria Chiesa *sui iuris*. Questi due canoni vincolano orientali e latini[32].

Tra i due Codici ci sono delle differenze in materia di impedimenti matrimoniali (ad esempio il *CCEO* conserva l'impedimento della parentela spirituale, soppresso nel *CIC*, regola diversamente l'impedimento di affinità e del rapimento). In questo caso vige il principio, secondo il quale «l'impedimento, anche se sussiste da una sola delle due parti, rende tuttavia invalido il matrimonio» (*CCEO*, can. 790, § 2). Differenze ci sono anche circa la forma canonica di celebrazione del matrimonio, in quanto nel diritto orientale il rito sacro compiuto dal sacerdote è un elemento costitutivo della forma canonica, mentre nel diritto latino non lo è.

Il diritto da applicare nelle relazioni interrituali

In base al can. 1 del *CCEO* e al can. 1 del *CIC* si può affermare che: a) tutti i cattolici, orientali e latini, sono soggetti alle leggi e alle legittime consuetudini della Chiesa universale; b) tutti gli orientali sono soggetti alle leggi e alle legittime consuetudini comuni a tutte le Chiese orientali, nonché al diritto particolare della Chiesa *sui iuris*, cui ciascuno è ascritto, a meno che non sia stabilito diversamente (cf. *CCEO* can. 1493); c) tutti i fedeli latini sono soggetti alle leggi e alle legittime consuetudini comuni della Chiesa latina, nonché al diritto particolare in vigore nel territorio di domicilio o di quasi-domicilio o di attuale dimora, a meno che non sia stabilito diversamente (cf. *CIC*, cann. 12 e 13).

Tuttavia, il problema giuridico è il seguente: quale legge sarà applicata nelle relazioni «interrituali»: la legge del luogo, secondo il principio «*locus regit actum*» oppure il diritto personale che obbliga i fedeli, anche fuori del territorio della propria Chiesa *sui iuris*, cui sono ascritti? Il problema è più generale e riguarda la *lex applicanda* per gli orientali, specie in quei territori latini d'occidente, dove non è ancora costituita una propria gerarchia orientale, e nei quali i

---

[32] Cf M. BROGI, *Cura pastorale di fedeli di altra Chiesa sui iuris*, in *REDC* 53 (1996) 119-131.

fedeli orientali sono soggetti all'Ordinario latino del luogo (cf. can. 916, § 5)[33].

La dottrina canonica prima della promulgazione del diritto matrimoniale per le Chiese orientali cattoliche, con il Motu proprio *Crebrae allatae* (1949), sosteneva piuttosto la tesi del principio *locus regit actum*, come negli ordinamenti civili. In seguito l'opinione prevalente dei canonisti, almeno per quanto riguarda la celebrazione del matrimonio di orientali cattolici, sosteneva il principio contrario, ossia è la legge personale che obbliga i fedeli orientali dovunque e con chiunque essi si sposino[34]. Infatti, E. Herman, già prima del 1949, sosteneva che «hodie prorsus indubitatum est, ritum habere vim personalem ideoque personam sequi quocumque erit»[35]. Anche H. Cicognani e D. Staffa sostenevano che «ubicumque se conferant, sicut proprium ritum ita et leges tam liturgicas quam disciplinares omnes fideles retinent. Ius ergo orientale pro orientalibus, sicut ius latinum pro latinis, non est tantum territoriale, sed personale»[36].

Dopo la promulgazione del *CCEO*, ogni dubbio è sciolto. Il principio in vigore è stabilito nel *CCEO*, can. 40, § 3, il quale, riportando il dettato del decreto conciliare *OE* 6, stabilisce che «tutti i fedeli cristiani (orientali) curino la conoscenza e la stima del proprio rito e sono tenuti a osservarlo in ogni luogo...». Per rito si intende anche la propria disciplina canonica (cf. can. 28, § 1). Lo stesso *CIC*, can. 214, garantisce il diritto dei fedeli «...di rendere culto a Dio secondo le disposizioni del proprio rito approvato dai legittimi Pastori della Chiesa e di seguire un proprio metodo di vita spirituale, che sia però conforme alla dottrina della Chiesa». Anzi, il can. 41 del *CCEO*, confermando il dettato del decreto conciliare *OE* 6, stabilisce: «I fedeli cristiani di qualsiasi Chiesa *sui iuris*, anche della Chiesa latina, che per ragione di ufficio, di ministero o di incarico hanno relazioni frequenti con i fedeli cristiani di un'altra Chiesa *sui*

---

[33] Il can. 916, § 5, stabilisce: «Nei luoghi dove non è eretto nemmeno un esarcato per i fedeli cristiani di qualche Chiesa *sui iuris*, si deve ritenere come Gerarca proprio degli stessi fedeli cristiani il Gerarca di un'altra Chiesa *sui iuris*, anche della Chiesa latina, fermo restando il can. 101; se poi sono parecchi, si deve ritenere come proprio Gerarca colui che ha designato la Sede Apostolica o, se si tratta di fedeli cristiani di qualche Chiesa patriarcale, il Patriarca con l'assenso della Sede Apostolica».

[34] Cf J. PRADER, *La Legislazione matrimoniale latina e orientale*, Roma 1993, 38.

[35] E. HERMAN, *De Ritu in Iure Canonico*, in *Orientalia Christiana Periodica* 1933, 138.

[36] H. CICOGNANI - D. STAFFA, *Commentarium in I Librum CIC*, Romae 1939, 31.

iuris, siano formati accuratamente nella conoscenza e nella venerazione del rito della stessa Chiesa, secondo l'importanza dell'ufficio, del ministero o dell'incarico che adempiono». Lo stesso Supremo legislatore, Papa Giovanni Paolo II, durante la presentazione del *CCEO* alla XXVIII Congregazione Generale del Sinodo dei Vescovi, il 25 ottobre 1990, riferendosi ai fedeli orientali che sono residenti fuori dal territorio delle proprie Chiese *sui iuris*, ebbe a sottolineare in merito: «Per molti di questi fedeli si è provveduto con l'istituzione di proprie circoscrizioni ecclesiastiche, come eparchie ed esarchie, rette da Vescovi e altri Gerarchi nominati dalla Santa Sede e direttamente responsabili verso di essa; altri invece sono affidati alla cura di Ordinari latini. È stato sempre ed ovunque pressante desiderio dei Sommi Pontefici che tutti questi fedeli, per usare le parole del Concilio Vaticano II, "mantengano dovunque il loro proprio rito, lo onorino e, secondo le proprie forze lo osservino" (*OE* 4)»[37]. Soprattutto, dunque, in quei territori latini d'occidente, dove non è ancora costituita una propria gerarchia orientale, e nei quali i fedeli orientali sono soggetti all'Ordinario latino del luogo, a norma del can. 916, § 5 «il Vescovo latino ha il dovere di impegnarsi perché i suoi fedeli orientali «mantengano, coltivino e osservino il proprio rito e abbiano relazioni con la propria superiore autorità»[38]. Per di più il can. 207 stabilisce che «... il Vescovo eparchiale di qualunque Chiesa *sui iuris*, anche della Chiesa latina, in occasione della relazione quinquennale, informi la Sede Apostolica sullo stato e le necessità dei fedeli cristiani che, anche se ascritti a un'altra Chiesa *sui iuris*, sono affidati alle sue cure». Perciò anche i Vescovi latini nei loro rapporti quinquennali devono informare la Sede Apostolica sullo stato e le necessità dei fedeli orientali affidati alla loro cura pastorale. La cura di tali fedeli è un dovere imposto ai Vescovi latini dal *CIC*, can. 383, § 2.

Da tutto ciò risulta esplicitamente ed implicitamente che, il diritto orientale per gli orientali, ovunque si trovino, come il diritto latino per i latini, non è solo territoriale, ma personale. Per cui, gli orientali in territori latini non sono soggetti alle strutture della Chiesa latina.

Il problema di interpretazione ed applicazione del diritto comune delle Chiese orientali diventa assai arduo per il fatto che accanto al diritto comune è in vigore il diritto particolare di ciascuna Chiesa orientale *sui iuris*, emanato prevalentemente dai propri organi legislativi nel contesto di culture e circostanze storiche di popoli assai diverse. Ciascuna Chiesa orientale *sui iuris* viene invitata

---

[37] *L'Osservatore Romano*, 27 ottobre 1990.

[38] G. NEDUNGATT, *Presentazione del CCEO*, in *EV* 12/899.

dal legislatore a emanare al più presto il suo diritto particolare: «Il presente Codice affida al diritto particolare delle Chiese *sui iuris* tutto ciò che non è considerato necessario per i bene comune di tutte le Chiese orientali. A questo riguardo è nostra intenzione che quanti hanno potestà legislativa nelle singole Chiese *sui iuris* vi provvedano al più presto con norme particolari, tenendo presenti le tradizioni del proprio rito, come pure le disposizioni del concilio Vaticano II»[39]. Infatti le Chiese orientali *sui iuris*, soprattutto le Chiese patriarcali, arcivescovili maggiori e metropolitane, per mezzo dei lori sinodi stanno per completare attualmente la promulgazione del loro diritto particolare che non richiede l'approvazione della Sede Apostolica (cf. cann. 110, § 1; 111, § 3; 152; 167), ma la debita informazione.

In questo procedimento di compilazione del diritto particolare, i competenti organi legislativi delle varie Chiese devono tener conto del can. 6 del *CCEO*: «Con l'entrata in vigore del Codice:

1° sono abrogate tutte le leggi di diritto comune o di diritto particolare che sono contrarie ai canoni del Codice, oppure che riguardano una materia che è stata integralmente ordinata nel Codice;

2° sono revocate tutte le consuetudini che sono riprovate dai canoni del Codice, oppure quelle che sono contrarie a essi, ma non le centenarie o immemorabili».

L'ordinamento della disciplina canonica delle Chiese orientali trova fermezza in quelle norme che scaturiscono dalle tradizioni riconosciute dalla suprema autorità della Chiesa o che sono contenute nei canoni promulgati dalla stessa autorità, e che le regole del diritto particolare valgono se corrispondono al diritto comune, invece sono nulle se sono contrarie[40]. Il nuovo Codice orientale non è un Codice provvisorio, di minore stabilità rispetto a quello latino. Lo afferma lo stesso Legislatore nella Cost. apost. *Sacri canones*: «Da questo deriva la necessità che i canoni del Codice delle Chiese orientali cattoliche abbiano la stessa fermezza delle leggi del Codice di diritto canonico della Chiesa latina, cioè che rimangano in vigore finché non siano abrogati o non siano cambiati dalla superiore autorità della Chiesa per giuste cause, la cui ragione più grave certamente è quella della piena comunione di tutte le Chiese orientali (non cattoliche) con la Chiesa Cattolica, la quale del resto corrisponde al fervente

---

39 Cost. apost. *Sacri canones*, in *EV* 12/518.

40 *Ibid.*,12 /509.

desiderio dello stesso nostro Salvatore Gesù Cristo»[41] *ut unum sint*.

Il diritto antico delle Chiese orientali, fonte di interpretazione del CCEO

Il can. 2 del CCEO inserisce la nuova codificazione orientale nella linea della tradizione canonica antica, dettando un secondo principio di interpretazione che «**I canoni del Codice, nei quali per lo più è recepito o adattato il diritto antico delle Chiese orientali (ius antiquum), devono essere valutati prevalentemente partendo da quel diritto**». Nel corrispondente can. 6, § 2 del *CIC* il diritto antico è valutato alla luce della tradizione canonica: «I canoni di questo Codice, nella misura in cui riportano il diritto antico (ius vetus), sono da valutarsi tenuto conto anche della tradizione canonica». Ambedue i canoni non escludono anche altri criteri di interpretazione. Ovviamente il canone latino per *ius vetus* non intende i *sacri canones* antichi delle Chiese orientali.

Il can. 2 del *CCEO* manifesta anzitutto la *mens* del legislatore riguardante la continuità della tradizione canonica, la «continuitas iuris», nella quale è stato concepito ed inserito il *CCEO*. Proprio per non dare l'impressione che la *mens* del legislatore sia quella di abrogare la legislazione precedente e non quella di conservarla, e per rendere la *mens* del legislatore ancora più chiara, si afferma che *ex illo iure praecipue aestimandi sunt*[42]. Il diritto antico delle Chiese orientali è il parametro fondamentale per la valutazione del *CCEO*[43]. Il canone afferma il fatto che il legislatore nel redigere i canoni di questo Codice, ha ampiamente recepito o adattato (recipitur vel accommodatur) il diritto antico delle Chiese orientali, e stabilisce in una formula concisa il criterio di valutazione dei canoni del *CCEO* alla luce di questo diritto antico. Anche nell'adattamento, il legislatore intende sottolineare che gli aggiornamenti del diritto antico non debbono essere considerati come un distacco da esso, bensì una giusta evoluzione nella linea della tradizione[44]. Il canone intende, perciò, significare che non è il diritto antico delle Chiese orientali che deve essere valutato prevalentemente partendo dal modo con cui esso è stato spesso recepito, applicato e interpretato dalla codificazione precedente, comune e particolare, ma

---

[41] *Ibid.*, 12/512.

[42] Cf *Nuntia* 28 (1989) 14.

[43] Cf *Nuntia* 22 (1986) 18.

[44] Cf *L. cit.*

è proprio il contrario. Infatti i quattro precedenti *Motu proprio*, promulgati da Pio XII negli anni 1949-1957, riguardanti solo alcune parti del diritto canonico orientale in vigore fino a 1990 - non del tutto corrispondenti alla tradizione orientale antica - e molte leggi particolari delle varie Chiese orientali - spesso latinizzate - sono state abrogate dal nuovo *CCEO*. L'espressione «devono essere valutati prevalentemente partendo da quel diritto» indica che il diritto orientale antico deve essere fonte essenziale nella interpretazione della nuova legislazione orientale, e specialmente per gli aggiornamenti ivi contenuti. Lo afferma lo stesso legislatore: «Riteniamo che questo Codice, che ora promulghiamo, deve essere valutato specialmente in base all'antico diritto delle Chiese orientali»[45]. Il termine «valutazione» comprende soprattutto l'interpretazione. Infatti nelle Chiese orientali il patrimonio canonico si fonda in gran parte sugli stessi sacri canoni antichi, che si trovano in quasi tutte le collezioni canoniche orientali e sulle tradizioni comuni, come appare nelle stesse collezioni, spesso formulate con leggi di identico tenore. Di conseguenza, il can. 1501 stabilisce che «**...se su una certa cosa manca un'espressa prescrizione di legge, la causa, se non è penale, è da dirimersi *secondo i canoni dei Sinodi e dei Santi Padri*, la legittima consuetudine, i principi generali del diritto canonico applicati con equità, la giurisprudenza ecclesiastica, la comune e costante dottrina canonica**».

Per diritto antico delle Chiese orientali si intende precisamente i sacri canoni: i cosiddetti «canoni degli Apostoli», quelli emanati dai primi sette concili ecumenici e dai sinodi locali, nonché «dai nostri santi padri». Tutti questi canoni confermati dal can. 2 del Concilio Trullano (691) e dal can. 1 del Concilio ecumenico di Nicea II (787), sono ritenuti come un unico corpo di leggi ecclesiastiche, cioè come un «Codice» per tutte le Chiese orientali[46]. Ovviamente molti di questi canoni antichi e consuetudini non sono più in uso ai nostri giorni. Per questo tutto ciò che, nel settore dei canoni antichi e delle leggi precedentemente emanate, era caduco e superfluo o che risultava poco adatto alle necessità dei tempi non è stato recepito nel Codice[47], ma la maggior parte di essi conserva il suo valore, poiché esprime le genuine tradizioni delle Chiese orientali. Perciò nel *CCEO* il diritto antico è ampiamente recepito come tale oppure adattato alle

---

[45] Cost. apost. *Sacri canones*, in *AAS* 82 (1990) 1036; *EV* 12/515.

[46] Cf Cost. apost. *Sacri canones*, in *AAS* 82 (1990) 1033; *EV* 12/507.

[47] Cost. apost. *Sacri canones*, in *AAS* 82 (1990) 1038; *EV* 12/519.

odierne condizioni. A prova di ciò, l'edizione del Codice con l'annotazione delle fonti, curata dal Pontificio Consiglio per l'interpretazione dei testi legislativi, riporta sotto ciascun canone, dove ciò è possibile, «fontes ex profunditate historiae Ecclesiae haustos, inter quos, primum locum tenent "Sacri canones", dispositi iuxta ordinem in secunda Quinisexti Concilii regula statutum»[48].

Il can. 2 del *CCEO* è ispirato dal dettato del Vaticano II, secondo il quale «...sappiano e siano certi tutti gli orientali che sempre possono e devono conservare i loro legittimi riti liturgici e la loro disciplina, e che non si devono introdurre mutazioni, se non per ragione del proprio organico progresso [...] e qualora per circostanze di tempo o di persone fossero indebitamente venuti meno a esse, procurino di ritornare alle avite tradizioni» (*OE* 6). Inoltre, lo stesso Concilio Vaticano II «...conferma e loda e, se occorra, desidera che venga ristabilita l'antica disciplina dei sacramenti vigente presso le Chiese orientali, e così pure la prassi che si riferisce alla loro celebrazione e amministrazione» (*OE* 12).

Perciò il diritto antico delle Chiese orientali non è abrogato. Ma come interpretare il can. 6 del *CCEO*? Ci si domanda se il diritto antico, che al tempo della Chiesa del primo millennio le Chiese d'oriente e d'occidente avevano in comune, soprattutto quello emanato dai primi concili ecumenici, sia stato tutto abrogato dalla nuova codificazione della Chiesa Cattolica, in virtù del *CCEO*, can. 6? Se non è stato abrogato, in quale misura fu recepito o adattato nel *CCEO*? Qualora fosse abrogato, questo fatto non intensificherebbe forse la separazione tra la Chiesa Cattolica e le Chiese Ortodosse, che conservano questo diritto antico, mentre è oggi profonda la convinzione che tra le due Chiese esiste già una comunione quasi piena, sebbene non perfetta?

Come premessa riprendiamo il can. 1 del *CCEO*, e il can. 1 del *CIC*, commentandoli ora in chiave ecumenica.

Prima del Vaticano II nella dottrina e nella giurisprudenza si sosteneva la tesi che alle leggi meramente ecclesiastiche erano tenuti tutti i battezzati nella Chiesa Cattolica e fuori della medesima. Il *CIC* 1917, can. 12 stabiliva: «Legibus mere ecclesiasticis non tenentur qui baptismum non receperunt, nec baptizati qui sufficienti rationis usu non gaudent, nec qui, licet rationis usum

---

48 PONTIFICIUM CONSILIUM DE LEGUM TEXTIBUS INTERPRETANDIS, *Codex Canonum Ecclesiarum Orientalium, Fontium annotatione auctus*, Città del Vaticano 1995, 565.

assecuti, septimum aetatis annum nondum expleverunt, nisi aliud iure expresse caveatur». Ne consegue che «legibus mere ecclesiasticis tenentur» tutti i battezzati, cattolici e acattolici, i quali «sufficienti rationis usu gaudent» e «septimun aetatis annum expleverunt». Questa dottrina si basava su una concezione di esclusivismo soteriologico e quindi di esclusivismo di ecclesialità e di sacramentalità che la Chiesa Cattolica rivendicava esclusivamente per se stessa, e si traduceva in norma giuridica, secondo la quale tutti i battezzati sono soggetti alle leggi ecclesiastiche della Chiesa Cattolica, in virtù del battesimo.

Nella nuova codificazione, orientale e latina, viene formulato un nuovo principio, secondo il quale «alle leggi ecclesiastiche sono tenuti i battezzati nella Chiesa Cattolica...» (can. 11 del *CIC* e il can. 1490 del *CCEO*). Per di più, il can. 1 del *CCEO* dichiara che, «i canoni di questo Codice riguardano tutte e sole le Chiese orientali cattoliche...». Il can. 1 del *CIC* dichiara che, «i canoni di questo Codice riguardano la sola Chiesa latina». Rispetto al diritto precedente, contenuto nel can. 12 del *CIC* 1917, queste norme hanno una particolare importanza ecumenica. Onde dunque togliere ogni dubbio, la legislazione canonica della Chiesa Cattolica, orientale e latina, non riguarda i fedeli ortodossi.

L'importanza ecumenica di queste nuove dichiarazioni dei due Codici consiste proprio nel confermare il principio del Vaticano II, nel decreto *UR* 16, che riconosce esplicitamente il diritto di autonomia interna delle Chiese Ortodosse, ossia il loro diritto di reggersi secondo le proprie discipline, aggiungendo che questo «principio tradizionale, invero non sempre rispettato [...] appartiene a quelle cose che sono assolutamente richieste come previa condizione al ristabilimento dell'unità». In base a queste premesse si può interpretare il can. 6 del *CCEO* come segue.

Il can. 6 del *CCEO* stabilisce: «Con l'entrata in vigore del Codice:

1° sono abrogate tutte le leggi di diritto comune o di diritto particolare che sono contrarie ai canoni del Codice, oppure che riguardano una materia che è stata integralmente ordinata nel Codice;

2° sono revocate tutte le consuetudini che sono riprovate dai canoni del Codice, oppure quelle che sono contrarie a essi, ma non le centenarie o immemorabili».

Il canone si riferisce a tutte le leggi di diritto comune e di diritto particolare delle Chiese orientali cattoliche, vigenti prima della promulgazione del *CCEO*, che sono contrarie ai canoni del Codice, oppure che riguardano una materia che è stata integralmente ordinata nel Codice.

Come si è già chiarito, per «diritto comune» s'intendono, oltre alle leggi e alle legittime consuetudini della Chiesa Cattolica, anche le leggi e le legittime consuetudini comuni a tutte le Chiese orientali cattoliche. Per «diritto particolare» s'intendono tutte le leggi, le legittime consuetudini, gli statuti e le altre norme del diritto che sono proprie a ciascuna Chiesa orientale cattolica, sin dalla sua erezione dalla Sede Apostolica. Il diritto comune a tutte le Chiese orientali cattoliche, in vigore fino all'entrata in vigore del nuovo Codice, era parzialmente codificato dai quattro Motu proprio di Pio XII, tra gli anni 1949-1957: sul Sacramento del Matrimonio (*Crebrae allatae*, 1949), sui Processi (*Sollicitudinem Nostram*, 1950), sui Religiosi, i Beni temporali della Chiesa, sul Significato delle parole (*Postquam Apostolicis Litteris*), e sui Riti orientali e le persone (*Cleri sanctitati*). Questa legislazione riguarda materie che sono state integralmente ordinate nel *CCEO*, per cui viene abrogata. Con l'entrata in vigore del *CCEO* sono stati abrogati anche tutti quei documenti postconciliari di normativa disciplinare emanati dalla Sede Apostolica e riguardanti le Chiese orientali, che sono contrari ai canoni del Codice, oppure che riguardano una materia che è stata integralmente riordinata nel Codice. Inoltre sono revocate tutte le consuetudini espressamente riprovate dai canoni del *CCEO*, oppure che sono contrarie a essi, ma non le centenarie o immemorabili. Le consuetudini centenarie o immemorabili delle Chiese orientali sono di grandissima importanza per la vita di queste Chiese e fanno parte del sacro deposito delle loro tradizioni. Si può dire che queste consuetudini delle comunità cristiane orientali rispondono all'attività dello Spirito Santo nel corpo ecclesiale, e hanno sempre ottenuto forza di diritto. Perciò le consuetudini centenarie o immemorabili, anche se sono contro i canoni del *CCEO* (*contra ius*), devono essere dichiarate rispettabili e da osservarsi. Anche il diritto particolare delle singole Chiese *sui iuris* non può abrogarle con una legge esplicita.

Per quanto riguarda il diritto antico nel *CCEO*, bisogna anzitutto ricorrere alla *mens legislatoris*. La Costituzione apostolica *Sacri canones*, intende inserire la nuova normativa comune delle Chiese orientali cattoliche nella linea di fedeltà al sacro patrimonio della disciplina ecclesiastica orientale del primo millennio, sancito e codificato nei «sacri canoni» dei primi secoli della Chiesa, con gli adattamenti necessari alle circostanze dei tempi. Secondo le direttive dei Papi Paolo VI e Giovanni Paolo II «...le nuove norme non devono apparire come un corpo estraneo piantato violentemente nell'organismo ecclesiastico, ma devono fiorire quasi spontaneamente dalle norme già esistenti»[49].

Si può affermare che il suddetto diritto antico non è assente nel *CCEO*, ma vi è stato ampiamente recepito o adattato; ovviamente nella misura in cui l'ecclesiologia cattolica lo abbia permesso. Ad esempio, viene ratificata l'antichissima tradizione della Chiesa, riconosciuta già dai primi Concili Ecumenici, ossia dell'istituzione patriarcale e sinodale, nel senso formulato dal Concilio Vaticano II (cf. cann. 55; 56; 102; 110). L'istituzione patriarcale e sinodale nelle Chiese orientali è una forma tradizionale di governo (*OE* 11); per cui viene confermato il principio, secondo il quale «i Patriarchi coi loro sinodi costituiscono la superiore istanza per qualsiasi questione del patriarcato, non escluso il diritto di costituire nuove eparchie e di nominare (eleggere) i vescovi del loro rito entro i confini del territorio patriarcale» (*OE* 9). Anche nella parte del *CCEO* che riguarda il Culto Divino e specialmente i Sacramenti, il diritto penale, ecc., il diritto antico è stato ampiamente recepito o adattato.

Il legislatore del *CCEO* sottolinea che questo patrimonio antico di disciplina ecclesiastica è comune non solo a tutte le Chiese cattoliche orientali, ma anche alle Chiese orientali ortodosse: «Non si deve dimenticare che le Chiese orientali che non sono ancora nella piena comunione con la Chiesa Cattolica, sono regolate dal medesimo e fondamentalmente unico patrimonio della disciplina canonica, cioè dai "sacri canoni" dei primi secoli della Chiesa»[50].

Perciò, il diritto antico che, al tempo della Chiesa indivisa, le Chiese d'oriente e d'occidente avevano in comune, soprattutto quello emanato dai primi concili ecumenici, non è stato tutto abrogato dalla nuova codificazione della Chiesa Cattolica, in virtù del *CIC*, can. 6 e *CCEO*, can. 6; invece sono stati abrogati i suddetti quattro *Motu proprio*, e tutte le leggi comuni e particolari, promulgate dal tempo della loro unione formale con Roma, che sono contrarie ai canoni del Codice, oppure che riguardano una materia che è stata integralmente ordinata nel Codice.

Conclusione

Concludendo si può affermare che ciascuna delle 21 Chiese orientali cattoliche *sui iuris* è ormai regolata da un Codice completo ed autorevole, e da

---

[49] PAOLO VI, *Allocuzione ai membri della PCCICOR*, in *AAS* 66 (1974) 246; Cost. apost. *Sacri canones*, in *AAS* 82 (1990) 1038; *EV* 12/519.

[50] Cost. apost. *Sacri canones*, in *AAS* 82 (1990) 1035; *EV* 12/511.

un codice proprio, che costituisce il suo *ius particulare*. Questa è la caratteristica del suo status di *Ecclesia sui iuris*. La teologia soggiacente alla normativa orientale vigente è quella patristica prevalentemente pneumatologica. La normativa stessa recepisce ed adatta il diritto antico. Con questo Codice il Supremo legislatore assicura le Chiese orientali cattoliche che hanno il diritto e il dovere di reggersi secondo questo loro Codice, mentre alle Chiese orientali ortodosse dichiara che la piena comunione con la Sede Apostolica di Roma non significa latinizzazione e perdita della propria identità, ma comunione nella legittima diversità.

Il Codice orientale e il Codice latino godono di pari dignità, sono autonomi, ma intercomplementari, non solo per quanto riguarda i criteri sussidiari di interpretazione in caso di «lacuna legis», ma soprattutto per comprendere meglio il fine comune e ultimo di tutte le leggi, ossia dell'intero ordinamento canonico, che è il bene spirituale dei fedeli e della comunità ecclesiale, la salvezza delle anime, la diffusione e l'incremento del Regno di Dio.

Lo stesso Supremo legislatore, il Papa Giovanni Paolo II, durante la presentazione del *CCEO* alla XXVIII Congregazione Generale del Sinodo dei Vescovi, il 25 ottobre 1990, riferendosi alla duplice codificazione, ebbe a dare il seguente suggerimento: «Nelle Facoltà di Diritto Canonico si promuova un appropriato studio comparativo di entrambi i Codici anche se esse, a seconda dei loro statuti, hanno per loro principale oggetto lo studio di uno o l'altro di essi. Infatti la scienza canonica pienamente corrispondente ai titoli di studio che queste Facoltà conferiscono, non può prescindere da un tale studio. Anche per quanto riguarda la formazione sacerdotale in genere sono da lodarsi le iniziative, come per esempio, corsi informativi o giornate di studio, che favoriscono una maggiore conoscenza di tutto ciò che costituisce la legittima "in unum conspirans varietas" del patrimonio della Chiesa Cattolica»[51].

Dal lato pratico, il ricorso dei pastori, canonisti e giudici latini al Codice orientale permetterà loro non solo di colmare le lacune esistenti nel Codice latino, ma anche di risolvere i problemi, sempre più frequenti, di carattere interrituale. Il ricorso dei pastori, canonisti e giudici orientali al Codice latino permetterà a questi non solo di colmare le lacune esistenti nel Codice orientale,

---

[51] *AAS* 83 (1991) 450; *L'Osservatore Romano*, 27 ottobre 1990. Cf anche E. CAPELLINI, *Con il Codex Canonum Ecclesiarum Orientalium - Nuove prospettive didattiche per il Diritto Canonico*, in *L'Osservatore Romano*, 14 febbraio 1991.

ma anche di risolvere i problemi, sempre più frequenti, di carattere interrituale.

Perciò bisogna rendere onore alle Pontificie Università Romane, che non solo assicurano l'insegnamento del diritto orientale agli studenti e seminaristi orientali del primo ciclo, cattolici ed ortodossi, ma anche agli studenti delle Facoltà di Diritto Canonico latino.

REFLECTIONS ON THE MISSION AND NATURE OF CATHOLIC UNIVERSITIES IN THE LAW OF THE CHURCH

Prof. P. José M. Tinoko, O.P. *

One of the most important instruments for realizing the mission of Christ on earth is its prophetic function or its mission to teach. The Vatican Council II has articulated this in many of its documents. In *Lumen Gentium*, nn. 12 & 37 and *Gravissimum Educationis* n.3, for instance, the Church proclaims

> "The holy people of God shares in Christ's prophetic office. It speaks about a living witness to Him [...] (*LG 12*) Motivated by faith, it strives to discern an authentic sign of God's presence and purpose among events, needs, and desires which this People share with others in our time [...] (*LG 37*)". This 'office of education' belongs to the Church by a unique title [...] Most of all because it has the duty to announce the way of salvation to all the people, of communicating the life of Christ to those who believe, and of assisting them with continued concern so that they may grow into the fullness of that life" (*GE* 3).

In these words the Church crystallizes the means whereby her teaching office is expressed more closely in the ministry of the Word which includes preaching and catechetical formation, missionary activity, and Catholic education. The latter includes the apostolate of schools, ecclesiastical faculties,

---

* Dean of the Faculty of Canon Law in the Pontifical University of "Santo Tomàs" in Manila (N.B. *la presente comunicazione non è stata letta durante il Simposio, ma viene inserita negli Atti come contributo*).

and other institutions of higher learning most notable of which are Catholic universities.

For this reason, the regulation and guidance of the teaching office of the Church, most especially through Catholic education, is prominently recognized in Church legislation, notably in her Code of Canon Law. To be sure, canonical legislation concerning Catholic education is a product of centuries of ecclesial reflection and experience. In fact, several documents related to Catholic education have come from the legislative power of the Church through papal pronouncements and conciliar decrees, etc. Most noteworthy of these are the documents of Vatican II, especially the declaration on Christian education, *Gravissimum Educationis* (1965), *Ad Gentes* (1965), *Christus Dominus* (1965), *Lumen Gentium* (1964), *Gaudium et Spes* (1965), *Apostolicam Actuositatem* (1965), *Optatam Totius* (1965), *Inter Mirifica* (1963), and *Dignitatis Humanae* (1965). In 1990, the apostolic constitution *Ex Corde Ecclesiae* of Pope John Paul II was issued which added impetus to Church legislation regarding Catholic education.

The present Code of Canon Law has formalized these various legislative innovations in Book III, entitled The Teaching Office of the Church, which is composed of 86 canons divided into 5 titles. It is only Title III of this Code, entitled Catholic Universities and other Institutes of Higher Studies, ultimately composed of only 7 canons, which is the subject matter of this discourse.

Of the seven canons in which the present Code of Canon Law treats Catholic universities, only four will be discussed. Since they are the provisions least understood and consequently least appreciated--although they are crucial in understanding and appreciating the nature and purpose of Catholic universities--these canons, of late, have received a further determination and concretization with the promulgation of *Ex Corde Ecclesiae.* So much so that a full understanding of the latter presupposes the preliminary light of the former and vice-versa. *Ex Corde Ecclesiae* expresses this clearly in art. 1, sec. 1 of its General Norms when it says, "... the norms promulgated by it are based on and are further developments of the Code of Canon Law and the complementary Church legislation"

The four canons which make up the object of our reflections treat the nature, establishment, and functions of a Catholic university to teach, to research, and to serve the various needs of the Church in accordance with her cultural mission.

A. *The Mission of the Catholic University*

Canon 807 of the present Code of Canon Law states:

> "The Church has the right to establish and to govern universities which serve to promote that deeper culture and the fuller development of the human person, and to complement the Church's own teaching office".

Three correlative realities which spell out the *raison d'être* of a Catholic university are contained in this canon. First, the Church claims her right to found and administer universities which are Catholic. Second, it clearly spells out that the purpose of Catholic universities is to promote the deeper culture and perfect development of the person as a human being. Third, the Catholic university is an apostolate that complements the Church's teaching or prophetic office.

The right of the Church to establish teaching institutions is a formalization of her right and duty to educate in a unique way; the Church herself has been divinely entrusted with the mission of assisting men and women so as to enable them to arrive at the fullness of Christian life[1].

This claim is based supernaturally on the divine mission of the Church to evangelize; although *GE* 3 also claims a natural basis as well, i.e., that the Church as a human society is likewise capable of education. In relation to this right and obligation, a distinction should be underscored between religious education and education in profane or non-religious subjects. The Church is responsible for religious education by virtue of the supernatural title of her divine mission, and for profane and non-religious education because this is not a monopoly of the state. In 1970, Pope Paul VI in his apostolic letter, *A maintes reprises*, n.16, addressed the Director General of the UNESCO stating

> "... education is now more than ever, a common task which should mobilize in its favor all the living forces of the great community of humanity: the family undoubtedly in the

[1] Pius XI in the Apostolic Constitution, *Deus Scientiarum Dominus* (1931), bases the right and duty not only on this reason but also on the fact that Catholic education contributes to the growth and increment of superior knowledge and faith.

> foreground, teachers of all kinds with their specific contribution, socio-cultural groups and professional associations, Church communities...all acting generously and disinterestedly in pursuit of the great enterprise in the service of the common good of which the public powers are the guarantors".

The main educational goal of Catholic universities stated in canon 807 is that they strive to promote the integral formation of the human person, a formation which looks towards the person's final end, and at the same time, towards the common goal of societies. In this respect, canon 795 of the new Code further provides that:

> "... children and young persons are therefore to be cared for in such a way that their physical, moral, and intellectual talents may develop in a harmonious manner, so that they may attain a greater sense of responsibility and a right use of freedom, and be formed to take an active part in social life".

Gravissimum Educationis on which this canon was based, delineates the salient characteristics of Catholic education, especially in universities, which should be emphasized today. The document stresses that Catholic education should be:

a) *wholistic* - it should seek the integral formation of the whole person and concern itself with the development of the physical, moral, and intellectual endowments;

b) *developmental* - it should foster a sense of gradual formation, evolution of talent, and a heightened sense of responsibility and use of freedom;

c) *personal* - it should strive for the formation of the human person, fully endowed with responsibility and freedom, directed towards the final destiny of the person's life with God;

d) *social* - far from an individualistic and egocentric orientation, it should aim at the common good of society; and insist on a refined sense of freedom for active participation in the life of the human community[2].

The third mission of the Catholic university which flows from the Church's right to establish and govern institutions of higher learning is to complement the Church's own teaching office. As mentioned earlier, the prophetic or teaching office of the Church is realized through the ministry of the Divine Word by way of preaching, catechetical formation, and missionary activity. These three are to be complemented by Catholic education where Catholic universities perform a very important role. Consequently, the present Code of Canon Law states that if possible and appropriate, the Bishops' Conference is to see to it that within their respective territories or jurisdiction, there should be:

> "...universities or at least faculties, in which the various disciplines, while retaining their own scientific autonomy, may be researched and taught in the light of the Catholic doctrine" (Canon 809).

Ex Corde Ecclesiae further amplifies this canonical provision adding that a Catholic university, being a community of scholars representing various branches of human knowledge, dedicates itself to research, teaching, and various kinds of service precisely to realize its complementary prophetic mission[3]. Through teaching, research, and service, a Catholic university, by institutional commitment, brings to its task the inspiration and light of the Christian message[4].

In fulfilling the mission of the Catholic university, teaching remains a central element. The education of the undergraduates, the graduate professionals, and the graduate students demand peculiar attention if Catholic universities are to be faithful to their genuine educational enterprise. The present generation of undergraduate students needs a grounding in those disciplines that have proven their worth over the centuries. These include logic and the art of reasoning properly; epistemology and reflection on what we really know and how we know it; metaphysics and the consideration of what is most fundamen-

---

[2] Cf *Gravissimum Educationis*, n. 1, passim.

[3] Cf *Ex Corde Ecclesiae*, Pars altera art. 2, § 1.

[4] *Ibid.*, Pars prima, n. 14.

tally real; the study of scripture-- the prose and poetry that constitutes revelation in a special sense; ethics and moral theology-- the reflection on the values, virtues, and norms that constitute moral reasoning; the history of civilization and the community of faith; the experience that treats all of the more abstract theories; and the literature that celebrates and enshrines human experience, among others[5].

Graduate students, on their part, require special attention within the research dimension of Catholic universities. Their goal is to become professional teachers and researchers. Hence, their training involves a shift of effort which introduces new tensions into the fabric of university life. This is due to the fact that there is no single core curriculum that defines for graduate students their participation in a Catholic institution. Perhaps, it is not superfluous to suggest that their participation in the research appropriate to their discipline should invoke at least some kind of questions particularly relevant to a Catholic institution. Whatever is arrived at, however, all should be first and foremost competent scholars and scientists, combining that kind of learning and creative insight that leads to a life of productive research involvement.

One of the oldest functions of a university is the provision of professional education- in law, medicine, and ecclesiastical ministry. Added in our own time is education in the administration of business and government entities, as well as in the principles, designs, and execution of engineering systems and architecture. In these areas, Catholic universities are likewise expected to excel not only by providing the best possible technical training, but also by emphasizing strongly the ethical standards appropriate to the different forms of professional life.

The initiative, realization, and channeling of research innovations in a Catholic university is another matter. For no university, Catholic or not, to be worthy of its name can avoid the so-called tension between the demands of faith and academic freedom. Some faculty and graduate students argue that the Catholic character of a university prejudices consistency between teaching and action and limits their ability to conduct research because some topics may or will not be allowed. Presently, research in areas related to biological sciences involving human reproduction and fetal tissue research are among the most

---

[5] Cf H.W. ATTRIDGE, *Reflection on the Mission of a Catholic University*, in T.M. HESBURGH, ed., *The Challenge and Promise of a Catholic University*, Indiana, University of Notre Dame 1994, pp. 20-21.

controversial. J.A. Robertson in his article on research in genetic science voices this sentiment when he asserts that

> "Researchers have a right to conduct research that they find to be of medical and scientific interest. They may not have a right to federal, state or university funds; but if they find money from other sources, university administration or boards should not stop research because it will bring bad publicity, or because guides are lacking"[6]

This remark brings to focus two important elements worth considering by Catholic universities planning to undertake serious research programs. One is the area of investigation and the other is the source of financing.

Before serious research can be initiated, even in the areas of the humanities and social science, awareness of basic scientific principles should be undertaken. This is the reason why the presence of the science department is recognized at liberal arts colleges and why students are required to fulfill these requirements as part of their degrees.

A Catholic university engaged in serious research must also have an infrastructure capable of supporting research and scholarship at a world-class level. This involves up-grading library resources, laboratories, grant administration, technical support staff, competent faculty, and a host of other variables. And these are just the minimum to get into the game of serious university-level research and academics.

While the students are in the final analysis the principal agents of their own education, a strong academically formed faculty, who are likewise drawn into serious investigation, is necessary in a Catholic university to be able to synthesize and present a coherent framework in which education can proceed. Universities are characterized by more than just great teaching for a university is precisely about learning and it is in the nature of a university that its faculty are learners as well as teachers. Research, therefore, is as central to the concept of a university as teaching in the classroom. Research and scholarship are not just faculty prerequisites. A Catholic university to be worthy of its name must have a faculty of the highest caliber capable of advancing knowledge not simply

---

[6] J.A. ROBERTSON, *Protecting Research on the Cutting Edge of Great Science*, in *Chronicle of Higher Education* (1993), A40.

of transmitting it. In fact, the synergy between research and teaching in the opinion of Craig S. Lent is the most exciting dynamic of university life[7].

Financing, as mentioned earlier, is the most crucial concern for the realization of a serious research program in a Catholic university. In the Americas, both North and South, and in Europe, the problem of how and where to obtain grants or government assistance to pursue research work has prevented Catholic universities from competing in research with its secular counterparts. The best Catholic universities in the United States, already considered on the second tier of comprehensive research universities, are not yet on par with the likes of Harvard, Yale, Princeton, Stanford, Chicago or Michigan. Instead, Catholic institutions like the well-established Catholic University of America, Notre Dame University or Boston College have to be content to concentrate their research efforts on such not-so-financially demanding areas as the humanities: theology, philosophy and medieval studies, law, art, history, business administration, ecclesiastical studies, etc.

Does this mean that we have to abandon research altogether? How should we understand research in the context of our Catholic ministry? *Ex Corde Ecclesiae* reminds us that research in a Catholic university should rather focus on: a) the search for the integration of knowledge; b) a dialogue between faith and reason; c) ethical concerns; and d) a theological perspective[8]. The mission of the Catholic university is complementary to the mission of the Church; for the ultimate responsibility of the Catholic university through its teaching and research is to serve the gospel of Christ. Catholic higher education in search of the ultimate truth should be consistent with the Catholic belief that all truth ultimately derives from God and there is fundamental unity in all human knowledge.

Our research aim as a research/Catholic university is not to become a strictly research university or one in which the scholarly works of the faculty take precedence. Although a fair amount of scholarly publishing and contributions to discovery and novel endeavors are necessary, the historical mission of a Catholic university is mainly to teach young men and women who will be able to carry on as educated Catholics in the world. We do not aim to create a "Catholic physics", a "Catholic mathematics", a "Catholic architecture", or a

---

[7] Cf C.S. LENT, *Becoming a Great Catholic University*, in T.M. HESBURGH, ed., *op. cit.*, p. 146.

[8] Cf *Ex Corde Ecclesiae*, Pars prima, n. 15.

"Catholic medicine and surgery", but to produce physicists, mathematicians, architects, doctors, or engineers who are Catholics and who will work as part of a vibrant Catholic intellectual community. Catholic universities must seek to understand the whole of reality. Reflection upon and the development of what might be termed the Catholic intellectual and artistic tradition is essential. Catholic universities should manifest a different model of teaching and learning where both the intellectual and moral virtues are witnessed to and valued, where questions of ethics and character are not ignored.

In this connection, theology is called to play a very important role. Pope John Paul II, in *Ex Corde Ecclesiae,* accords theology "... a particularly important role in the search for a synthesis of knowledge as well as in the dialogue between faith and reason". Theology is called to serve "... all disciplines in their search for meaning not only by helping them investigate how their discoveries will affect individuals and society, but also by bringing a perspective and an orientation not contained within their own methodologies"[9]. Concretely, a Catholic university should possess a strong and progressive department of theology. This theology department in expressing the Catholic identity of the university should not be so involved in catechism or in theories of religious epistemology; but in the expression of past and present theological viewpoints, as for instance, God's presence or social ethics. Its first audience should be the students who cannot be reached apart from life, their society, and their faith and Church. The second audience is the intellectual interest of the teachers which should not be completely alien or indifferent to the real sociology and geography or religion in their respective countries. Consequently, the faculty's specialization should not be hobbies in the field of religion or something of interest only to a small number of professionals in religious studies, but a common concern for the model life of all. In its turn, the undergraduate theology course in a Catholic university, in the opinion of Fr. Thomas F. O'Meara, O.P., is not primarily

> "... about translations of Semitic texts or post Carthesian philosophies of religion. Theology explains Christian faith in the light of contemporary issues and ways of thinking...the purpose of the department is to teach something of value to the students in the classes...courses in the living interpretation of

---

[9] Cf *ibid.*, Pars prima, n. 19.

> Christianity. The Catholic teacher needs to represent the pluralism present in today's Church and they need to be able to express, from the historical and ecclesial perspectives, how Catholicism can include a certain diversity within its strong orientation to doctrine. To teach theology is to teach it within the encounter of theological times...and to teach it...to students who have little interest in either a dry scholasticism or an agitated string of new trends...Some courses should be about the great areas of the gospel, about the main themes of revelation and faith. The students will have few opportunities to study Christian faith, and the opportunity they have should not be present mainly in terms of philosophical issues, abstractions, or linguistic theories while avoiding the person of Jesus Christ, the meaning of salvation, the Church, marriage...A department of theology must have the resources to explain somewhat the major periods of western Christianity, the major areas of systematic and moral theology from the Catholic perspective, and to offer some courses in the area of particular interest to Catholics: spirituality, liturgy, social ethics, ecclesiology, or bio-medical ethics[10].

The service mission of Catholic universities to the Church in accord with its cultural mission is articulated in canon 807 and expressed more explicitly in *Ex Corde Ecclesiae*. In these ecclesiastical legal documents, the Catholic university is counseled to participate "more directly in the life of the local Church in which they are situated...And being academic institutions, they also form part of the international community of scholarship and inquiry...and contribute to the life and mission of the universal Church..." (n. 27 passim).

This connection of the Catholic university with the Church creates a special bond with the Holy See and entails adherence to the teaching authority of the Church in matters of faith and morals. Individual Catholics in the university community are called to personal fidelity to this same teaching authority. And non-Catholics are required to respect the Catholicity of the university. The service mission in the Church of the Catholic university is

---

[10] T.F. O'MEARA, *The Department of Theology in a Catholic University*, in T.M. HESBURGH, ed., *op. cit.*, pp. 249-250, passim.

included in its perennial quest for the truth through research and the preservation and communication of knowledge. It is proclaimed through its service to the Church and society, through pastoral ministry, through cultural dialogue, and through continuing evangelization. It is, hence, commonly affirmed that the Catholic university is the place where the Church does its thinking.

A Catholic university, however, does not only seek the needs of the Catholic community for, according to her diaconal ecclesiology, the Catholic university regards the world as an appropriate locus of both anthropological and theological reflection and action. It aims to promote a critical understanding of the world, with the viewpoint to challenge all that dehumanizes God's children. And although this mission of service is shared by many other universities, the vocation of the Catholic university is grounded philosophically and theologically in a distinctive and compelling way.

The Catholic university, should, therefore, be understood as a process of continually striving to become rather than a condition which is already achieved. The university as a community of witnesses seeking to serve the Church suggests that beyond our expertise in each one's area of specialized competence, the quality of our teaching will depend upon the quality and depth of our lives of our discipleship. Summing these up, T.M. Scully says that:

> "To be good educators, we must become attentive students of the Lord. As educators, we find ourselves called to be witnesses of something which has existed since the beginning, that we have heard, and we have seen with our own eyes; that we have looked upon and touched with our hands, the Word, who is life (1 *Jn* 1: 1). In the classroom, in the laboratory, in the playing field, we give witness in multiple diverse ways, both implicitly and explicitly, that we have been loved by God and seek to love Him in return"[11].

The Catholic university also seeks to collaborate in the Church's larger mission of the evangelization of culture by the quality and character of our lives dedicated to a search for truth. For vitalized by the Holy Spirit, we come together in the hope of being transformed, knowing that alone, our efforts will

---

[11] T.R. SCULLY, *What is Catholic About a Catholic University*, in T.M. HESBURGH, ed., *op. cit.*, p. 320.

be far short. And while we strive to move minds by the quality of our teaching and research, we can move hearts and change lives only if we have encountered Christ, are filled with His grace, and reflect that same presence in our lives.

In *Evangelii Nuntiandi*, Paul VI reminds us that if education is to evangelize, we should be aware of the primary importance of the character of our witnessing, either personal or collective because:

> "... all the gospel must be proclaimed by witness...in the midst of our (own) community...(our) capacity for understanding and acceptance, (our) sharing of life and destiny with other people, (our) solidarity with the efforts of all for whatever is noble and good...Through this wordless witness these Christians stir up irresistible questions in the hearts of all those who see how they live...Such a witness is already a silent proclamation of the Good News and a very powerful and effective one"[12].

The Word powerfully and effectively proclaimed, cannot be absent from the environment of the Catholic university. This is the reason why once more *Ex Corde Ecclesiae* notes that "by its very nature each Catholic university makes an important contribution to the Church's word of evangelization. It is a living *institutional* witness to Christ... All the basic academic activities of a Catholic university are connected with and in harmony with the evangelizing mission of the Church: research carried out in the light of the Christian message which puts new human discoveries at the service of individuals and societies; education offered in a faith context that forms men and women capable of rational and critical judgment, and conscious of the transcendent dignity of the human person; professional training that incorporates ethical values and a sense of service to individuals and to society; the dialogue with culture that makes the faith better understood, and the theological research that translates the faith into contemporary language"[13].

The invitation to evangelize presents an important challenge to the university community. For whereas the source of our life, our hope, and our inspiration never changes, the concrete cultural circumstances in which our universities find themselves are constantly in flux. In fact, there is nothing more

---

12 *Evangelii Nuntiandi*, n. 17.

13 *Ex Corde Ecclesiae*, Pars prima, n. 49.

characteristic of our contemporary world than the unprecedented pace of change at every level of culture which brings about a sort of "dysrhythmia" between the unchanging gospel of Jesus Christ and the dynamism of human culture.

The key challenge to contemporary Catholic universities, and more particularly, to the religious communities that inspired them rests in the ways we articulate the relationship between the gospel and the prevailing culture most often characterized by utilitarianism and individualistic values[14].

This task is tricky, but not impossible. We only have to seek to insert ourselves in the predominant culture to transform it, while at the same time insuring that we, and our students, do not simply become an uncritical part of it.

B. *What is a Catholic University*?

The most controversial provision in the law of the Church in connection with Catholic education is the notion of the Catholic university. The new Code of Canon Law states:

> A Catholic school is understood to be one which is under the control of the competent ecclesiastical authority or of a public juridical person, or one which in a written document is acknowledged as Catholic by ecclesiastical authority (canon 803, § 1).

> No university, even if it is in fact Catholic, may bear the title "Catholic university" except with the consent of the competent ecclesiastical authority (canon 808).

The document *Ex Corde Ecclesiae* amplifies these canons further by stating in

> Art. 3, § 1 - A Catholic university may be established or approved by the Holy See, by an Episcopal Conference, or another assembly of Catholic hierarchy, or by a diocesan bishop.

---

[14] Cf C. TAYLOR, *The Ethics of Authenticity*, Cambridge, Mass., Harvard University 1992, pp. 36, passim.

§ 2 - With the consent of the diocesan bishop, a Catholic university may also be established by a religious institute or other public juridical person.

§ 3 - A Catholic university may also be established by other ecclesiastical/lay persons; such a university may refer to itself as a Catholic university only with the consent of competent ecclesiastical authority, in accordance with the conditions upon which both parties shall agree.

§ 4 - In the cases of § 1 & § 2, the statutes shall be approved by the competent ecclesiastical authority[15].

At first glance these descriptions of a Catholic university seem simple enough; however, this has not been the contention of many Catholic institutions. During the 17th General Assembly of the IFCU in Tolouse, France (1991) and the 18th General Assembly of the same federation at the Notre Dame University in Indiana, USA (1994), these among the many provisions of the new Code and especially of *Ex Code Ecclesiae* were the central points around which delegates from the USA and Europe as well as from some South American countries based their bitter and seemingly insurmountable objections. In essence, they claimed that the Catholic university was viewed by these documents solely juridically. In other words, only those universities are Catholic which the hierarchy says are Catholic, and over which the hierarchy -- whether the Holy See, an Episcopal Conference, or a local bishop -- has some significant measure of control.

This objection was articulated on several counts. First, according to the objections, was the defective ecclesiology of the Code and *Ex Corde Ecclesiae*. They observed that in every reference to the word *Church*, the document meant the hierarchy or the official Church, rather than the whole People of God. Hence, to them, these documents seemed to claim or assume that Catholic universities were formed by the hierarchy. Of course, this is not the case they contend, for in fact, most were founded exclusively by religious communities whose charters were obtained from the state. In short, they were neither founded nor chartered by the hierarchy.

Another objection raised was that a cursory reading of the mentioned

---

15 Cf also canon 816, § 2.

provisions of both the new Code and ECE indicated that there are only four ways for a university or institution to become "Catholic", namely, 1) the institution is established and approved by the Holy See; 2) the institution is approved by an Episcopal Conference; 3) the institution either depends upon or is administered by a religious community or some other canonical entity; and 4) the institution has a juridical connection with diocesan Ordinaries concerned. Because of these manners of recognizing what a Catholic university is, the Americans complained that of the 235 Catholic colleges and universities in the USA, very few could qualify or be considered Catholic.

Finally, what turned off the majority of the delegates to both IFCU Assemblies were the laws providing or asserting a power on the part of the bishops to control theologians and assure the "orthodoxy" of their teaching. They referred to canon 810, § 2 which provides that "The Bishops' Conference and the diocesan bishops concerned have the duty and right of seeing to it that, in these universities, the principles of Catholic doctrine are faithfully observed". Furthermore, it is provided in

> Canon 812 - Those who teach theological subjects in any institute of higher studies must have a mandate from the competent ecclesiastical authority.
>
> *ECE*, art. 5, § 3 - Periodically, each Catholic university ... is to communicate relevant information about the university and its activities to the competent authority...

The academic authorities of the Catholic colleges and universities in the USA insist that these provisions are contrary to their much revered values of academic freedom and due process. These and other provisions of ecclesiastical legislation, especially those of ECE, would be for them simply unenforceable. They ask, for example, how precisely would a bishop see to it that the professors in a university or college observe the principles of Catholic doctrine? Who makes the determination? By what process? Would there be appeal beyond the judgment of the local bishop or any other competent authority? Since the law is silent regarding these questions, they concluded that the said provisions of Church law are unnecessary.

Far from amplifying the problem, I believe that the answer to these objections can be gleaned from a thorough and objective reading of Church laws themselves. If the Church reserves to herself the authority to declare an institution Catholic or not, it is because "... every Catholic university, without ceasing to be a university, has a relationship to the Church that is essential to its institutional identity ... assuming consequently, a special bond with the Holy See by reason of the service to unity which it is called to render to the whole Church. One consequence of this essential relationship to the Church is the *institutional* fidelity of the university to the Christian message which includes a recognition of and adherence to the teaching authority of the Church in matters of faith and morals"[16].

Far from curtailing academic freedom inherent to a Catholic university, bishops in particular churches and other competent ecclesiastical authorities have the responsibility not only to promote the Catholic university *qua* Catholic, but also most especially, of promoting and assisting in the preservation and strengthening of their Catholic identity in relation to civil authority. This can be attained effectively only as long as a close personal and pastoral relationship exists between the university and the competent Church authorities based and characterized by mutual trust, close and consistent cooperation, and continuing dialogue[17]. Fr. T.R. Sully, CSC, summing up this sentiment says:

> "... any discussion of the university as Catholic must consider the institutional dimension of its commitments, without allowing mere formalism to predominate... Any university that claims to call itself Catholic must be linked with the Church either by a formal, constitutive and statutory bond, or by reason of an institutional commitment made by those responsible for it... Academic freedom essential for the full and unobstructed pursuit of scholarship and teaching need not be violated in any substantive way. At the same time, the bishops have a duty and responsibility to protect and defend doctrinal orthodoxy for the Catholic community"[18].

Ultimately, ECE clearly points out that "the responsibility for maintaining and strengthening the Catholic identity of the university rests primarily with the university itself" (Art. 4, § 1). And this responsibility rests

---

[16] *Ex Corde Ecclesiae*, Pars prima, n. 27, passim.

[17] Cf *ibid*, Pars prima, n. 28.

[18] T.R. SCULLY, *op. cit.*, p. 325.

specifically on the university authorities. It is proportionately shared by all members of the university community: the faculty, students, and all support staff. All should be willing and be able to promote the Catholic identity of the institution[19].

The directors and administrators are charged with the promotion of the constant growth of the university and its community through a leadership of service. They should always be conscious that a Catholic university has a dual reality: religious and academic. Therefore, they have the primary duty and obligation to honor, preserve, and nurture both its Catholic identity and its academic integrity. In other words, a great Catholic university must begin by being a great university that is also Catholic[20].

University teachers, in their turn, are charged with the improvement of their competence and should constantly strive to set the content, objective, methods, and results of teaching and research within the purvey of Catholic theology and a coherent vision of the world. Although not all of them may be Catholic, the non-Catholic teachers are all expected to at least respect the Catholic identity of the university. The Catholic teachers, hence, are always called "... to be witnesses and educators of authentic Christian life which evidences an attained integration between faith and life, and between professional competence and Christian wisdom"[21].

> "Great teaching entails presenting the known to students in such a way that they not only can comprehend who has gone before, but also are drawn on to new investigations. A great university requires excellent teachers... A university is about learning and it is in the nature of a university that the faculty are learners as well as teachers... Research and scholarships are not just faculty prerequisites, to be a great university... [there] must exist a faculty of the highest caliber, capable of advancing knowledge not simply transmitting it"[22].

---

19 Cf *Ex Corde Ecclesiae*, Pars altera, art. 4, § 2.

20 Cf T.M. HESBURGH, *op. cit.*, p. 5.

21 *Ex Corde Ecclesiae*, Pars prima, n. 22.

22 C.S. LENT, *op. cit.*, p. 146.

Having assembled a group of first-rate teachers and researchers does not, however, assure a great university, much less a great Catholic university. The students which make up the bulk of the university community and *raison d'être* of existence are expected to share and reflect the academic and professional development which the Catholic university is obliged to perform. They are to be molded in moral and religious principles and in the social teachings of the Church. Their program of studies in the various professional levels should include an appropriate degree of ethical formation achieved through Catholic doctrine made available to them[23].

Education that combines excellence in humanistic and cultural development is the challenge that the students in a Catholic university face today. In their professional training, they should be taught and trained to search for truth constantly, and for life's meaning since in the words of *GS* 59, "... the human spirit must be cultivated in such a way that there results a growth in its ability to wonder, to contemplate, to make perceived judgment, and to develop a religious, moral and social sense".

It is commonly believed that a great Catholic university is measured by the quantity of its products -- the alumni formed in the mold of the genuine education the Catholic university is expected to provide them. If we desire to frankly consider our institutions as genuine Catholic universities, our graduates are expected to possess certain qualities.

They should be graduates imbued with *animae naturaliter catholicae*, i.e., graduates with a Catholic vision. They should shine as persons who have assimilated Catholic culture so personally and deeply that their attitudes, habits, spontaneous reactions, judgments, and actions make them symbols of a way of viewing the world and relating to everything and everyone on it through the mystery of God's self-gift which is the ground of experience[24].

Our graduates should be inculcated with *sensitivity to justice and injustice*. The synodal document *Justice in the World* sums this up when it affirms that action on behalf of justice is a constitutive dimension of the preaching of the gospel because the Christian messages of love of God and neighbor are inseparable; and love of neighbor is inseparable from justice to the

---

[23] Cf *Ex Corde Ecclesiae*, Pars altera, art. 4, § 5.

[24] M. J. HUME - K. R. HUME, *Fullness of Faith: The Public Significance of Theology*, N. J. Paulist Press 1993, p. 82.

neighbor[25].

Appreciation of and thirst for knowledge should rank highly among students and graduates of a Catholic university. Tertiary education is not just to get a degree and eventually to land a job, but is the continuous searching, questioning, and reading of the curious and inquiring mind which has been convinced that true education only begins after graduation.

A college graduate of a Catholic university should be open-minded -- an openness which should combine a respect for others with a respect for complexity. This openness, above all, should be concerned with the search for truth; with vigorous exchange of ideas, and a manner of reconciling differences.

Together with openness, a Catholic university graduate should be endowed with a critical *capacity*, i.e., the ability to think through a problem, lift up its pros and cons, develope coherent reasons and arguments, and situate one's conclusions and opinions within a sufficiently broad context of human and religious values. They should be able to recognize any biases, narrow self-interest, cultural distortions etc.; but through the ability to think unhampered, they should be able to step down the road of critical thinking.

The *ability to listen* is absolutely essential for continuing the education process throughout life. Hence, the person who emerges from a Catholic university should have picked up the art of listening because he or she saw these things happening on a daily basis during the four or five years in the classroom under educated and wise professors. Dialogical listening unthreatened by authoritarianism should be the concern of the Catholic institution through its teachers, who lead students in listening and are not at ease in stifling dissent. Since coercion leads to the cessation of the listening process, we should listen to Vatican II when it asserts that all the faithful possess a lawful freedom of inquiry and of thought; as well as the freedom to express their minds humbly and courageously on matters in which they enjoy competence; hence, authorities need to listen to them.

Finally, a university education in a Catholic context should foster a certain generosity of spirit that seeks opportunities to come to the aid of others. This means that students should possess a *willingness to serve*: by education, by defending rights, by relieving suffering, by affecting public policy. In short by being concerned.

---

[25] *The Catholic Mind* 67 (1972) 29-42, passim.

The Catholic university, Pope John Paul II proclaims, is born *ex corde ecclesiae*, from the heart of the Church because the university participates in, and indeed, activates the mission of the Church. The unique vocation, characteristic, and task of a Catholic university, and the unique way it pursues its commitments to teaching, research, and service which are likewise the means whereby the Church preaches the gospel.

While the Church adverts to the autonomy and academic freedom of Catholic universities, she also affirms that they assist the Church to discern cultural treasures new and old. Through them the Church is able to dialogue with peoples of every culture.

By definition, the Catholic university is not a neutral or generic institution. Precisely because it is Catholic, it is ecclesial in characteristics and connection. The laws of the Church explicitly charge the Catholic university to proceed with its peculiar mission consistent with scripture, with tradition and with the hierarchical magisterium- the authentic guarantor of divine revelation. All its academic disciplines should fit into the context of a vision of the human person and the world that is enlightened by the gospel of faith in Christ, the Logos, who is at the center of creation and human history[26].

---

[26] Cf *Ex Corde Ecclesiae*, Pars prima, n. 16.

INTERVENTO CONCLUSIVO DEL SIMPOSIO

Prof. P. Angelo G. Urru, O.P.

Al termine di questa tornata accademica commemorativa del centesimo anniversario della fondazione di questa Facoltà, il mio intervento non può essere che un "grazie".

Grazie, prima di tutto a Dio, che ha voluto in essere questo centro di studio quale strumento, mediante il quale i Figli di San Domenico rendessero un loro peculiare servizio alla Chiesa in questi cento anni, servizio che rientra nella più genuina tradizione dell'Ordine, a cominciare dalla sua prima generazione, e che vede come modello e capofila l'autore delle Decretali di Gregorio IX, San Raimondo da Peñafort.

Grazie a coloro che hanno permesso lo svolgimento di questo Simposio e che si svolgesse con serietà, precisione, ordine, alto livello scientifico. Costoro sono stati:

il Rettore della Pontificia Università San Tommaso d'Aquino, col suo sostegno morale; i colleghi della Facoltà e dell'Università; il Segretario del Simposio, con la sua creatività, il suo impegno e la sua tempestività; gli alunni con la loro disponibilità nel lavoro di segreteria.

Grazie ai Relatori e agli illustrissimi Presidenti delle sessioni, i quali, con la loro adesione e partecipazione, non soltanto hanno dimostrato di nutrire un sincero e vivo attaccamento alla loro antica Facoltà, ma hanno anche permesso di tenere questo nostro incontro ad un livello culturale degno di un centenario.

Quando ormai da alcuni mesi avevamo programmato gli argomenti da trattare e ricevuto l'adesione dei conferenzieri, nell'estate del 1995, ricevetti l'invito al Congresso dell'ASCAI a Pozzuoli, che proponeva il medesimo tema generale sull'interpretazione delle leggi. Logicamente vi partecipai con una comprensibile trepidazione. In questo momento, arrivati al termine della nostra celebrazione, vedo con soddisfazione che essa non è stata una ripetizione. Mons. Scancamarra (qui presente), Vicario giudiziale di Napoli e organizzatore del Congresso di Pozzuoli, converrà con il mio giudizio.

Grazie ai molti ex-alunni della Facoltà, i quali, non avendo potuto partecipare, hanno tuttavia espresso per iscritto la loro solidarietà. Tra i più significativi, voglio ricordare soltanto tre di questi messaggi:

1° una religiosa scalabriniana di Porto Alegre (Brasile):

> *"Parabens! à muito digna e estimada Pontificia Università S. Tommaso D'Aquino pelos seus 100 anos da Faculdade de Direito Canonico. Quero agradecer a Deus por todo bem que nestes 100 anos esta Universidade de Direito Canonico, realizou na Igreja Universal, preparando, especializando e doutorando tantos canonistas-juristas para serem os protagonistas na evangelizaçao no mundo..."*.

2° il Decano della Facoltà di Diritto Canonico dell'Università Cattolica di Buenos Aires:

> *"Muchos de los que enseñamos en Buenos Aires hemos pasado por esos queridos claustros y guardamos un profundo y agradecido recuerdo. Es por ello que se ha nombrado al Pbro. Dr. Alejandro Bunge para que represente a esta facultad"*.

3° il Presidente della Canon Law Society of America, Rev. Randolph R. Calvo:

> *"Dear fr. Urru, On behalf of the Canon Law Society of America, may I express our congratulations and best wishes on the wonderful occasion of the centenary celebration of the Faculty of Canon Law at the Angelicum. - These past two decades of Canon Law Faculty of the Angelicum has served well the Church in the United States through its education of a significant number of American canonists. - I, for one, feel privileged to be an alumnus of the Angelicum, having completed my doctorate in canon law ten years ago. Of the many things many of us alumni and alumnae received from the faculty, one remains vivid in our memory: the spirit of genuine welcome and friendship we were accorded by the members of the faculty. This spirit created a supportive*

environment in which to study and appreciate canon law. - I am sorry that I will not be present for the celebration in Rome, but my thoughts and prayers will be with you. Auguri a tutti voi membri della facoltà e, soprattutto, mille grazie!"

Ho notato con piacere la presenza di rappresentanti di varie altre Facoltà di Diritto Canonico, ai quali rivolgo un particolare saluto e soprattutto: al Decano della Gregoriana, del Pontificio Ateneo della Santa Croce, dell'Institut Catholique di Parigi, di St. Paul di Ottawa. Il mio saluto cordiale va anche a docenti e studenti, rappresentanti ufficiali o meno, di altre Facoltà di Giurisprudenza, di Università cattoliche o civili.

Dopo i ringraziamenti resta una parola da dire sul perché di questo Simposio. La risposta si può sintetizzare con questa espressione: ricordare, ripensare... per fare meglio.

Guardare al passato, rendere presente quello che hanno fatto coloro che ci hanno preceduto. Giustamente, nel corso del presente Simposio, in quest'Aula sono stati ricordati via via vari maestri. Nel testo per la stampa del mio intervento iniziale lo farò in maniera più organica. Noi siamo dei piccoli anelli, che hanno la funzione di continuare una lunga catena cominciata un secolo fa: senza i precedenti anelli, noi non ci saremmo e, se verremo meno alla nostra funzione, la catena si fermerà. Dobbiamo trasmettere agli altri la fiaccola che ci è stata affidata.

Questa considerazione e questo apprezzamento del passato però non significa fermarsi. Dobbiamo continuare e continuare in maniera viva. Non si tratta di continuità né meccanica né archeologica. Lo spirito della vera continuità è quello di vivere in una costante ricerca di fare meglio, senza adagiarsi sugli allori o in una sterile autocontemplazione, come neppure su un infruttuoso criticismo. La verità si fa lavorando con umile e perseverante ricerca di essa, in una fedeltà e un servizio dinamici. Dunque fare memoria, camminando; lasciarsi illuminare dalla luce del passato, ma fissando lo sguardo verso il futuro. Certamente il futuro è nelle mani di Dio, ma Dio ha disposto che esso dipenda anche dall'apertura del nostro animo all'influsso del suo Spirito, che anima la Chiesa ed in essa si manifesta.

Come conclusione, abbiamo pensato di lasciare anche un segno sensibile, che ricordasse queste giornate. Abbiamo chiesto di poter dedicare quest'Aula *Minor* al nostro santo patrono S. Raimondo da Peñafort. La richiesta è stata accettata. Dunque, quella che fino ad oggi abbiamo chiamato "Aula Minor", d'ora in poi sarà chiamata **Aula San Raimondo da Peñafort**.

ELENCO DEI PARTECIPANTI*

* N.B.: il presente elenco non include quanti si sono iscritti durante lo svolgimento dei lavori del Simposio.

Dott. On. Fabrizio **ABBATE**
Sottosegretario Ministero degli Interni
Ministero degli Interni
P.za del Viminale
00184 Roma

Don Angelo **ACCATTINO**
Pontificia Accademia Ecclesiastica
P.za della Minerva, 74
00186 Roma

Dott.ssa Raffaella **ACCROGLIANÒ**
Facoltà di Diritto Canonico
Pontificia Università S. Tommaso d'Aquino
Largo Angelicum, 1
00184 Roma

Dott. P. Miroslav **ADAM**, O.P.
Facoltà di Diritto Canonico
Pontificia Università S.Tommaso d'Aquino
Largo Angelicum, 1
00184 Roma

Dott. Guido **AGOSTI**
Facoltà di Diritto Canonico
Pontificia Università S.Tommaso d'Aquino
Largo Angelicum, 1
00184 Roma

S. Ecc.za il Sig. Pedro López **AGUIRREBENGOA**
Ambasciatore di Spagna presso la Santa Sede
P.za di Spagna, 57
00187 Roma

Sig. Pier. V. **AIMONE**
Facoltà di Teologia
Università di Friburgo,
Miséricorde, CH-1700 Fribourg

Dott. Marco Santo **ALAIA**
C.so Umberto I, 105
83020 Sperone (AV)

Don Julio Cesar **ALVAREZ BASTOS**
Facoltà di Diritto Canonico
Pontificia Università S. Tommaso d'Aquino
Largo Angelicum, 1
00184 Roma

Dott. Fioravante **AMBROSIO**
Facoltà di Diritto Canonico
Pontificia Università S.Tommaso d'Aquino
Largo Angelicum, 1
00184 Roma

Maggiore dei CC. Sig. Nicola **ANDREOLA**
Facoltà di Diritto Canonico
Pontificia Università S. Tommaso d'Aquino
Largo Angelicum, 1
00184 Roma

Prof. Don Sabino **ARDITO**, S.D.B.
Decano della Facoltà di Diritto Canonico
Pontificia Università Salesiana
P.za Ateneo Salesiano, 1
00139 Roma

Avv. Angelo **ARENA**
Avvocato Rotale
Via Fraccacreta, 31
71100 Foggia

Prof. Mons. Juan Ignacio **ARRIETA**
Facoltà di Diritto Canonico
Pontificio Ateneo Della Santa Croce
P.za di S. Apollinare, 49
00186 Roma

Rev. Richard William **ARSENAULT**
Facoltà di Diritto Canonico
Pontificia Università S. Tommaso d'Aquino
Largo Angelicum, 1
00184 Roma

Rev. James Ignatius **ATTWOOD**
Facoltà di Diritto Canonico
Pontificia Università S. Tommaso d'Aquino
Largo Angelicum, 1
00184 Roma

Prof. Avv. Luigi **AVALLONE**
Avvocato Rotale
6, Lacets St. Leon chateau perigord I
Montecarlo 98000

Rev. Kevin L. **BADEAUX**
Facoltà di Diritto Canonico
Pontificia Università S.Tommaso d'Aquino
Largo Angelicum, 1
00184 Roma

Prof.ssa Sr. Fernanda **BARBIERO**, S.D.
Preside Istituto "Regina Mundi"
Lungotevere Tor di Nona, 7
00186 Roma

Don Tiago Wenceslav **BARROS BARBOSA**
Facoltà di Diritto Canonico
Pontificia Università S. Tommaso d'Aquino
Largo Angelicum, 1
00184 Roma

Rev. Joseph N. **BAY**
Facoltà di Diritto Canonico
Pontificia Università S.Tommaso d'Aquino
Largo Angelicum, 1
00184 Roma

Prof. Salvatore **BERLINGO'**
Facoltà di Giurisprudenza
Università degli Studi di Messina
Via del Medico, 26
89018 Villa S.Giovanni (RC)

Dott. Alessandro **BERLUTI**
Corso della Libertà, 32
61037 Mondolfo (PS)

Prof. P. Arturo **BERNAL**, O.P.
Facoltà di Diritto Canonico
Pontificia Università S.Tommaso d'Aquino
Largo Angelicum, 1
00184 Roma

Don Gregorio **BIBIK**
Convitto S. Tommaso
Via degli Ibernesi, 20
00184 Roma

Don Ermanno **BISIACCHI**
Diocesi di Trieste
Via Vasari, 1
34129 Trieste

Prof. Adriano **BOMPIANI**
Presidente Ospedale Pediatrico "Bambino Gesù"
Via S.Onofrio, 4
00165 Roma

Prof. Raffaele **BOTTA**
Preside Facoltà di Giurisprudenza
Università di Modena
Via Piero Foscari, 70
00139 Roma

S. Ecc.za il Sig. Bruno **BOTTAI**
Ambasciatore della Repubblica Italiana
presso la Santa Sede
Viale delle Belle Arti, 2
00196 Roma

S.E. Rev.ma Mons. Alberto **BOVONE**
Pro-Prefetto Congregazione delle Cause dei Santi
P.za Pio XII, 10
00193 Roma

Rev. John **BOYLE**
Pontificio Collegio Beda
Viale di S. Paolo, 18
00146 Roma

Avv. Angelo **BRASCA**
Avvocato rotale
Via Torino, 50
20123 Milano

Rev. Ronald T. **BROWNE**
Facoltà di Diritto Canonico
Pontificia Università S. Tommaso d'Aquino
Largo Angelicum, 1
00184 Roma

Prof. P. Alejandro W. **BUNGE**
Rappresentante di S.E.R.Mons. J. Mejia, Seg. Congr. dei Vescovi e della
Facoltà di Diritto Canonico "S.Toribio de Mogrovejo"
Pont. Università Cattolica Argentina "S.Maria de los Buenos Aires"
Av. Libertador 13.900
1640 Martinez (Bs. As.) ARGENTINA

Dott. Giacomo **BUSCAGLIA**
Facoltà di Diritto Canonico
Pontificia Università S.Tommaso d'Aquino
Largo Angelicum, 1
00184 Roma

Prof. Nicholas **CAFARDI**
Decano della Facoltà di Legge
Duquesne University, PA, USA

Prof. P. Bruno **CAGLIOTI**, O.P.
Vicario Giudiziale Tribunale Eccl. Reg. Siculo
Corso Calatafimi, 1043
90100 Palermo

Avv. Francesco **CAIA**
Via Chiatamone, 6
80100 Napoli

Dott.ssa Daniela **CAIANIELLO**
Via Altomari, 18
81024 Maddaloni (CE)

Dott.ssa Marijane **CAMILLERI**
Facoltà di Diritto Canonico
Pontificia Università S. Tommaso d'Aquino
Largo Angelicum, 1
00184 Roma

Prof. P. Sean **CANNON**, C.Ss.R.
Vice Preside dell'Accademia Alfonsiana
Via Merulana, 31
00185 Roma

Mons. Tullio **CAPPELLI**
Vicario Giudiziale Diocesi di Arezzo
V. Pietri, 15
52100 Arezzo

Prof. P. Michael **CARRAGHER**, O.P.
Facoltà di Diritto Canonico
Pontificia Università S.Tommaso d'Aquino
Largo Angelicum 1,
00184 Roma

Dott.ssa Maria Esmeralda **CARROZZO**
Via C. Battisti, 5
41100 MODENA

Don Domenico **CARUSO**
Facoltà di Diritto Canonico
Pontificia Università S. Tommaso d'Aquino
Largo Angelicum, 1
00184 Roma

Prof. Dott. Francesco Paolo **CASAVOLA**
Presidente Ufficio del Garante per la Radiodiffusione e l'Editoria
(già Presidente della Corte Costituzionale)
Via S. Maria in Via, 12
00187 Roma

Dott.ssa Oriana **CATALUCCI**
Via Roma, 11
01010 Gradoli (VT)

Dom Cleiton da Silva **CAVALCANTE**
Congregazione Benedettina del Brasile
Via Ostiense, 186
00154 Roma

Dott.ssa Antonella **CENCI**
Facoltà di Diritto Canonico
Pontificia Univesità S.Tommaso d'Aquino
Largo Angelicum, 1
00184 Roma

Dott.ssa Ersilia **CEPPARULO**
Facoltà di Diritto Canonico
Pontificia Università S.Tommaso d'Aquino
Largo Angelicum, 1
00184 Roma

Sr. Deborah **CERULLO**
Facoltà di Diritto Canonico
Pontificia Università S. Tommaso d'Aquino
Largo Angelicum, 1
00184 Roma

Rev. Charles **CHAFFMAN**
Facoltà di Diritto Canonico
Pontificia Università S. Tommaso d'Aquino
Largo Angelicum, 1
00184 Roma

Dott. Riccardo **CHIEPPA**
Giudice della Corte Costituzionale
Via Gerolamo Belloni, 103
00191 Roma

Mons. Americo **CIANI**
Segretario della Biblioteca Ap. Vaticana
00120 Città del Vaticano

Dott.ssa Anna Maria **CICCAGLIONI**
Via Contigliano, 12
02100 Rieti

Prof.ssa Sr. Maria Rosa **CIRIANNI**
Facoltà Scienze dell'Educazione
Via Cremolino, 141
00166 Roma

Prof. Don Davide **CITO**
Vice Rettore
Pontificio Ateneo della Santa Croce
P.za di S.Apollinare, 49
00186 Roma

Sig.ra Jane **CLYNE**
Facoltà di Diritto Canonico
Pontificia Università S.Tommaso d'Aquino
Largo Angelicum, 1
00184 Roma

Don. Mario **COLABIANCHI**
Facoltà di Diritto Canonico
Pontificia Università S. Tommaso d'Aquino
Largo Angelicum, 1
00184 Roma

S.E. Rev.ma Mons. Francesco **COLASUONNO**
Nunzio Apostolico presso la Repubblica Italiana
Via Po, 27-29
00198 Roma

Dott. Rick **CONASON**
Facoltà di Diritto Canonico
Pontificia Università S. Tommaso d'Aquino
Largo Angelicum, 1
00184 Roma

Avv. Francesco **CONDORELLI CAFF**
Avvocato presso i tribunali ecclesiastici
L.go Rosolino Pilo, 14
95100 Catania

Rev. Daniel **CONLIN**
Facoltà di Diritto Canonico
Pontificia Università S.Tommaso d'Aquino
Largo Angelicum, 1
00184 Roma

Rev. Patrick **CONNAUGHTON**
Facoltà di Diritto Canonico
Pontificia Università S. Tommaso d'Aquino
Largo Angelicum, 1
00184 Roma

S. Ecc.za il Sig. Cristoph **CORNARO**
Ambasciatore della Repubblica Austriaca
presso la Santa Sede
Via Reno, 9
00198 Roma

Sig. Daniele **CORVO**
Facoltà di Diritto Canonico
Pontificia Università S. Tommaso d'Aquino
Largo Angelicum, 1
00184 Roma

Dott. Carmine **COTINI**
Facoltà di Diritto Canonico
Pontificia Università S. Tommaso d'Aquino
Largo Angelicum, 1
00184 Roma

S.E.P. Georges **COTTIER**, O.P.
Teologo della Casa Pontificia
Palazzo Apostolico
00120 Città del Vaticano

Dott. Massimo C. **CREMONESE**
Facoltà di Diritto Canonico
Pontificia Università S.Tommaso d'Aquino
Largo Angelicum, 1
00184 Roma

Dott. Bonaventura **D'ALESSIO**
Facoltà di Diritto Canonico
Pontificia Università S. Tommaso d'Aquino
Largo Angelicum, 1
00184 Roma

Prof. P. Velasio **DE PAOLIS**, C.S.
Facoltà di Diritto Canonico
Pontificia Università Gregoriana
P.za della Pilotta, 4
00187 Roma

Don Alba Javier August **DEL RIO**
Diocesi Del Calao
Malecón Pardo 444
La Punta - Callao 5 (PERÙ)

Dott. Vittorio **DELLA ROCCA**
Via Ginori, 44
00153 Roma

Rev. Frank J. **DEWANE**
Facoltà di Diritto Canonico
Pontificia Università S. Tommaso d'Aquino
Largo Angelicum, 1
00184 Roma

Don Saverio **DI BELLA**
Diocesi di Mileto, Nicotera, Tropea
Via Ierocades, 2/3
88035 Parghelia (CZ)

Dott.ssa Pasquarosa **DI LORENZO**
Facoltà di Diritto Canonico
Pontificia Università S.Tommaso d'Aquino
Largo Angelicum, 1
00184 Roma

Prof. P. Giuseppe **DI MATTIA**, OFM Conv.
Facoltà di Diritto Canonico
Pontificia Università Lateranense
Lungotevere Farnesina, 12
00165 Roma

P. Joseph Martin **DINEEN**, O.P.
Facoltà di Diritto Canonico
Pontificia Università S.Tommaso d'Aquino
Largo Angelicum, 1
00184 Roma

Avv. Salvatore **DIONESALVI**
Via de Cardona, 11
87100 Cosenza

Prof.ssa Melaine **DI PIETRO**
Legale della Buchanan Ingersoll Corp.
301 Grant Street,
Pittsburgh, PA 15219-1410, USA

Rev. Michael **DUCA**
Facoltà di Diritto Canonico
Pontificia Università S. Tommaso d'Aquino
Largo Angelicum, 1
00184 Roma

Prof. P. Jean Paul **DURAND**, O.P.
Decano della Facoltà di Diritto Canonico
Institut Catholique de Paris
21, rue d'Assas
75270 Paris Cedex 06

Prof. Mons. Carlos J. **ERRÁZURIZ**
Facoltà di Diritto Canonico
Pontificio Ateneo della Santa Croce
Via S. Girolamo della carità, 64
00186 Roma

Prof. P. Bruno **ESPOSITO**, O.P.
Facoltà di Diritto Canonico
Pontificia Università S.Tommaso d'Aquino
Largo Angelicum, 1
00184 Roma

Don Ciro **ESPOSITO**
Ufficiale della Curia di Napoli
Via Trattolare, 17
80100 Napoli

Prof. P. Priamo **ETZI**, O.F.M.
Facoltà di Diritto Canonico
Pontificio Ateneo Antonianum
Via Merulana, 124
00185 Roma

Prof. Francesco **FALCHI**
Facoltà di Giurisprudenza
Università degli Studi di Sassari
07100 Sassari

Prof. Don Raffaele **FARINA**, S.D.B.
Rettore Magnifico
Università Pontificia Salesiana
P.zza dell'Ateneo Salesiano, 1
00139 Roma

Don Salvatore **FAVARA**
Avvocato matrimonialista
Via F. Baracca, 37/E
90136 Boccadifalco (PA)

Dott. Antonio **FAZIO**
Governatore della Banca d'Italia
Via Nazionale, 91
00184 Roma

Prof. Giorgio **FELICIANI**
Università Cattolica del Sacro Cuore
Via Molino delle Armi, 3
20123 Milano

P. Valerian **FERNANDES**, O.F.M. Capp.
Facoltà di Diritto Canonico
Pontificia Università S.Tommaso d'Aquino
Largo Angelicum, 1
00184 Roma

Dott.ssa Nicolina **FERONE**
Via 5 maggio, 21
83020 Sperone (AV)

Mons. Vincenzo **FERRARA**
Capo Ufficio Congregazione per il Culto Divino
Rappresentante del Cardinale Prefetto al Simposio
P.za Pio XII, 10
00193 Roma

Sr. Irena **FILIPCZYK**
Facoltà di Diritto Canonico
Pontificia Università S.Tommaso d'Aquino
00184 Roma

Prof. Joseph Edward **FOX**, O.P.
Capo Ufficio Personale APSA e Docente di Diritto Canonico presso la P.U.S.T.
Via di Porta Angelica, 63
00193 Roma

Dott.ssa Maria **FRATANGELO**
Via G. Chiabrera, 54
00145 Roma

Dott. Michele **FRIZZERA**
Procuratore Legale
Via del Minatore, 3/A
37122 Verona

Sen. Prof.ssa Ombretta **FUMAGALLI CARULLI**
Università Cattolica del Sacro Cuore
V. A.C. Fumagalli, 10
20143 Milano

Dott. Riccardo **FUSILLI**
Facoltà di Diritto Canonico
Pontificia Università S. Tommaso d'Aquino
Largo Angelicum, 1
00184 Roma

Prof. Don Carlo **GALANTI**
Facoltà di Scienze Sociali
Pontificia Università S.Tommaso d'Aquino
Largo Angelicum, 1
00184 Roma

Don Antonio Pires **GALVÂO**
Facoltà di Diritto Canonico
Pontificia Università S. Tommaso d'Aquino
Largo Angelicum, 1
00184 Roma

Prof. P. Benito **GANGOITI**, O.P.
Facoltà di Diritto Canonico
Pontificia Università S.Tommaso d'Aquino
Largo Angelicum, 1
00184 Roma

Rev. Don Janusz **GARY**
Facoltà di Diritto Canonico
Pontificia Università S.Tommaso d'Aquino
Largo Angelicum, 1
00184 Roma

Prof. P. Gianfranco **GHIRLANDA**, S.I.
Decano della Facoltà di Diritto Canonico
Pontificia Università Gregoriana
P.za della Pilotta, 4
00186 Roma

Prof. Giacinto Romano **GIACOMAZZO**
Università degli Studi di Trieste
Via N. Tommaseo, 70
34100 Trieste

Dott.ssa Alessia **GIANCOLA**
Via del Santuario, 416
65125 Pescara

Avv. Alba **GIORDANO**
Patrocinante in Cassazione
Via Ezio, 19
00192 Roma

Avv. Salvatore **GIULIANO**
Cons. Amm. Opera Diocesana Ass. Legale
Diocesi di Catania
Via G.A. Costanzo, 56
95128 Catania

Dott.ssa Anna Caterina **GRANDETTI**
Via Cupone
81010 Gioia Sannitica (CE)

Dott.ssa Francesca **GREGORI**
Facoltà di Diritto Canonico
Pontificia Università S.Tommaso d'Aquino
Largo Angelicum, 1
00184 Roma

Dott.ssa Elena **GRESPAN**
Facoltà di Diritto Canonico
Pontificia Università S.Tommaso d'Aquino
Largo Angelicum, 1
00184 Roma

Rev. Joseph A. **GRIMALDI**
Facoltà di Diritto Canonico
Pontificia Università S.Tommaso d'Aquino
Largo Angelicum, 1
00184 Roma

Dott. Luigi **GRISANTI**
Facoltà di Diritto Canonico
Pontificia Università S.Tommaso d'Aquino
Largo Angelicum, 1
00184 Roma

S.E.Rev.ma Mons. Zenon **GROCHOLEWSKI**
Segretario del Supremo Tribunale della Segnatura Apostolica
Prof. Inv. Facoltà di Diritto Canonico della P.U.G.
P.za della Cancelleria, 1
00186 Roma

Fr. Emmanuele **GUBETTA**, O. Cist.
Facoltà di Diritto Canonico
Pontificia Università S.Tommaso d'Aquino
Largo Angelicum, 1
00184 Roma

Dott. Stefano **GUIDETTI**
Facoltà di Diritto Canonico
Pontificia Università S.Tommaso d'Aquino
Largo Angelicum, 1
00184 Roma

Prof. Mons. Gómez José Luis **GUTIERREZ**
Facoltà di Diritto Canonico
Pontificio Ateneo della Santa Croce
V.le Bruno Buozzi, 73
00157 Roma

Prof. Alberto **HERA de la**
Docente Università Complutense di Madrid;
Direttore Generale per le questioni religiose del Governo Spagnolo
San Bernardo, 45
28015 Madrid

S.E. Rev.ma Mons. Julián **HERRANZ CASADO**
Presidente del Pontificio Consiglio
per l'Interpretazione dei Testi Legislativi
P.za Pio XII, 10
00193 Roma

Rev. Thu **HOANG HUU**
Facoltà di Diritto Canonico
Pontificia Università S.Tommaso d'Aquino
Largo Angelicum, 1
00184 Roma

Prof. Remi **HOECKMAN**, O.P.
Ufficiale e Rappresentante del Pont. Cons. per la promozione dell'unità dei Cristiani
Segretario della Commissione per i rapporti religiosi con l'ebraismo
Professore nella Facoltà di Teologia della P.U.S.T.
00120 Città del Vaticano

Don **Joris HORVATH**
Rue de l'Eveché, 1
B - 5000 Namur

Don Alois **JEHLE**
Cappellano della Guardia Svizzera
00120 Città del Vaticano

Sig.ra Liliana **KACZOROWSKA**
Facoltà di Diritto Canonico
Pontificia Università S.Tommaso d'Aquino
Largo Angelicum, 1
00184 Roma

Prof. P. Edward **KACZYNSKI**, O.P.
Rettore Magnifico
Pontificia Università S.Tommaso d'Aquino
Largo Angelicum, 1
00184 Roma

Rev. Krzystof **KOCHANOWSKI**
Facoltà di Diritto Canonico
Pontificia Università S.Tommaso d'Aquino
Largo Angelicum, 1
00184 Roma

Don Christoph **KÜHN**
Pontificia Accademia Ecclesiastica
P.za della Minerva, 74
00186 Roma

Mons. Guido **LAGOMARSINO**
Tribunale Ecclesiastico Regionale Ligure
P.za Matteotti 1/3b
16123 Genova

Avv. Gaetano **LANFALONI**
Via C. Battisti, 204
65123 Pescara

Mons. Bernard **LANVERSIN de**
Uditore della Rota Romana
Via della Traspontina, 18
00193 Roma

Prof.ssa Avv. Anna **LA RANA**
Università Federico II
Via S.Teresa a Chiaia, 39
80121 Napoli

Dott. Mons. Leonardo **LEUZZI**
Responsabile della Pastorale Universitaria
per la Diocesi di Roma
P.za S.Giovanni in Laterano, 6
00120 Città del Vaticano

Prof. Don Joaquín **LLOBEL**
Facoltà di Diritto Canonico
Pontificio Ateneo della Santa Croce
P.za S. Apollinare, 49
00186 Roma

P. Lorenzo **LORUSSO**, O.P.
Facoltà di Diritto Canonico
Pontificio Istituto Orientale
P.za S.Maria Maggiore, 7
00185 Roma

Rev. Salvador **MACÍAS**
Facoltà di Diritto Canonico
Pontificia Università S. Tommaso d'Aquino
Largo Angelicum, 1
00184 Roma

Dott.ssa Sandra **MACHADO DA COSTA**
Facoltà di Diritto Canonico
Pontificia Università S. Tommaso d'Aquino
Largo Angelicum, 1
00184 Roma

Prof. Avv. Elisabetta **MACRINA**
Avvocato Rotale
Via Nizza, 92
00198 Roma

Dott. Don Luc J. G. **MAERE DE**
Giudice del Tribunale Diocesano di Namur
Rue de l'Eveché,1
B - 5000 Namur

Mons. Rino **MAGNANI**
Assistente Ecclesiastico Ambasciata d'Italia
presso la Santa Sede
Viale delle Belle Arti, 2
00196 Roma

Avv. Francesco **MAGNANO DI SAN LIO**
Avvocato Rotale
Viale Regina Margherita, 2
95125 Catania

Don José **MAIRAL VILLELAS**
Facoltà di Diritto Canonico
Pontificia Università S. Tommaso d'Aquino
Largo Angelicum, 1
00184 Roma

Rev. Jorge A. **MANZARAS**
Facoltà di Diritto Canonico
Pontificia Università S.Tommaso d'Aquino
Largo Angelicum, 1
00184 Roma

Dott. Stefano Antonio **MARCHESI**
Via Nicolodi, 18/B
29100 Piacenza

S.E. Rev.ma Mons. Francesco **MARCHISANO**
Presidente della Pont. Comm. per i Beni Culturali
della Chiesa e della Pont. Comm. di Archeologia Sacra
P.za della Cancelleria, 1
00186 Roma

Dott. Comm. Pier Paolo **MARENDA**
Imprenditore e Dottore "Honoris Causa" in Diritto
Via Cassia Antica, 35
00191 Roma

Dott.ssa Giuliana **MARTELLA**
Via Luca D'Atri, 20
64032 Atri (TE)

S.E. Rev.ma Mons. José **SARAIVA MARTINS**
Segretario della Congregazione per l'Educazione Cattolica
P.za Pio XII, 3
00193 Roma

Dott. **Angelo MASULLO**
Via S. Paolino, 16
80035 Nola (NA)

Dott. Francesco **MAZZA**
Facoltà di Teologia
Pontificia Università Gregoriana
P.za della Pilotta, 4
00187 Roma

Don Pierluigi **MAZZOCATO**
Arcidiocesi di Udine
Via Matteotti, 23
33010 Tavagnaccio (UD)

Rev Kevin W. **McAULIFFE**
Facoltà di Diritto Canonico
Pontificia Università S. Tommaso d'Aquino
Largo Angelicum, 1
00184 Roma

Dott. Timothy **McCARTHY**
Facoltà di Diritto Canonico
Pontificia Università S. Tommaso d'Aquino
Largo Angelicum, 1
00184 Roma

Mons. Daniele **MICHELETTI**
Segretario Generale
Pontificia Università Lateranense
P.za S.Giovanni in Laterano, 4
00120 Città del Vaticano

Rev. Daniel Joseph **MIEHM**
Facoltà di Diritto Canonico
Pontificia Università S.Tommaso d'Aquino
Largo Angelicum, 1
00184 Roma

Prof. Gian Piero **MILANO**
Facoltà di Giurisprudenza
Università degli Studi di Roma "Tor Vergata"
Via Orazio Raimondo, 8
00173 Roma

Prof. Cesare **MIRABELLI**
Università di Roma "Tor Vergata"
Via Riccardo Forster, 174
00143 Roma

Sr. Paula **MODAFF**, S.P.
Archidiocese of Los Angeles
933 South Grattan Street
Los Angeles, CA 90015-1101, USA

Sr. Delfina **MORAL**, O.P.
Facoltà di Diritto Canonico
Pontificia Università S.Tommaso d'Aquino
Largo Angelicum, 1
00184 Roma

Rev. Gregory **MUSTACIUOLO**
Facoltà di Diritto Canonico
Pontificia Università S.Tommaso d'Aquino
Largo Angelicum, 1
00184 Roma

Avv. Dott. Mario **MUSUMECI**
Avvocato della Curia Romana
Via Vespasiano, 12
00192 Roma

Rev. James **NALL**
Facoltà di Diritto Canonico
Pontificia Università S.Tommaso d'Aquino
Largo Angelicum, 1
00184 Roma

Prof. P. Urbano **NAVARRETE**, S.I.
Facoltà di Diritto Canonico
Pontificia Università Gregoriana
P.za della Pilotta, 4
00186 Roma

Don Jesús **NAVARRETE URGEL**
Facoltà di Diritto Canonico
Pontificia Università S. Tommaso d'Aquino
Largo Angelicum, 1
00184 Roma

Don Paolo **NICOLINI**
Facoltà di Diritto Canonico
Pontificia Università S.Tommaso d'Aquino
Largo Angelicum, 1
00184 Roma

Don Antonio **NIÑO SÚA FRANCISCO**
Facoltà di Diritto Canonico
Pontificia Università S. Tommaso d'Aquino
Largo Angelicum, 1
00184 Roma

Dott.ssa Concetta **NIRO**
Via Municipio, 128
81010 Gioia Sannitica (CE)

Prof. Alessandro **NOLLO**
Università di Lecce
V.le Lo Re, 105
73100 Lecce

Rev. Peter Chitjke **NWOSU**
Facoltà di Diritto Canonico
Pontificia Università S.Tommaso d'Aquino
Largo Angelicum, 1
00184 Roma

Dott.ssa Mary Aloise **O'GARA**
Facoltà di Diritto Canonico
Pontificia Università S.Tommaso d'Aquino
Largo Angelicum, 1
00184 Roma

Rev. Anthony Chiedozie **ODOZI**
Facoltà di Diritto Canonico
Pontificia Università S.Tommaso d'Aquino
Largo Angelicum, 1
00184 Roma

Rev. Robert E. **OHLRICH**
Facoltà di Diritto Canonico
Pontificia Università S.Tommaso d'Aquino
Largo Angelicum, 1
00184 Roma

Don Giuseppe **OLIVERI**
Curia Arcivescovile di Palermo
Passaggio G. Marinuzzi, 12
90129 Palermo

Rev. Anthony Ndubuisi **ONUKAFOR**
Facoltà di Diritto Canonico
Pontificia Università S. Tommaso d'Aquino
Largo Angelicum, 1
00184 Roma

Rev. George **OONNOONNY**
Facoltà di Diritto Canonico
Pontificia Università S.Tommaso d'Aquino
Largo Angelicum, 1
00184 Roma

P. Richard Leone **OROTA**, C.PP.S.
Facoltà di Diritto Canonico
Pontificia Università S.Tommaso d'Aquino
Largo Angelicum, 1
00184 Roma

Don Martin Alberto **ORTEGA**
Facoltà di Diritto Canonico
Pontificia Università S. Tommaso d'Aquino
Largo Angelicum, 1
00184 Roma

Avv. Alfredo **OTTAVIANI**
Via di Porta Angelica, 63
00193 Roma

Dott.ssa Monica **PACELLI**
Facoltà di Diritto Canonico
Pontificia Università S.Tommaso d'Aquino
Largo Angelicum, 1
00184 Roma

Rev. Michael **PADAZINSCKI**
Facoltà di Diritto Canonico
Pontificia Università S.Tommaso d'Aquino
Largo Angelicum, 1
00184 Roma

Prof. Rev. Roch **PAGÉ**
Decano della Facoltà di Diritto Canonico
St. Paul University
223 Main Street
Ottawa, Ontario K1S 1C4, CANADA

Prof. P. Ivan Viktor **PAPEZ**, O.F.M.
Pro-Decano della Facoltà di Diritto Canonico
Pontificio Ateneo Antonianum
Via Merulana, 124
00185 Roma

Prof. Piero **PELLEGRINO**
Università di Lecce
Via Augusto Imperatore, 16
73100 Lecce

Prof. Benedetto **PELLINGRA**
Presidente del TAR del Lazio; Professore Universitario
Presidente Istituto Internazionale per il Progresso Amministrativo in Europa
Via Magenta, 12
00185 Roma

Rev. Martin **PENDER**
Facoltà di Diritto Canonico
Pontificia Università S.Tommaso d'Aquino
Largo Angelicum, 1
00184 Roma

Rev. James F. **PEREDA**
Facoltà di Diritto Canonico
Pontificia Università S.Tommaso d'Aquino
Largo Angelicum, 1
00184 Roma

Prof. P. Joseph **PHAN TAN THANH,** O.P.
Facoltà di Teologia
Pontificia Università S.Tommaso d'Aquino
Largo Angelicum, 1
00184 Roma

Prof. Paolo **PICOZZA**
Università di Macerata
Via Tre Orologi, 20
00197 Roma

Dott. Luciano **PILERI**
Capo Segreteria Particolare del Governatore della Banca d'Italia
Via Nazionale, 91
00184 Roma

Sr. Mary Jeanet **PINTACASI**, O.P.
Via di Val Cannuta, 138
00166 Roma

Prof. P. Reginaldo **PIZZORNI**, O.P.
già Decano della Facoltà di Diritto Canonico
Pontificia Università Lateranense
P.za della Minerva, 42
00186 Roma

Don Francisco **PONTAROLLO**
Convitto S. Tommaso
Via degli Ibernesi, 20
00184 Roma

Rev. Eric **POWELL**
Facoltà di Diritto Canonico
Pontificia Università S.Tommaso d'Aquino
Largo Angelicum, 1
00184 Roma

Don Rajmund **PUPKOWSKI**
Via S. Maria Goretti, 29
00199 Roma

Rev. Kevin Michael **QUIRK**, JCL
Facoltà di Diritto Canonico
Pontificia Università Gregoriana
P.za della Pilotta, 4
00186 Roma

Avv. Angela **RACANICCHI**
Avvocato Rotale
Difensore del vincolo presso la
Congr. per il Culto Divino e la Disciplina dei Sacramenti
Via Tacito, 90
00193 Roma

Prof. P. Francisco **RAMOS**, O.P.
Vice-Decano della Facoltà di Diritto Canonico
Pontificia Università S. Tommaso d'Aquino
Largo Angelicum, 1
00184 Roma

P. Pius **REISS**, O.Cist.
P.za del Tempio di Diana, 14
00153 Roma

Rev. John A. **RENKEN**
Office of the Vicar General
P.O. Box 3187
Springfield, IL 62708-3187 USA

Rev. Jasson **RODAS ORTEGA**
Diocesi di Lwena (Angola)
Pontificio Collegio Beda
Via di San Paolo, 18
00146 Roma

Dott. Mons. Marian **ROLA**
Rettore Pontificio Collegio Polacco
Assistente Ecclesiastico Ambasciata Polacca presso la S.Sede
P.za Remuria, 2/a
00153 Roma

Dott. Francesco Maria **ROMANO**
Facoltà di Diritto Canonico
Pontificia Università S.Tommaso d'Aquino
Largo Angelicum, 1
00184 Roma

Sig.ra Maria Pia **ROSSI TASCIONI**
Via Rot. per Casoli, 6
64020 Scerne di Pineto (TE)

Rev. Cecilio Julian B. **ROTOR**
Pontificia Accademia Ecclesiastica
P.za della Minerva, 74
00186 Roma

Dott. Domenico Antonio **RUSSETTI**
Facoltà di Diritto Canonico
Pontificia Università S. Tommaso d'Aquino
Largo Angelicum, 1
00184 Roma

Don Gaetano **SACCA'**
Facoltà di Diritto Canonico
Pontificia Università S.Tommaso d'Aquino
Largo Angelicum, 1
00184 Roma

Dott. Sergio **SACCHETTA**
Via Pietro Romualdo Pirotta, 70
00171 Roma

Prof. Don Dimitrios **SALACHAS**
Facoltà di Diritto Canonico
Pontificie Università S.Tommaso d'Aquino ed Urbaniana
Pontificio Istituto Orientale
Via del Babuino, 149
00187 Roma

Sig.na Miriam **SALUSTRI**
Facoltà di Diritto Canonico
Pontificia Università S.Tommaso d'Aquino
Largo Angelicum, 1
00184 Roma

Don Johannes **SALZL**
Pontificia Accademia Ecclesiastica
P.za della Minerva, 74
00186 Roma

Rev. Alexander **SAMPLE**
Facoltà di Diritto Canonico
Pontificia Università S.Tommaso d'Aquino
Largo Angelicum, 1
00184 Roma

Sig.ra Sabrina **SANTONI**
Facoltà di Giurisprudenza
Università di Macerata
Via Torino, 5
60037 Monte San Vito (AN)

Dott.ssa Raffaela **SANTORO**
Via Campagni
81010 Gioia Sannitica (CE)

Prof. Guido **SARACENI**
Professore Ordinario
Università degli Studi di Napoli
Via Cividale del Friuli, 21
00183 Roma

Don Carlo **SARTONI**
Diocesi di Imola
Convitto S. Tommaso
Via degli Ibernesi, 20
00184 Roma

Mons. Vincenzo **SCANCAMARRA**
Vicario Giudiziale del Tribunale Reg. Campano
L.go Donnaregina, 22
80100 Napoli

Dott. Andrea **SCASSO**
Facoltà di Diritto Canonico
Pontificia Università S. Tommaso d'Aquino
Largo Angelicum, 1
00184 Roma

Prof. P. Nikolaus **SCHÖCH**, O.F.M.
Facoltà di Diritto Canonico
Pontificio Ateneo Antonianum
Via Merulana, 124
00185 Roma

Rev. Kenneth K. **SCHWANGER**
Facoltà di Diritto Canonico
Pontificia Università S. Tommaso d'Aquino
Largo Angelicum, 1
00184 Roma

Mons. Dr. Dr. Hugo **SCHWENDENWEIN**
Apostolischer Protonotar
Ordentlicher Universitätsprofessor
Universität Graz A - 8010 Graz, AUSTRIA

P. Gaetano **SCORTEGAGNA**
Facoltà di Diritto Canonico
Pontificia Università S. Tommaso d'Aquino
Largo Angelicum, 1
00184 Roma

Don François **SCRIVE**
Juge aux officialités d'Arras et d'Amiens
60640 Villeselve, FRANCIA

Don Riccardo **SEPPIA**
Diocesi di Genova
Località Baio, 10/A
16100 Genova

Prof. Mons. José Maria **SERRANO RUIZ**
Vice Decano della Rota Romana
Docente nella Facoltà di Diritto Canonico
Pontificia Università S.Tommaso d'Aquino
Via di Porta Angelica, 63
00193 Roma

Dott. Piernicola **SICILIANI de CUMIS**
Facoltà di Diritto Canonico
Pontificia Università S.Tommaso d'Aquino
Largo Angelicum,1
00184 Roma

Don Geraldo Luiz Alves **SILVA**
Facoltà di Diritto Canonico
Pontificia Università S.Tommaso d'Aquino
Largo Angelicum, 1
00184 Roma

Dott. Don Mauro **SOLBIATI**
Arcivescovado
P.za del Duomo, 5
53100 Siena

P. Vincenzo **SPAGONE**, C.P.
P.za SS. Giovanni e Paolo, 13
00184 Roma

Rev. Kenneth C. **STEFFEN**
Office of the Tribunal
P.O. Box 3187
Springfield, IL 62708-3187, USA

Don Stephan **STOCKER**
Ufficiale e Segretario del Prefetto del
Supremo Tribunale della Segnatura Apostolica
P.za della Cancelleria, 1
00186 Roma

P. Zbigniew **SUCHECKI**, O.F.M. Conv.
Facoltà di Diritto Canonico
Pontificia Università Lateranense
P.za SS.Apostoli, 51
00187 Roma

Don Jiří **SVOBODA**
Vicario Giudiziale Tribunale Inter. di Praga
Hradcanske Nam, 7
11800 Praga - Rep. Ceca

Don Grzegorz **SWIST**
Istituto Ecclesiastico Maria Immacolata
Via del Mascherone, 55
00186 Roma

Rev. Francisco P. **TAM**
Facoltà di Diritto Canonico
Pontificia Università S.Tommaso d'Aquino
Largo Angelicum, 1
00184 Roma

Rev. Kevin Francis **TAYLOR**
Facoltà di Diritto Canonico
Pontificia Università S.Tommaso d'Aquino
Largo Angelicum, 1
00184 Roma

Dott. P. Silvio **TOMASI**, C.S.S.
Procuratore Generale Congregazione degli Stimmatini
Via Mazzarino, 16
00184 Roma

Dott. Giovanni **TOMASSETTI**
Via Bruno Bruni, 26
00189 Roma

Dott. Gianluca **TONANI**
Via F. Cherubini, 12
00135 Roma

Dott. Don Giuseppe **TONELLO**
Cancelliere del Vicariato di Roma
P.za S.Giovanni in Laterano, 4
00120 Città del Vaticano

Dott. Fabrizio **TORRE**
Facoltà di Diritto Canonico
Pontificia Università S. Tommaso d'Aquino
Largo Angelicum, 1
00184 Roma

Rev. Anh **TRAN THU**
Facoltà di Diritto Canonico
Pontificia Università S.Tommaso d'Aquino
Largo Angelicum, 1
00184 Roma

Rev.mo P. Roland Bernhard **TRAUFFER**, O.P.
Segretario della Conferenza Episcopale della
Confederazione Svizzera
Av. du Moléson, 21
Case Postale 22
1706 Fribourg, SVIZZERA

Prof. Jiri Rajmund **TRETERA**, O.P.
Facoltà di Giurisprudenza
Università Carolina
Husova, 8
11000 Praga - Rep. Ceca

Dott.ssa Carla **TRIBOLATI**
Facoltà di Diritto Canonico
Pontificia Università S. Tommaso d'Aquino
Largo Angelicum, 1
00184 Roma

Mons. Egidio **TURNATURI**
Prelato Uditore Rota Romana
00120 Città del Vaticano

Rev. Janusz **URBANCZYK**
Facoltà di Diritto Canonico
Pontificia Università S. Tommaso d'Aquino
Largo Angelicum, 1
00184 Roma

Prof. Angelo G. **URRU**, O.P.
Decano della Facoltà di Diritto Canonico,
Pontificia Università S. Tommaso d'Aquino
Largo Angelicum, 1
00184 Roma

Don Devasia **URUMBIL**
Diocesi di Spoleto
Seminario Giovanni Paolo II
Via Monte della Farina, 64
00186 Roma

Dott. Luigi **VACCARI**
Facoltà di Diritto Canonico
Pontificia Università S.Tommaso
Largo Angelicum, 1
00184 Roma

Dott.ssa Angiola **VANCINI**
Facoltà di Diritto Canonico
Pontificia Università S. Tommaso d'Aquino
Largo Angelicum, 1
00184 Roma

Rev. Angel Maria **VELANDIA**
Facoltà di Diritto Canonico
Pontificia Università S. Tommaso d'Aquino
Largo Angelicum, 1
00184 Roma

Prof. Avv. Sebastiano **VILLEGGIANTE**
Facoltà di Diritto Canonico
Pontificia Università S.Tommaso d'Aquino
P.za Irnerio, 11
00165 Roma

Don Pietro **VISPI**
Facoltà di Diritto Canonico
Pontificia Università S. Tommaso d'Aquino
Largo Angelicum, 1
00184 Roma

Rev. Richard Lewis **WELCH**
Facoltà di Diritto Canonico
Pontificia Università S. Tommaso d'Aquino
Largo Angelicum, 1
00184 Roma

Rev. Robert **WILLMANN**
Facoltà di Diritto Canonico
Pontificia Università S.Tommaso d'Aquino
Largo Angelicum, 1
00184 Roma

Sr. Stephanie **WILSON**
Facoltà di Diritto Canonico
Pontificia Università S.Tommaso d'Aquino
Largo Angelicum, 1
00184 Roma

Don Santiago **WIT GUZMÁN de**
Facoltà di Diritto Canonico
Pontificia Università S. Tommaso d'Aquino
Largo Angelicum, 1
00184 Roma

Rev. Gary **YANUS**
Diocese of Cleveland
1027 Superior Ave.
Cleveland, OH, USA

Don Javier Rey **YONEKURA-SHIMIZU**
Diocesi di S. Cristobal en Venezuela
Via Monte della farina, 64 int.4
00186 Roma

Dott. P. Ignacio Serman **ZABALA CABALLERO**, O.P.
Facoltà di Diritto Canonico
Pontificia Università S.Tommaso d'Aquino
Largo Angelicum, 1
00184 Roma

Don José Domingo **ZAMBRANA GOMEZ**
Facoltà di Diritto Canonico
Pontificia Università S.Tommaso d'Aquino
Largo Angelicum, 1
00184 Roma

Avv. Mario **ZEDDA**
Via S. Martino, 26
08020 Gavoi (NU)

Rev. Paul Joseph **ZIELINSKI**
Our Lady of the Annunciation
Jiudicial Vicar Diocesan Marriage Tribunal
Millway, Gateshead NE95PQ, ENGLAND

INDICE

Presentazione......5
Prof. P. Bruno Esposito, O.P.

Programma dei lavori......7

SESSIONE INAUGURALE......11

Alcune immagini della sessione inaugurale......13
Telegramma di augurio del S. Padre......17
Risposta al telegramma del S. Padre......19

Saluto iniziale del Rettore Magnifico......21
Prof. P. Edward Kaczynski, O.P.

Origini e sviluppo della Facoltà di Diritto Canonico della P.U.S.T......25
Prof. P. Angelo G. Urru, O.P.

Introduzione al tema del Simposio......41
S.E.R. Mons Julián Herranz

RELAZIONI E COMUNICAZIONI......49

Problemas de interpretación del Derecho Canónico......51
Prof. Alberto de la Hera

Il Codice di Diritto Canonico e le Corporazioni americane legate alla Chiesa: tempo per un nuovo dialogo......83
Sr. Melanie Di Pietro, S.C.

Il ruolo del fine intrinseco della legge nell'interpretazione dottrinale......99
Prof. P. Benito Gangoiti, O.P.

L'autorità di imporre le tasse da parte del Vescovo diocesano secondo quanto previsto del Canone 1263......127
Prof. Nicholas Cafardi

Il Diritto Canonico nei Tribunali statali austriaci.......................................139
Prof. Mons. Hugo Schwendenwein

L'uso del Diritto Canonico nei Tribunali amministrativi dello Stato in Francia.......................................161
Prof. P. Jean-Paul Durand, O.P.

Decisioni dei Tribunali Ecclesiastici e Interpretazione del diritto matrimoniale.......................................181
Prof. Mons. José M. Serrano Ruiz

Per una interpretazione più adeguata dell'esclusione della prole d'accordo con il criterio personalistico del matrimonio.......................................201
Dott. Don Luc J.G. De Maere

Lo statuto delle Conferenze Episcopali una "quaestio vexata".......................................223
Dott. P. Roland-Bernhard Trauffer, O.P.

Principi di interpretazione del «Codex Canonum Ecclesiarum Orientalium».......................................245
Prof. Don Dimitrios Salachas

Reflections on the Mission and Nature of Catholic Universities in the Law of the Church.......................................269
Prof. P. José M. Tinoko, O.P.

Intervento conclusivo del Simposio.......................................289
Prof. P. Angelo G. Urru, O.P.

ELENCO DEI PARTECIPANTI.......................................293

INDICE.......................................331

Finito di stampare dalla
Tipolitografia Pioda sas
Via Monserrato, 156 - Tel. 68.61.564
Roma - Aprile 1997